本研究系“浙江省2020年度线下一流课程”
浙江师范大学行知学院《法理学》课程建设成果

FALIXUE
QINGJING JIAOXUE ANLI YANJIU

《法理学》情境教学案例研究

郑 睿 段知壮 著

法律出版社
LAW PRESS·CHINA
北京

图书在版编目(CIP)数据

《法理学》情境教学案例研究 / 郑睿,段知壮著
. -- 北京 : 法律出版社, 2023
ISBN 978 - 7 - 5197 - 7721 - 0

Ⅰ. ①法… Ⅱ. ①郑… ②段… Ⅲ. ①法理学 - 教案(教育) - 教学研究 - 高等学校 Ⅳ. ①D90

中国国家版本馆 CIP 数据核字(2023)第 050945 号

《法理学》情境教学案例研究
《FALIXUE》QINGJING JIAOXUE ANLI YANJIU

郑 睿 段知壮 著

责任编辑 许 睿
装帧设计 汪奇峰

出版发行 法律出版社
编辑统筹 司法实务出版分社
责任校对 王晓萍 王语童
责任印制 胡晓雅
经　　销 新华书店

开本 710 毫米×1000 毫米 1/16
印张 15.5 **字数** 261 千
版本 2023 年 6 月第 1 版
印次 2023 年 6 月第 1 次印刷
印刷 唐山玺诚印务有限公司

地址:北京市丰台区莲花池西里 7 号(100073)
网址:www.lawpress.com.cn
投稿邮箱:info@lawpress.com.cn
举报盗版邮箱:jbwq@lawpress.com.cn

销售电话:010 - 83938349
客服电话:010 - 83938350
咨询电话:010 - 63939796

书号:ISBN 978 - 7 - 5197 - 7721 - 0
定价:68.00 元

凡购买本社图书,如有印装错误,我社负责退换。电话:010 - 83938349

目　　录

导　　言

作为法学专业本科教学的主干核心课程之一，法理学课程在法学教育中的基础性地位已然成为共识。一方面，法理学要站在法学学科发展的最前沿来追踪、吸纳人文科学、社会科学和自然科学的成就，反思法的基本问题，同时也要从法学的角度对各种人文思潮作出回应；另一方面，从法学体系的内容关系来看，法理学在整个法学体系中具有"基础理论"的地位，法理学研究的不发达，必然会对法学其他学科的学习和研究产生不良后果。[1] 然而可能恰恰是因为这种"基础理论"抑或"一般理论"角色定位，其高度的理论抽象性与哲学思辨性使得学生在学习法理学课程时充满迷茫与困惑，许多法理学授课教师戏称讲授法理学是一项"吃力不讨好"的工作。也正因如此，对法理学课程教学特别是教学方法的讨论一直是法学教育研究的热门议题，以此为对象的教学科研成果层出不穷。但遗憾的是，或许由于法理学本身知识体系的开放性，结合不同教学目标、教学内容乃至教学环境的法理学教学方法五花八门，彼此之间不但没有形成相对体系性的框架结构，反而进一步造成了法理学课程教学的实践困境。

一般来说，教学指的是以课程内容为中介的师生双方教和学的共同活动，具有三个逻辑上的必要条件：有目的地引起学生学习的意向；明释学生所学的内容；采用易于学生觉知的方式。[2] 换言之，教学方法的讨论必须建立在教学目标与教学内容的基础上。有学者曾将法理学本科教学的任务目标分解为三个方面：其一，知识传承，即讲授法理学的经典知识，使学生吸收真正的知识营养；其二，思维培养，即通过教学使学生形成一种真正的法律人思维；其三，立场

---

[1] 程朝阳：《论法理学本科教育的困境及出路》，载《中国法学教育研究》2009 年第 1 期。

[2] 何远琼：《本科法理学教学的困境与突破》，首都师范大学 2001 年硕士学位论文，第 12 页。

引导,亦即使学生确立一种个体关怀的现代法律人立场。[1] 从第一个方面来看,法理学教学方法的拟定需要考虑到课程内容的抽象性特征,因此讲授法理学知识应当是化抽象为形象,通过给学生传授形象的知识从而去促进学生对法理学概念、原理和规则的理解。[2] 就第二个方面而言,单纯的知识讲授根本无法达到观念体系的建立,此时就需要凸显"以学生为中心"之师生互动的重要性,通过强化学生的自主参与进而实现其思维模式的训练。再从第三个方面来讲,中国特色社会主义法治思想的立场引导需要坚持课程思政的教育理念,即将思政理论知识、价值理念及精神追求融入法理学的课程教学当中。

简言之,各种各样的教学方法并不是孤立存在的,而是相互渗透、相互影响、相互促进的,其最终的目的都是促进教学效果的提升与教学目标的实现。如有学者就曾非常形象地将讲授式、案例式、讨论式等教学方法排列组合并将其称为立体化教学方法和手段。[3] 不同的教学方法之间并不存在必然的排斥,问题的关键在于如何通过多种教学方法的相互辅助以达到取长补短的目的。特别是在具体课程教学目标的指引下,如何选择更优化的教学方法会随着教学目的、教学内容乃至教学坏境的差异而不断变化。因此,我们并不应当脱离具体教学情境而单纯地评判具体教学方法的优劣,毕竟不同教学方法的选择不仅与知识原理学习的需要关联,更是与学生的学习状况密切相关。[4] 然而学界当下对法理学课程教学方法的讨论往往只关注法理学课程的某些特征面向,导致了不同的教学方法之间关联架构的模糊不清。以笔者管见,目前法理学课程的教学方法基本上可以分为宏观教学理念与微观教学方法两个层次;事实上在一线法理学教学工作中,也唯有根据具体教学内容将以上两个层次相结合,才能寻找到相对性价比最优的教学模式。

一、法理学课程的教学理念

根据笔者的检索,目前对法理学课程教学的探讨中,许多所谓的教学方法

---

〔1〕 陆幸福:《知识传承、思维培养与立场引导——法理学本科教学的三个维度》,载《法制与社会发展》2012 年第 4 期。

〔2〕 丁德昌:《〈法理学〉案例教学中存在的问题及对策》,载《南昌师范学院学报》2016 年第 4 期。

〔3〕 朱艳英:《立体化教学方法与手段在〈法理学〉教学中的应用》,载《产业与科技论坛》2017 年第 3 期。

〔4〕 马念珍:《法理学课程教学困境与本科法学人才培养问题探讨》,载《贵州警察学院学报》2020 年第 5 期。

事实上更倾向于教学理念,其所阐述的是根据法理学课程性质在教学活动中所应当遵循的方向指引。这其中较为典型的包括生成性教学、实践性教学以及互动式教学。

（一）生成性教学

较之部门法而言,作为法学体系"基础理论"或"一般理论"的法理学缺少法律规范的明确性,因而在知识传承方面更具柔性空间。事实上,作为法理学知识体系组成部分的众多法学流派之间的延续关系本身就完美地体现了作为学科之法理学的延展性。因此,许多对法理学教学模式的讨论都选择使用"生成性教学"这样一种理念。生成性教学一般指教师根据学生的课堂行为表现等具体情境调整教学行为和思路,引导学生在变动不居的教学过程中发现知识、锻炼思维和发展能力的教学理念、教学方式。[1] 该种理念强调教学活动应当坚持以学生为中心,教师以辅助性的角色为学生在探究问题时提供方向上的指引,而最终教学内容的实现需要通过学生在研究问题的过程中自主完成。因此也有学者称之为研究性教学,即在教学过程中以学生作为学习的主体,教师引导学生去发现问题和解决问题,通过自主探求和研究获得知识的一种教学理念或者原则。其本质是把"答案"变成"问题",通过对"问题"的追问与思考实现对知识的掌握。[2] 正如该概念的界定,我们似乎不能简单地把生成性教学或研究性教学理解成一种方法,而应该将其升华为整个教学环节的理念和指导原则。换言之,无论是案例教学法、辩论教学模式还是其他,均可以作为研究性教学模式之下的一种具体途径。这两个层次的概念之间并不存在对等关系。

需要说明的是,按照该种教学模式的描述似乎并非所有的学科或课程都与之具有匹配性,相较之下那些更加强调人文精神的学科对课程内容的扩展性要求会更为明显。法理学课程因其高度的超然性与开放性,许多观点的得出可能并非教师课前设计的,而是由师生通过讨论、质疑、启发、对话、反思、探究等共同完成的。此外,生成性教学意味着教学方案会随着教学情境的具体化而有所变通;教师要充分考虑课堂可能出现的各种情况,给课堂预留一些机动的空间

---

〔1〕 孟凡丽、程良宏:《生成性教学:含义与价值》,载《课程·教材·教法》2009年第1期。

〔2〕 郑晓英:《研究性教学在〈法理学〉课程中的实践与探索》,载《忻州师范学院学报》2014年第3期。

和时间。[1] 那么将教学内容的预设尽量拓宽,而不局限于特定知识点或结论的引出,就能够以更加开放的态度来看待法理学不同流派之间的理论争议与价值分歧。这恰恰是法理学课程目标的指向之一。换言之,生成性教学的重心在于阐释问题的多元而非结论的唯一,因此相对于法理学的课程特点而言该种模式确实具有非常明确的导向价值。

(二)实践性教学

实践性教学往往存在两个维度的释义:一是强调教学目标的实践应用性;二是凸显教学内容的实践来源。首先可以肯定的是,尽管实践应用是法理学乃至法学教育的一个重要面向,但相比部门法而言,以法律的共同性问题和一般性问题为研究对象的法理学显然在此面向上必然会稍显薄弱。毕竟在一定意义上,法理学(尤其是法哲学)也属于一门研究人类精神的学问(人文科学),与那些专注于法律的应用与操作的学科(应用法学)是存在较大区别的。[2] 换言之,对于法理学而言,实践性教学的第二个面向似乎更加贴合,法理学课堂当然需要将社会生活和司法实践纳入讨论范围内,[3]脱离具体生活的法理学将会变成无源之水、无本之木。法理学的一般理论只能源于具体的实践,任何法理学的理论观点都是从分析具体问题入手的。[4] 只不过法理学意义下的实践并不仅指法律审判和案件裁决等具体的法律实践,也指哲学意义上的生活实践。[5] 正如姚建宗所言,法理学授课教师应当通过"从具体的社会生活之中概括提炼法学的理论,用抽象的法学的理论分析阐释具体的社会生活"的方式,即通过这样的"生活"与"法理"彼此参悟与印证示范,引导学生逐渐学习观察社会、体悟生活以及领会法律的含义与意义。[6] 相反,作为一种目标理念的实践性教学

[1] 徐钝、强昌文:《大学课堂生成性教学之施行——以法理学教学为例的分析》,载《西南科技大学学报(哲学社会科学版)》2012 年第 4 期。

[2] 刘冰:《关于法理学本科教学改革的思考》,载《黑龙江高教研究》2005 年第 7 期。

[3] 李爱荣:《面向实践的法理学教学理念和教学方法探索》,载《河北职业技术学院学报》2005 年第 1 期。

[4] 刘国:《实践法理学的性质与使命——兼论社会转型期法理学的功能》,载《法学教育研究》2013 年第 2 期。

[5] 杜建明:《法理学教学与法律思维培养》,载《内蒙古财经学院学报(综合版)》2009 年第 6 期。

[6] 姚建宗:《"法理学"课程教学的基本理念与教材分析思路》,载《中国大学教学》2015 年第 10 期。

(强调实践应用导向)似乎并不符合法理学课程的设置导向,因为法理学的价值恰恰在于对现实生活的超越和批判。[1]

因此,法理学课程教学的实践性面向并非简单地将其视为一种解决社会具体问题的手段方式,而是要从教学内容上侧重法律方法论,加强法律思维能力的培养,以及强调在"形而下"实践问题的基础上进行"形而上"的法理思辨。[2]具体来说,法理学的实践性教学法应当是强调教师根据教学内容、教学目标的需要,引导学生从实际中发现问题,进而理解和掌握理论知识以及提高法律实务操作技能的一种具有科学性、实用性的教学方法,[3]简言之,即凸显法理学课程教学抽象理论特色背后之实践面向的一种教学理念。

(三)互动式教学

互动式教学有时也被称为参与式教学、探究式教学或讨论式教学,是指教学者与学习者以及学习者与学习者之间的协作式的教学方法。这种教学方法强调以学习者为主体和中心,充分应用各种能使学生们积极参与的灵活多样、直观形象的教学手段,使教学者与学习者之间以及学习者与学习者之间的信息得到交流和反馈。[4] 该种教学理念的核心目标是改变以往教师对课堂的单方控制,建立起以学习者为中心的教学模式,在课堂活动中为学生提供发展听、说、读、写全方面能力的锻炼机会。[5] 例如,在教师的设计、组织、引导下,学生就某一法理学主题积极思考并发表自己观点,师生之间在相互启迪中探寻问题答案。[6]

此类教学理念的提出通常都是以单纯讲授式教学法作为批判对象而展开的,强调教学中的师生关系不应是一种单向的、被动的关系,而强调"主体交互、

[1] 范振国、李光宇:《论法理学教学抽象难题的破解》,载《教育与职业》2012 年第 2 期。

[2] 孙晓红:《"道""器"并重——实践能力培养与本科〈法理学〉教学理念与内容的重构》,载《中国法学教育研究》2016 年第 2 期。

[3] 秦兴宇:《实践性教学法在法理学教学中的应用》,载《法制与社会》2019 年第 34 期。

[4] 陈华:《参与式教学法的原理、形式与应用》,载《中山大学学报论丛》2001 年第 6 期。

[5] 李学兰、刘金枝:《法理学探究式教学模式的实践与反思》,载《浙江万里学院学报》2009 年第 4 期。

[6] 徐钝:《法理学讨论式教学的施行与改进》,载《安庆师范学院学报(社会科学版)》2010 年第 12 期。

资源共享、共同构建"的理念与方式。[1] 然而需要明确的是,无论采取何种教学方式,教师都应处于课堂教学中的主导地位,差异在于这种主导究竟是"独角戏"式的知识讲授还是通过驾驭课堂讨论引领思维走向的方向把握。相对于前者,后者所谓的"主导"更加强调对教学过程的策划、教学问题的预设以及操作过程中的衔接调控。也就是说,此时,在学生拥有更广泛的讨论空间、扩展思维模式边界的同时并没有超越课程教学的内容框架而沦为一种缺乏知识导向的泛泛之谈。当然,这里的"主导"还要求教师应当营造一种积极和谐的课堂氛围。

此外,互动式教学还强调教学是一个循环往复的过程,即教师的教授、提问和学生的倾听、反馈之间的循环。这一过程可以促使学生在课堂上进行独立思考并以发问的形式主动学习,[2] 而强调学生在教学活动中的主体地位确实能够极大地增强法理学教学中对学生思维培养的目标面向。当然,需要指出,此类教学方法往往对授课教师有更高的要求,需要教师根据自己对当下教育情境的感知、辨别、顿悟和判断,随时作出决策和解决问题。[3]

二、不同理念下法理学教学的具体方法

具体的教学方法往往是在某种教学理念下的操作性延伸,如在互动式教学理念下有学者针对教学主体的个人化导致课堂知识的片面性弊端,[4] 提出双师同堂的教学模式,即多名具有不同学科背景的教师组成教学团队,在民主协商的基础上拟定教学计划和教学内容,协同执行、分工合作、沟通交流、优势互补,共同分担一门课程的教学任务,[5] 进而形成更加立体的教师—教师—学生之间的三角信息互动形式。也有学者会更注重师生之间的互动模式进而提出访谈式教学法,即在教学过程中模仿电视中的访谈节目,在教师的主导下针对特定的教学内容,选择适当的主题,邀请学生或者教授、博士、教官等专家作嘉宾,在课堂上分为访和被访两个阵营进行一问一答或者互问互答的互动式教学

[1] 夏燕:《法理学教学改革的一点思考——谈"互动式"在法理学教学之中的应用》,载《现代企业教育》2006 年第 17 期。

[2] 李昀书、王勇:《互动式教学与研究生法理学教学模式改革》,载《吉林省教育学院学报》2019 年第 10 期。

[3] 邓友超、李小红:《论教师实践智慧》,载《教育研究》2003 年第 9 期。

[4] 陈伟、蔡荣:《双师同堂刑事案例教学的角色定位与身份互动》,载《中国法学教育研究》2015 年第 4 期。

[5] 丁延龄:《法理学教学双师同堂模式探索》,载《法学教育研究》2017 年第 2 期。

方法。[1] 再如，在生成式教学理念的框架下，有学者提出学术史梳理式的教学方法，强调探讨法律理论演进的过程，这并不仅仅是书斋中的纯思、语词的考据和无尽的遐想，而更多是对实践的总结与回应。[2]

此外，还有其他一些常常被提及的教学方法。如多媒体教学法，指教学过程要根据教学目标和教学对象的特点，合理选择和运用现代教学媒体，并将之与传统教学手段相结合。[3] 而影视教学法则是在多媒体教学法的基础上强调通过影视作品增强学生对法律知识的认知，但在笔者看来，此类所谓的教学方法事实上更倾向于是一种教学工具而非方法。

也就是说，在不同教学理念指导下的具体教学方法通常可以被直接复制应用，但该类具体的教学方法似乎往往只能针对具体的知识内容而展开。若脱离了具体的教学内容，相应的教学方法之有效性则无从判断。对于法理学课程而言，在结合上文所提及三种理念的基础上，当下讨论较多的具体教学方法主要是案例教学法与辩论教学模式。

（一）案例教学法

案例教学法一度成为法理学课堂教学的热门选择。但诚如有学者提出的批评，“个性活跃、求知欲强的同学会凭借良知和经验很快给案子下一个结论”，而“沉默的大多数”还是会静待老师接下来的分析。这种“例证式教学法”貌似案例教学，实则单向灌输。[4] 形成这种困境的一个很大的原因在于理论与案例之间的关系并未得到较好的梳理。传统举例说明的教学模式为“理论—案例—理论”，在这种模式中“案例”强调的是“例”，其只是一个辅助的手段。相反，真正的案例教学模式应当是“案例—理论—案例”，即以“案”为中心，运用理论知识的目的是解决案例，而非纯粹的理论探索。[5] 这就导致部门法教学中的案例教学法与法理学之间产生了一定的张力。如上文所述，实践应用性当然是法理学的一个重要导向，但相比部门法而言，法理学并不追求一个绝对“正确”的裁

[1] 张静：《学习者为中心的访谈式教学设计研究——以法理学教学为例》，载《铁道警察学院学报》2017 年第 3 期。

[2] 余涛：《学说史梳理式的法理学教学方法探析》，载《法学教育研究》2019 年第 1 期。

[3] 刘安华：《论法理学教学方法之改革》，载《牡丹江教育学院学报》2009 年第 3 期。

[4] 许秀姿：《卓越法律人才视域内的法理学实践教学》，载《经济研究导刊》2014 年第 20 期。

[5] 伍玉功、姚顺花：《再论法理学教学方法之选择》，载《湖南警察学院学报》2011 年第 2 期。

判结果,相反,案例背后的理论空间(普遍意义、价值体系、评判标准等)才是法理学关注的重点。需要提及的是,对此尽管有学者提出补充性调适,认为法理学的“案例”呈现的是一个开放体系,以事实为起点,凝聚其他相关学科以及社会的知识,以一个开放的题域为并非终点的终点。[1] 但究竟如何调节作为一种教学方法之“案例”背后工具性价值与目的性价值之间的博弈,似乎仍然缺乏一个相对可以量化的标准。

延续这一思路,案例教学法在法理学课程教学中的运用关键可能还要回归到案例的选择上。对此有学者提出法理学教学选择案例的具体方向,例如,将诸如自由、平等这类抽象的价值赋予案例形态并由此形成判断基准;在法律思维的层次上确立类型化思考的基础性价值,促成法律论辩的产生。[2] 再如,有学者指出法理学教学中案例的选取应坚持古今中外、贴近生活、联系紧密和影响深远四项原则。[3] 相比实务型案例,价值导向的“案例”(或事例)选择无疑有助于营造一种多元化的思考氛围。简言之,如果在法理学课堂中使用案例教学法,那么案例的选择将成为此种教学方法后续实效的前提,与部门法案例不同,法理学的案例并不追求唯一的“正确答案”,而是要考虑法律本身的“合目的性”及其背后的价值冲突判断。

(二)辩论教学模式

如上文所言,案例教学法强调在某些知识场域的教学过程中应当以具体的“案例”作为核心。特别是在法理学课程教学过程中,对案例的分析并不以“唯一正确”的结果为教学导向,而是强调案例背后所蕴含的理论问题。那么接下来的问题就是,以何种方式展开对具体案例的讨论仍然存在很多选择,如当下讨论较多的模拟法庭、法律诊所以及社会调研等。但值得注意的是,以上三种教学模式尽管各具特色,但对于法理学课堂教学的适用而言也均存在一定的弊端:模拟法庭与法律诊所似乎更适合部门法的案例研究;而社会调研本身需要大量的辅助性工作,可能远非单独的法理学课堂所能覆盖。在这种前提下,更

---

〔1〕 卢刚:《由“例”到“案”——法理学案例教学应用研究》,载《长春教育学院学报》2010 年第 6 期。

〔2〕 许小亮:《案例教学法在法理学课程中的运用》,载《法制博览》2019 年第 31 期。

〔3〕 李店标:《法理学课程案例教学的优化设计》,载《重庆科技学院学报(社会科学版)》2013 年第 10 期。

易被组织操作的辩论模式就吸引了较多的关注。

有学者曾总结辩论模式之于法学专业学习的三个主要优势:其一,辩论可使学生思考多方面的意见,增强学生对知识的了解;其二,辩论可以在一定程度上提高学生运用知识的能力;其三,辩论可以提高学生的表达能力。〔1〕可见,结合具体价值导向案例的辩论模式之于法理学课程教学具有非常重要的参考意义,将辩论模式引入法理学课堂教学是希望通过这样一种形式将知识转化为分析、解决法律问题的能力,增强学生思维的开阔性。但需要说明的是,法律辩论不同于一般意义上的辩论,而是运用法律知识、法律原理,针对法律案件的辩论。〔2〕与制式化的辩论赛不同,课堂教学中对辩论模式的引入需要在一定程度上淡化标准辩论赛事的程序性规定。不同于法庭上的"唇枪舌剑"式的辩论,作为一种教学方法的"辩论"主要是带着问题,以批判的态度进行研讨、质疑、评价和交流。〔3〕此时的辩论教学并不需要过多的辩论技巧来达成对相异观点的质疑,对辩双方需要有条理地表明自身的观点以及针对相反观点作出有力的回应。也就是说,唯有将辩论根植于具体的法律议题之上方能在一定程度上脱离单纯的辩论技巧训练而进入到法理学知识的课程学习当中。

当然也有学者对作为一种教学方法的辩论模式予以质疑,认为在传授新知识阶段就不宜采用辩论教学法,因为辩论教学法必须以学生对某一论题有所了解并掌握一定知识为前提。〔4〕这种说法在部门法领域确实非常恰当,但法理学则不然。如前所述,实践性教学究竟是强调教学目的的应用性还是教学内容的来源性,在部门法学与理论法学之间存在非常明确的倾向,那么更为强调后者的法理学课程的学习恰恰应当让学生通过对社会生活中议题的"常理性"思考来不断自发地生成研究性的学术思维。

三、案例辩论模式在法理学课堂教学中的应用

正如德沃金对法的"诠释性"理解,〔5〕仅仅对法律作一种所谓的中立的描

〔1〕 于晓松:《辩论式课型在法律教学中的应用》,载《哈尔滨职业技术学院学报》2005 年第 1 期。
〔2〕 葛建义:《法律专业课程教学中的辩论训练》,载《常州工学院学报(社科版)》2005 年第 4 期。
〔3〕 陈美玲:《法理学教学方法改革之检视》,载《江西科技师范学院学报》2008 年第 3 期。
〔4〕 伍玉功:《法理学教学方法之选择》,载《经济师》2008 年第 4 期。
〔5〕 [美]罗纳德·德沃金:《身披法袍的正义》,周林刚、翟志勇译,北京大学出版社 2010 年版,第 11 页。

述之于法律实践是远远不够的。那么通过对具体价值导向案例的辩论就可以让学生自主地寻找围绕法律问题的解决而衍生的种种争议，并且从观点之间的冲突与碰撞这一博弈过程中感受从法律规定到法律实践的动态脉络，这也正是法理学课程教学所要致力的目标方向。有学者曾以“知识加工—情境引入—问题推动—探究写作—课堂总结”[1]为线索梳理法理学课程教学的推进脉络，尽管这一环环相扣的步骤拟定并不专属于某种教学方法，但也为案例辩论模式的开展提供了有益的借鉴。

（一）“知识加工”：议题确定

在对法理学课程教学的案例选定上应格外注意两个方面：首先，围绕案例的讨论分析应当与法理学课程的具体教学内容相结合；一些泛泛的议题讨论当然对于学生开拓理论视野有极大的帮助，但似乎更适合专题教学课程。尽管法理学课程内容具有明显的庞杂性，但随着“马克思主义理论研究和建设工程重点教材”《法理学》的出版，作为课程的法理学之内容框架也就有了相对明晰的架构。其次，法理学议题的选择应当具备实践性、关联性与启发性。有学者就曾指出，虽然每位教师都在讲义中准备了较多的案例，但往往不具有典型性，许多案例只适合简单讲解，缺乏讨论的空间。[2] 当然，议题的选择最为重要的前提是还要能够引起学生的兴趣，也就是说议题本身应当具备较强的争议性。

这里笔者试图用法理学课程教学案例辩论模式的一个具体个案作为分析的切入点。根据连续四届本科法学专业法理学课程教学的探索，笔者目前已基本拟定出一套与法理学知识内容相对应的辩论议题体系。比如在法的要素之法律概念的讲授上，笔者发现“安乐死”这一议题非常适宜。首先，学生通过影视文学作品乃至生活经历等对“安乐死”这一概念并不陌生，但若询问他们对安乐死的具体定义却往往“千人千面”，特别是面对诸如安乐死的提出/决定主体、适用范围等具体问题时，课堂上很容易营造出热烈的讨论氛围。其次，法律概念是法的要素之基础，且法律概念的专业性与明确性要求致使其与日常生活中

---

[1] 高璨：《反思与重构：研究生法理学教学模式之改革》，首都师范大学2013年硕士学位论文，第36页。

[2] 季长龙：《案例教学法在“法理学”课程的常态化应用——分组讨论案例教学法实证研究》，载《人才培养与教学改革：浙江工商大学教学改革论文集》2014年第1期。

的语义表达存在某种效力界定上的差异,那么对法律概念的错误理解就可能导致对相同问题产生不同观点的情况出现。[1] 因此用“安乐死”这样一个在日常生活与法律语境下存在差异的概念无疑能够以最直观的方式帮助学生理解法律概念的精髓。

(二)“情境引入”:案例拟定

在选定“安乐死”议题作为法律概念这一具体知识点的教学资源后,接下来要讨论的就是课堂教学对该议题的使用。笔者在最初摸索时曾试图根据一些先行研究的指引,直接以价值层面的“安乐死”作为题目交由学生进行辩论分析,但事实上这种单纯的议题辩论效果并不理想。首先,笔者绝非意指“安乐死”议题背后诸如自由、尊严乃至秩序等价值讨论不重要,而是这种讨论势必在一定程度上脱离法律概念这一具体的知识内容。其次,跨越安乐死概念界定的价值讨论往往难以形成实质的交锋,此时对辩双方通常会根据己方的议题导向而选择不同的安乐死定义,而在这一问题上广义与狭义的界定差异极大,很容易使辩论陷入纯粹的技巧使用。

那么,此时教师在案例辩论情境引入工作上的重要性就凸显了出来。正如有学者所言,以教师为主导与以学生为主体是辩证统一的关系:教师要充分发挥其主导作用,必须尊重、体现学生的主体性作用;而学生要实现其主体作用与地位,则有赖于教师发挥主导作用。[2] 换言之,在开展具体的辩论之前,教师应当对议题的背景以及相关的观点分歧进行适当的解释说明,将学生的“兴趣”引向学术层面的问题意识。比如,在“安乐死”这一案例议题的拟定上,授课教师可以进行更为细致化的情境引入,比如由不同的学生扮演当事人、近亲属、医院工作人员以及公权力机关(卫生行政机关)工作人员等,通过角色的限定让学生理解在不同情形下不同主体之间可能出现的意思表示差异,进而更加全面地理解法律概念的严谨性。

(三)“问题推动”:要件变化

如上文所言,无论是生成性教学理念还是互动式教学模式,均在强调“以学

---

[1] 刘昕杰、杨晖:《专业素质与文化素质的融合教育——以法理学小班化讨论课对法律人才的素质培养为例》,载《中国法学教育研究》2012 年第 1 期。

[2] 刘安华、丁德昌:《法理学案例教学探索》,载《产业与科技论坛》2017 年第 3 期。

生为中心"的大前提下形成,但"以学生为中心"并不意味着课堂教学中教师角色的弱化。恰恰相反,与传统讲授式教学相比,生成性教学抑或互动式教学事实上对教师提出了更高的要求。因为此时教师需要根据学生的思路转变作出及时的、有效的回应,以保证学生能够始终围绕课程内容而进行自主探究。若教师无法在课堂中与学生形成有效的互动,那么这种单纯的"互动"教学方法运用不但无法起到其应有的作用,相反还可能导致学生对教学内容的错误理解与应用。

比如在安乐死案情情境的讨论中,即便相关学生在课前已经进行了一定的资料收集与梳理,但因当下对安乐死的讨论中,学界多将安乐死问题的核心价值归结为生命主体是否拥有处分自己生命的权利或者决定生命利益的权利。[1]这种通说性的结论固然具有较大的应用价值,但对于通过该议题全面理解法律概念这一知识点却帮助不大。那么,此时就需要教师根据学生的现场表现来适时地进行引导性补充。比如,询问那些长期处于昏迷状态而无法进行意志表达的当事人之近亲属是否有资格对当事人的生命自主权作出抉择?如果相关同学延续这一线索,还可以进一步发展为若当事人与近亲属之间形成了相互矛盾的意思表示又该如何看待?若再向前推进,授课教师还可以促使学生反思当事人的意思表示本身是否存在局限性,如即使是具有自我意识表达能力的个体,在"可能"实行安乐死的背景下,是否具有足够的能力来作出一个对自身最基本权利——生命有决定性影响的正当意思表达。对于那些认为可以对安乐死之意思表示进行提前设定的同学,教师还可以追问若意思表示时间节点与医学判断时间节点之间不一致,也就是说当事人事先的意思表示无法实现对后来客观状况的系统掌握是否可以被视为一种"瑕疵"。当然,对此教师还可以提供一些具有关联性的现行法律规定为学生提供参考,如《医疗机构管理条例》(2016 年修订)(已被修改)第 33 条规定,"医疗机构施行手术、特殊检查或者特殊治疗时,必须征得患者同意,并应当取得其家属或者关系人同意并签字;无法取得患者意见时,应当取得家属或者关系人同意并签字……"

这还是在安乐死申请主体方面的讨论,根据课堂情况还可以进入审批决策主体以及适用范围的领域,例如,医生/医院以及卫生行政机关在该议题背后的主体地位。再如,如何看待"不治之症"(教师可提供一些参考,如艾滋病等不可治愈但可治疗的疾病)、"极端痛苦"(如何看待重度抑郁症)、"濒临死亡"等。

---

〔1〕 韩大元:《论安乐死立法的宪法界限》,载《清华法学》2011 年第 5 期。

(四)“探究写作”:理论升华

诚如生成性教学理念所强调的,法理学课程内容的抽象性、超然性更适合让学生在研究问题的过程中自主地实现对知识体系的探究与习得。那么,围绕安乐死议题的案例辩论模式所要追求的教学目标就不能止步于对法律概念背后各个要素的理解。此时授课教师应当有计划地引领学生触碰法律概念背后的价值导向,事实上也是法学学科的终极指向——法治理念的必然要求。

如果单纯把安乐死看成医生与病人之间的一个协议,那么安乐死事件基本上是一个私人事件,即两个私主体基于某个契约而完成某件事,此时医生和病人之间的相互同意就排斥了对他人的损害。[1] 但问题是该“契约”的指向标的是人的生命,而生命权除了防御他人侵犯之外,还覆盖着国家的保护与救助义务。换言之,如果试图把安乐死的决定纳入制度化的框架之下,国家作为义务相对方的介入就产生了一种必须回应的价值判断。也就是说,从立法角度来看,国家对法律体系中各个法律概念进行界定时必然会包含某种价值倾向,这也正是法的价值论在具体法律规范内容中的体现。因为社会大多数人总会产生一些共同的利益要求,沉淀成共同的善恶判断标准,从而造成在价值观念上占主导地位的社会文化群,基于主文化群的价值观念就会形成要求社会所有人必须接受的法律规范。[2] 那么,就法理学课程教学的层面而言,案例辩论模式的另一个优势在于能够通过具象化的案例议题将不同阶段的法理学知识点进行某种程度的衔接,这种衔接显然要比单纯的知识框架递进有更为明显的思维培养效用。当然,理论升华环节往往会因学生个体的接受水平不同而产生较大的差异,但无论如何,这种探究式的理论体会都要比纯粹的知识讲解更利于学生吸收消化。

(五)“课堂总结”:回归知识点

如上文所提及,标准意义下的模拟法庭、法律诊所以及社会调研可能并不适合法理学课程教学。这类教学模式尽管在其他领域的优势效果已然得到了实证研究的证成,但较之其他具体的教学方法往往存在自身的逻辑体系。也就

---

〔1〕 刘三木:《安乐死的合法性问题初探》,载《法学评论》2003 年第 2 期。

〔2〕 冯亚东:《理性主义与刑法模式》,中国政法大学出版社 1999 年版,第 40 页。

是说,以上这些教学模式事实上已然超越了单纯的教学方法范畴,而上升为法学教学的一种实践分支。那么当我们把目光回到法理学课程的具体知识内容时,此类教学模式的应用性自然大打折扣。与此同时,诸如案例辩论模式等具体教学方法的适宜性也就被凸显了出来。

根据“马克思主义理论研究和建设工程重点教材”《法理学》的阐释,“概念是对各种法律事实进行概括,抽象出它们的共同特征而形成的权威性范畴。概念虽然不规定具体的事实状态和具体的法律后果,但每个概念都有其确切的法律意义和应用范围(领域、场合)”,“法律概念,无论是法律专用的(法言法语),还是从普通语言中移植过来的,在法律系统中都有其法律意义,即都与权利和义务相关联”。[1] 在完成上述对安乐死议题的案例辩论后,教师的收尾工作是引导学生将案例辩论的收获回归到法律概念这一具体的知识内容上。例如,强调“安乐死”的不同定义将直接导致法律后果的考量变化,若无法完成对该概念的确定性界定,则无法展开后续对其合法化问题的学理乃至实务分析;再如,不同语境下对“安乐死”的界定还可以依据不同的标准产生相应的分类,如在实践中最为常见的“积极安乐死”与“消极安乐死”之分等。

稍加总结,法理学课程因其内容的抽象性与逻辑的思辨性与部门法学课程形成了鲜明的对比,因此在法学本科教学工作中也显得“格格不入”。正因如此,学界对法理学课程教学尤其是教学方法的讨论比比皆是。但不同学者对法理学课程教学方法的探究似乎并不都在同一个话语体系中:有些是从宏观教学理论出发对法理学课程教学的方向思考,有些则是从微观教学方法上对法理学具体知识点讲授的实践探索。尽管这两种研究倾向各有所长,但如若落实到具体的课程教学上,它们彼此之间又会形成覆盖式的呼应关系。

[本文曾发表于杨宗科主编:《法学教育研究》(第35卷),法律出版社2021年版,收录时有修改]

---

〔1〕 参见本书编写组编:《法理学》,人民出版社、高等教育出版社2010年版,第37-38页。

知识点一　法的概念与本质

一、理论知识点梳理

（一）法的概念

1. 汉语中的"法""法律"及相关概念

据我国历史上第一部字典《说文解字》的考证，汉语中"法"的古体是"灋"。这一解释表明：其一，"法"和"刑"是通用的；其二，法不仅象征公平，而且含有"裁判"的功能；其三，法有"明断曲直"之意或"神明裁判"之威严。

在古代文献中，"法"除与"刑"通用外，也往往与"律"通用。"法"与"律"复合，使"法律"成为合成词，在古代文献中偶尔出现过，但主要是近现代的用法。清末以来，"法"与"法律"是并用的。

在现代汉语中，"法律"一词有广义和狭义两种用法。广义的"法律"指法律的整体。狭义的"法律"仅指全国人民代表大会及其常务委员会制定的规范性法律文件。

2. 外文中的"法""法律"及相关概念

在外文中，含有"法""法律"语义的词更为复杂。除英语中的"law"一词同汉语中的"法律"对应外，在欧洲大陆各主要民族语言中，广义的法律（法）与狭义的法律分别用两个不同的词来表达，如法文中的 droit 和 loi，德文中的 Recht 和 Gesetz 等。有的西方学者把"法"与"法律"二元化，使之成为对立的范畴。"法"指的是永恒的、普遍有效的正义原则和道德公理，而"法律"则是指由国家机关制定和颁布的具体行为规则，法律是法的真实或虚假的表现形式。

还应注意的是，"法""法律"除作为法学上的用语外，有时也被扩大使用于其他领域，如党规党法、厂规厂法、道德法庭、章法等。在外文中，"法"还有规律、法则、定律等含义。

(二)法的本质

1. 资产阶级法学家关于法的本质的论述

关于法的本质,资产阶级法学界有各种各样的论述。具有代表性的论述包括:(1)意志说,代表学者是卢梭、黑格尔;(2)命令说,代表学者是霍布斯、奥斯丁;(3)规则说,代表学者是哈特(法律实证主义者);(4)判决说,代表学者是格雷、卢埃林、弗兰克;(5)行为说,代表学者是布莱尔;(6)社会控制说,代表学者是庞德;(7)事业说,代表学者是富勒。以上这些论述从不同角度揭示了法在某一方面的特征,但都未能揭示法的本质。这是由资产阶级法学家的阶级局限性和历史局限性所决定的。

2. 马克思主义经典作家关于法的本质的论述

马克思主义创始人对法学的主要贡献就在于从辩证唯物主义和历史唯物主义出发,科学地揭示了法的本质及其发展规律。

马克思主义经典作家关于法的本质的论述与资产阶级法学家关于法的本质的种种观点形成鲜明对比:其一,马克思主义经典作家的论述揭示了法与统治阶级的内在关系;其二,马克思主义经典作家的论述解释了法与国家的必然联系;其三,马克思主义经典作家的论述揭示了法与社会生产方式的因果联系。

3. 法的阶级本质

根据马克思主义创始人关于法的阶级本质的一系列论述,我国法学界一般以"法是统治阶级意志的体现"来表征法的本质。这一命题包含着丰富而深刻的思想内容:第一,法是"意志"的体现;第二,法是"统治"阶级意志的反映;第三,法是统治"阶级"意志的反映;第四,法是"被奉为法律"的统治阶级的意志。

4. 法的本质是由特定社会的物质生活条件决定的

社会物质生活条件指与人类生存相关的地理环境、人口和物质资料的生产方式,其中物质资料的生产方式是决定性的内容。除了社会物质生活条件外,政治、思想、道德、文化、历史传统、民族、科技等因素也对统治阶级的意志和法律制度产生不同程度的影响。

在法的意志性与社会物质生活条件制约性的关系上,马克思主义法学认为:法律是统治阶级意志的体现,而统治阶级的意志归根结底又是由其所处的社会物质生活条件所决定的,统治阶级意志是伴随社会物质生活条件变化而变化的,因此法律也随之变化。

(三)法的基本特征

法的特征是法的本质的外化,是法与其他现象或事物的基本关系的表现:第一,法是调整社会关系的行为规范;第二,法是由国家制定或认可的行为规范;第三,法是规定权利和义务的社会规范;第四,法是由国家强制力保证实施的社会规范。

二、情境议题的创设与引导

为使学生通过“校纪校规是不是法”这一情境议题,基于不同主体之立场展开讨论、辩论,引出法的特征,以便更好地理解相应的法理学知识点,具体议题情境创设如下:

甲因违反校纪校规被开除后提起行政诉讼。你认为校纪校规是不是法?为什么?

在学生表达自己观点的过程中,教师通过设问等方式细化情境,就校纪校规的本质,其与教育法律法规的区别等问题进行深入探讨,拓展学生思考的广度与深度,以便更为全面地理解法的本质。

观点1　支持校纪校规是法,认为“法”必须由“特定主体”制定,“经国家认可”,是有一定的“强制约束力”的“社会规则”。

设问1:针对“制定主体”,校纪校规与法律的制定主体相同吗?学校制定出校纪校规后,需要满足何种程序要件才能使其生效?学校的性质(如民办等)差异是否会导致校纪校规的性质差异?

设问2:针对“强制约束力”,是否只有“法”这种社会规范才有强制约束力,其他的社会规范有无强制约束力?“法”与道德规范又是否存在差别?如何体现?

例:小时候因为怕鬼,所以农历七月十五晚上不敢出门,害怕被鬼抓。这算不算有“强制力”?

设问3:针对“社会规则”,是否只要具有一定认可度的社会规则就是法?

例:乡规村约是不是法?很多人都认为恋爱过程中男生应该多花钱,这是不是法?5月20日情侣之间要有所表示,发代表爱意的“520”“1314”红包,这是不是法?

观点 2 反对校纪校规是法，认为在“效力范围”方面，校纪校规只对部分人在特定区域内生效。

设问 1：针对“效力范围”，不同的“法”在效力范围上是否存在差异？

例 1：在对象效力方面，有没有法只针对特定群体？如《中华人民共和国公务员法》，该法的效力范围是否会随着主体公务员身份的变化而变化？

例 2：在空间效力方面，某地级市的规章是不是法？如果是的话，中央立法与地方立法之间在法的空间效力上存在明显区别，校纪校规又该如何理解？

设问 2：针对“效力高低”，如何辨析校纪校规与法律在效力位阶上的差别？狭义的法之间是否存在效力差异？比如由全国人民代表大会常务委员会制定的法律与国务院制定的行政法规。

例：某中学规定“一经发现学生有谈恋爱或不正当男女交往行为，经多次批评教育仍不改正的，给予警告直至记过处分，并同时处以 100 元至 200 元罚款”。该项内容是否与法律规定相冲突？效力如何？

情境案例研究

民间法的现代性意义研究

摘要：不同的学者对民间法的定义各不相同，但可以看到，多数学者都同意民间法是与国家法对应存在的，民间法有其自身的特点。相对于国家法、道德规范，民间法有自己独立的空间与领域，这是其他社会规范所无法取代的。因此，如何利用民间法为中国现代化法治建设提供有益的借鉴就成了尤为重要的问题。对此，应该以国家法作为依托，在国家法的原则范围内对民间法进行鉴别，发扬民间法中善的部分，剔除恶的元素，最终实现民间法的现代性意义，为中国现代化法治进程添砖加瓦。

关键词：民间法；现代化；法治建设

一、民间法的概念梳理

对民间法的界定，学界目前大致有三种说法。一是以梁治平为代表的“知识传统说”。梁先生认为,民间法是“这样一种知识传统,它生自民间,出于习惯,乃由乡民长时期生活、劳作、交往和利益冲突中显现,因而具有自发性和丰富的地方色彩”。[1] 二是以郑永流、田成有为代表的“行为规范说”。郑先生认为,所谓民间法是指存在于国家之外的社会中,“自发或预设形成,由一定权力提供外在强制力来保证实施的行为规则”。[2] 三是以朱苏力为代表的“本土资源说”。朱苏力先生认为民间法即“活生生的流动着,在亿万中国人的生活中实际影响他们行为的一些观念”以及在行为中体现出来的模式,也包括“当代人的社会实践中已经形成或正在萌芽发展的各种非正式制度”。[3] 当然,无论哪一种说法都具有一定的道理。但是我们可以看到,无论是那一种说法,均充分注意到一个最为根本的问题,即民间法是以国家与社会的二元性框架为基础而形成的。“民”即普通老百姓组成私人的社会,也即“民间”;“官”指公家化的官府,即以公权力运转和维持的“国家”;民间与国家成了某种程度上的对立和分野。也就是说,民间法是一种存在于国家之外的社会中的传统或规范。

当然,这里引用“法”这一概念绝不仅仅意指大多数教材中所说的:法是国家制定或认可,反映统治阶级意志,并由国家强制力保证实施的社会规范的总和。如果仅仅从这一角度看待法律,那么恐怕“民间法”这一概念就根本无法成立,而更多是对法律文化的一种指代。在本文中,笔者比较倾向“行为规范说”,也就是说,归根结底法是调节、规范人的行为的,无论我们所提及的这种“法”是抽象的还是具体的,它最终的指向对象都是人的行为,民间法自然也是如此。不过民间法之所以不同于国家法,是因为其具有地域性、自发性、实践性等特点。

(一)民间法的地域性

在中国各式各样的民间社会中,无论是城市的社区里巷,还是农村的乡里坊间,都存在一种对地方秩序构建起着基础性作用的民间法规范。并且每一民间社会都有属于自己的民间法规范,民间社会与民间法是对应存在的,也就是

---

〔1〕 梁治平:《清代习惯法:社会与国家》,中国政法大学出版社 1996 年版,第 126 - 127 页。

〔2〕 郑永流:《法的有效性与有效的法——分析框架的建构和经验实证的描述》,载《法制与社会发展》2002 年第 2 期。

〔3〕 苏力:《法治及其本土资源》,中国政法大学出版社 1996 年版,第 45 页。

所谓的“十里不同风,百里不同俗”。与国家统一的成文制定法不同,这种民间法规范一般较少用语言予以表述;即使有表述,往往也只是一种基于“外在视角”的粗略描述。这是因为,对于一种民间社会中的公众来说,这种民间法往往不需要语言表达,人们通过亲身经历或参与就能够准确地理解这种民间法规范的核心意义,同一民间社会中的行为者之间心有灵犀的表情、眼神、动作甚至肢体的细微表征都可以是民间法规范的一种表达;而一个“外部的观察者”如果没有同种民间社会生活的熏陶,即使身临其境也无法理解这种规范的意义。

(二)民间法的自发性

无论是什么类型的社会,只要有人的存在,就一定会有人与人之间的交往;而只要有人与人之间的交往行为,就一定存在一套交往的规则。人们之间的交往并不会因为没有一系列完善的法律制度而中止或中断;相反,如果没有长时间人们交往的实践经验,即使是单纯的交往规则理论构建,恐怕也难以进行。民间法之于国家法的一个重要的区别就在于其不是理性设计的结果,而是直接源于人们的生活需求。

(三)民间法的修复性

相比国家法惩罚性与预防性并重而言,民间法还有一项国家法很难实现的功能,即对社会生活秩序的修复性。民间法能够在保持一定的惩罚性之外加大弥补性效果,以最大的可能弥补或是恢复各种冲突或纠纷对社会关系的损害。民间法的非恶意违反者,能够通过一系列符合民间法的行动去缓和其对民间社会生活秩序的破坏,并得到其他民间社会成员的原谅。这种对社会秩序的修复功能在某种程度上是其他行为规范所不能实现的。

(四)民间法的发展性

当今市场经济社会对传统自然经济社会的日益取代并不意味着所有类型的民间法都会走向消亡。正如上所说,民间法的地域性意味着不同的民间社会自然会孕育出不同的民间法规范,时间空间上都是如此。随着市场经济的发展和壮大,市场自身也会不断孕育出一些全新类型的民间规范;这一类型的民间法不但不会消亡，反而会随着市场经济的扩展而日益发展。[1] 人与人之间的交往会随着社会的发展而进行相应的改变；但无论如何，人与人之间的交往都是始终存在的，并且国家法的稳定性就必然会导致其无法全然覆盖所有处于变化中的人与人之间的错综复杂的关系。从这个角度来说，民间法体现出了巨大的实践性意义，因为它恰恰是随着社会背景的转变而不断调整与适应的。

二、民间法的现代性界限

民间法所统摄的范围我们可以从两个角度来看待，即民间法与国家法的区别、民间法与道德规范的区别。民间法往往与道德、国家法纠缠在一起；虽然我们不能明确地指出民间法与国家法、道德之间的“楚河汉界”，但是民间法有着其自己独立的范围是毋庸置疑的。上一部分中笔者介绍了民间法与国家法的分野；至于民间法与道德规范的界限，我们在这里可以将其抽象地概括为“道德之下，法律之上”。民间法在一定意义上可以说是道德与法律之间最为模糊的领域，也就是说民间法是道德之中最具有强制约束力的部分，但是却没有被规定在“最低层次的道德”的国家法内。民间法即代表着日常生活中的道德伦理范畴内最具有强制约束力的那一部分内容，如违反了这一部分的道德将无法被民众所容忍，但是还没有形成被民众所接受的法律规定。

先看“道德之下”。道德是有层级的，也就是我们所说的高级别道德和低级别道德；虽然说法律只规定最低级别的道德，但是很多没有被法律规范所吸收的道德规范仍然是有着非常强的约束力的。在不同的民间社会，其对道德的层级要求也不尽然相同。这里我们打个比方，根据社会开放程度的不同，婚前性行为在不同的地域被接受的程度必然是不同的：可能在某个相对保守的地区，婚前性行为会被视为极为忌讳的禁区，但在某些地区可能对此并不在意。当然，我国传统法律中的“无夫奸”早已被历史抹去，当今的国家制定法中绝不会对婚前性行为有强制性的规制。但在那些相对保守的地区，婚前性行为就可能会被纳入到民间法的范畴内；而在其他地区，则完全无此规定。也就是说，在一个特定的民间社会的视野中，相对低级的道德往往就会被民间法所涵摄。

但是道德与民间法也有着相对明显的区分。首先，道德往往并不以社会表现为条件；即使在不同的经济基础之上的民间社会，只要是同处于一种正统思

---

[1] 苏力：《法治及其本土资源》，中国政法大学出版社 1996 年版，第 22 页。

想涵盖之下,那么它们的道德规范往往就会是相通的。但是民间法则不同,民间法对其所依附的民间社会有着不可剥离的寄生力:一旦民间社会的基础发生或大或小的变化,那么民间法也一定会有所反应。其次,民间法一般都是从业已发生的社会事实中提炼出来的;但道德一般是一种终极价值统领之下的产物,其并不要求有实然的社会现象或行为。最后,民间法往往是自发形成的,而道德的形成则需要社会道德精英的理论构建。

再来看看"法律之上"。人们遵守法律往往并不是因为人们信仰法律或者法律能够为其带来利益,而违反法律也并不是因为人们反对法律。对于很多人来说,法律是相当陌生的知识,这种知识与人们日常生活中所遇到的种种情况所形成的交集往往并没有法律工作者想象的那么大。虽然人们似乎是在按照法律的规定行动,但事实上,人们按照社会常识行动的概率更甚于法律。瞿同祖先生就曾对中国传统法律与社会进行了精准的分析。他认为,帝国中心对边陲的社会并未发生深入的穿透,所以尽管其对边陲社会施以各种控制方法,但能力顶多达到消极维持统一的地步,而不能达到凝结、动员社会力量以赴政治目标的程度。官方的权威并不直接加于民众头上,而是通过地方的中介——士绅和其他较低级别的权威人物。[1] 现代社会也在某种程度上存在这种现象:无论政权多么发达,科技多么进步,国家的控制力都不可能覆盖社会生活的每一个角落。只有日常的民间法规范不能够妥善地解决日常生活中出现的种种矛盾与冲突时,人们才会求助于法律。并且相对于国家法的确定性,民间社会中的纠纷并不是法律的一纸判决就能够彻底解决的,因为民间社会的矛盾是一直潜性地存在于日常生活当中,当不被人们认可的国家法律判决出现时,人们虽然迫不得已需要按照判决内容作出一定的改变,但会通过其他的生活途径进行异化地抵制或反击。当业已形成的民间规则或行为习惯无法从国家制定法中得到正面满足时,人们必然会转向独立于国家制定法的民间法,甚至用民间法作为对有悖于其日常生活的国家制定法的抵制武器。无疑,这在一定程度上必然会破坏正式法律的权威以及国家法治秩序。那么,如果国家制定法能够在广义上为民间行为规范进行宏观的调控与指引,作为善良民间秩序的保障,那么这类问题自然能够得到妥善的解决。此外,民间法比国家法还具有更强的连续性。在原有的国家合法性的认同基础被质疑甚至被否定的时候,国家法的合法

---

[1] 瞿同祖:《清代地方政府》,范忠信、晏锋译,法律出版社2003年版,第282页。

性就一定会受到相应的波及，并且这往往是人力所不能控制的。正如新中国建立废除“六法全书”旧法统一样，国家法以国家政权为基础的事实必然导致其会因国家政权的变动而变化。但是民间法则不同，民间社会会随着时空的发展而日新月异，但其绝不会因为某一特定事件而发生突击性的转变。

国家法与民间法最好的共存方式应当是国家法以一种“隐形在场”的方式存在，并不过多地干涉民间法的运行，相反还对善良的民间法予以强有力的支持；但是当民间法超越了国家法的基本精神的限制时，国家法又要给予绝对的控制。这样不仅能够使民间法在善的意义上充分发挥其自治的作用，并且能够保障国家法的强制性与公信力。不对民间法进行任何考虑和吸收的国家法是无法为人们所接受的；但是国家法又不能对民间法进行无甄别的放任，而是必须“取其精华，去其糟粕”，借鉴吸收那些善的东西，剔除那些恶的元素。这也是法律制定过程中“自上而下”与“自下而上”必须共同进行的原因所在；法律的制定既植根于特殊自然与社会历史条件的现实生活，同时也寄托着人们对理想生活状态的渴望与希冀。“自上而下”地制定国家法无疑对法律的明确性、统一性、强制性都有着极大的促进作用，但是也应该意识到这种“自上而下”的法律制定极容易造成法律规范在民众生活中的脱节、心理归属上的排斥；作为法律活动的主要参与者和受众的民众，在某个角度却成了法律的“失语者”。相反，“自下而上”的法律制定能够更贴近人们的生活，从而让人们从心中燃起对法律的尊重和认可，将法律切实地融入日常生活之中。正如张冠梓所言，“国家法一方面应当规定最根本的问题，如政治、经济、军事、外交等方面的法则；另一方面则应给民间法留下空间，如允许民族地区制定自治条例或保留习惯法；同时，民间法也应尊重国家法制的统一性，与时俱进。只有这样，才能协调好国家法与民族民间法之间的关系，既强调法律的统一性，又维护法律的多样性”。[1] 国家法对民间法的“让步”与尊重往往能够使国家法更具有生命力、更能维持自身的稳定性与权威性。与其不断地调整国家法以适应民间社会层出不穷的新问题，倒不如将这一领域“授权”给民间法；而国家法只从大的方向上进行宏观调控，作为一种基调而存在。

这里还应该注意国家法的实效性问题。国家法中的一些规定并没有为民

---

〔1〕 张冠梓：《论法的成长——来自中国南方山地法律民族志的诠释》，社会科学文献出版社 2002 年版，第 370 页。

间社会所遵循，即使在大都市中也存在很多大家“默认”的违反法律的现象，如“禁止自带酒水、收取开瓶费”等。对于这种现象，并没有太多的人将这种在国家法意义上的侵权方告上法庭，而往往采取了一种“默认”“纵容”的方式予以解决，诸如此类的现象也是在民间社会中持续地存在。这种情况大量存在的一个最严重的后果就是在民众心中造成对法律的漠视，甚至对法律的反感。当国家法无法对这些在民间社会大量存在或仍占主导地位的现象进行强有力的规制时，究竟是强行地处理还是隐性地“妥协”便成了国家法的一个重要抉择。当然国家法的正当性与中心地位是毋庸置疑的，解决问题的关键在于如何进行正式制度的安排与改造，以增强国家法的时效性，真正建立起国家法的权威。

三、民间法的现代性意义

与国家法相比，民间法可能看似内容简单，那是因为对于其所属的民间社会而言，其内容已经足以保证民间社会的正常运转，民间法绝非落后的代名词，正如文化无优劣之分一样，只有适合与不适合。而民间法之于国家法最为明显的一个特色就是，与其说民间法是一种权利义务的分配，倒不如说民间法是一种人际交往的实践。“民间规范作为源自民间的制度事实，其最大特点就是提供了人们对该规范的自觉遵循和信仰恪守。任何权利保障，皆以主体对该权利的自觉认同为前提，否则，权利只是一种制度性宣告，而无法构造为流动的制度事实；只是死的规则形式，而无法变成活动的实践经验。”〔1〕

对于身处民间社会的人们而言，身边的民间法远远要比貌似与自己毫无干系的国家法重要得多。民间社会中的社会成员必须维护好自己在社会合作中的“声誉”，做一个社会常规下的“好人”，唯有这样他才能够在社会生活中获得最大的利益。相反，如果某人的行为违反了民间法，即使他的行为不足以被处以形式化的惩罚，那么他也将被贴上“坏人”的标签，而这种“坏人”的标签将会在今后的社会生活中给他带来种种的不便与烦恼。从这个角度上说，违反民间法的后果往往不是一次性的，而将会在相当长的一段时间内持续存在，对社会成员来说这无疑更加可怕。因此，民间法对于置身其中的每一个民众的心理强制力是异常强烈的；相比之下，国家法虽然有着强大的国家机器作为后盾，但对一个“遵纪守法”的普通公民而言，几乎是无关紧要的了。正如同戴维·鲁本所

〔1〕　谢晖：《民间规范与人权保障》，载《求是学刊》2004年第6期。

说，“法律不只是一套应当遵守的规范体系，而是一个我们生活于其间的世界”。[1] 而民间法的有效性之所以能够强大到对国家法产生排斥、对抗，就一定有其背后所隐含的社会现实的合理性。

中国传统法律文化历来就有“礼法合一”的传统，所谓的“礼”在一定程度上我们就可以理解为民间法。中国传统的法律文化当中作为非正式法律传统的民间法与封建统治阶级颁布推广的国家成文法并不是矛盾的。它们在以忠孝为主的儒家伦理纲常思想的统摄下呈现一种呼应、互补的关系。历朝历代的统治者们清楚地认识到，在中国这样一个幅员辽阔的国家，国家政权是不可能辐射到基层的每一个角落的。正如传统儒家思想所倡导的“息讼”“无讼”观念，国家政权更倾向把民间社会的琐碎矛盾交给宗族、村落等社会团体自行处理，而把法律作为一种兜底性的纠纷解决方式。这样不仅有助于通过基层社会团体的自治维护国家政权的稳定，还极大地节省了国家的政治资源。勒内·达维德曾对中国的这种现象予以阐述：“中国人一般是在不用法的情况下生活的，他们对于法律制定些什么不感兴趣，也不愿站在法官面前去，他们处理与别人的关系是以合乎情理为准则。”[2] 而在清末中国传统法律制度被解构之后，国家政权之于民间法应当以怎样一种姿态出现就显得尤为关键。我国对民间法的态度基本上呈现了一种由“重视”到“漠视”再到“重视”的过程。中国共产党建立红色政权时期，在处理政府与民间社会、国家法与民间法的关系上取得了初步的成功，国家法与民间法之间建立的是一种相对温和的妥协关系，虽然国家法仍处于一种强势地位，但“并不意味着民间法总是被动的、消极的，有时候它可能是积极的，从而修正着国家法”。[3] “文化大革命”时期，虽说形式上国家政权几乎辐射到了中国的每一个角落，但其所显现的畸形性、破坏性造成的灾难自然不是我们希望看到的。改革开放以来，民间法的重要性已经得到了一致的认可，但是究竟如何协调国家法与民间法仍然没有得到一个确切的答案。

历史经验教训不止一次证明，统一的国家制定法企图不顾民间社会的具体情况而将民间社会完全纳入自己轨道的“强制式”沟通往往是不能成功的。“那些深深植根于诸如家庭、手工业作坊和村户的传统和价值制度通常更顽强地抵

---

[1] [美]戴维·鲁本：《法律现代主义》，苏亦工译，中国政法大学出版社2004年版，第28页。
[2] [法]勒内·达维德：《当代主要法律体系》，漆竹生译，上海译文出版社1984年版，第487页。
[3] 强世功：《法制与治理——国家转型中的法律》，中国政法大学出版社2003年版，第64页。

制现代法律。"[1]当国家制定法被自上而下地强势推行时,民间社会的人们对其生活方式的期望和需要并没有得到充分的考虑和尊重。当然,西方社会的观念与制度所构成的法治体系无疑有着巨大的借鉴价值;但在推行以西方社会为基础的"西式法治"的进程中,把本土民间社会的生活方式与行为规范当作一种被征服的对象,无疑会遭遇巨大的阻力。现代西方法治无论呈现何种样态,都仅仅是法治的一个样式或一种可能。我们完全可以从不同的文化与生活背景出发,以自由开放的心态向其投注怀疑与批判的目光。[2] 法律具有人文性的特征,也就是说归根结底法律的对象是人,不同时空不同地域背景下的人自然有着其专属的时代性、地缘性。法律的制定与实施就必然要依据其所要规制的对象的特定情形而进行,否则这种法律就一定会受到人们的排斥与漠视。

中国有自己独特的民族文化传统和社会秩序理念,这些本土的法治资源都是非常值得我们珍视和挖掘的。倘若一味追求全球规则的普适性而盲目移植或全盘西化,则结果很可能就是理想与现实的强烈冲突。西式的法治理念在中国曾"红极一时",但现实的困境使得我们不得不看到人类社会的复杂性和多样性,并且越来越多的学者意识到"现代化"与"西化"并不是同义的;前者相对于后者除了文化层面的意义外,还有对实践的关注。正如前文所述,民间法是最能够体现社会生活"实践化"的一种形式。不同的国家基于不同的历史发展路径,总是有着不同的法律理念与法律实践。而民间法正是经过实践而形成的行为规范,是在与其他社会事实相互作用的进程中不断修正和改变的,是经验沉淀与积累而成的。这就意味着,处于民间社会的社会成员对于民间法有着切身的感受和体悟,社会成员会在日常生活中不断地重复这些行为规范,在心理层面上就经历了一个从羡慕到模仿,从模仿到理性思考,从理性思考到放弃理性思考,从放弃理性思考到主观确信的过程。[3] 这就使民间法具有了"与时俱进"的积极意义。而社会成员的这种重复行为又会通过其与其他社会成员的交往活动得到巩固,进而互相影响以至生生不息。无论是对西方自由主义、权利主义文化的引进,还是对中国传统法律文化的吸收,都不能只停留在文化层面,我们还必须在实践的路径上进行分析和研究。民间法无疑更能充当"活的传

[1] [美]埃尔曼:《比较法律文化》,高鸿钧等译,生活·读书·新知三联书店1990年版,第278页。
[2] 厉尽国:《法治视野中的习惯法——理论与实践》,中国政法大学出版社2010年版,第244页。
[3] 王新生:《习惯性规范研究》,中国政法大学出版社2010年版,第159页。

统”这一角色,其是随着社会基础的改变而进化,是最能反映社会基础的变化的,所以理所应当受到更多的关注。

“法治秩序的生成,不是制定了完备的法律制度,起草实施了多少部法典就万事大吉,顺利完成的事情。关键还得要看这些法律规范是否物化为民众与国家之间、民众与民众之间的一种现实的社会关系。因而,法治秩序的形成是一个异常复杂的过程,它伴随和交织着自发性和自觉性、自愿性和强制性等多重特性。”[1]在当今的现代化法律建设中,民间法往往被视为中国传统法律文化的延伸而处于边缘化的地位。但是,作为最能反映民间社会的民间法,不断根据社会基础而进行变化、发展,向我们展现出了一种无法被忽视的勃勃生机。民间法并不是零散的,而是有自己的观念体系、逻辑及构造秩序的手段。民间社会、民间法的真实存在,恰恰是中国走向民主、法治的逻辑起点,在以国家法作为绝对合法的正统地位的前提下,如何协调国家法与民间法之间的“博弈”,应该是中国法治化进程中尤为需要关注的问题。

(本文曾发表于《吕梁学院学报》2013 年第 5 期,收录时有修改)

〔1〕 王人博、程燎原:《法治论》,山东人民出版社 1989 年版,第 227 页。

知识点二　法的要素之法律概念

一、理论知识点梳理

（一）法律概念的定义

法律概念是对各种法律事实进行概括，抽象出它们的共同特征而形成的权威性范畴。法律概念虽不规定具体的事实状态和具体的法律后果，但每个概念都有其确切的法律意义和应用范围（领域、场合）。当人们把某人、某一情况、某一行为或某一物品归结于一个法律概念时，有关的规则和原则即可适用。

（二）法律概念的类别

法律概念以其涉及的内容为标准，大体分为涉人概念、涉事概念和涉物概念。

1. 涉人概念是关于人（包括自然人、法人和非法人组织）的概念，如“公民”“合伙人”“法人”“近亲属”“当事人”“人大代表”“法官”“检察官”“律师”等。

2. 涉事概念是关于法律事件和法律行为的概念，如“选举投票”“合宪性审查”“紧急避险”“正当防卫”“违约”“侵权”“故意”“过失”“自首”“行贿”“起诉”“代理”“回避”等。

3. 涉物概念是具有法律意义的有关物品以及质量和数量、时间、空间等无人格的概念，如“动产”“不动产”“标的”“国家财产”“集体财产”“共有财产”“产权”“知识产权”等。

（三）法律概念的法律意义

1. 法律概念，无论是法律专用的（法言法语）还是从普通语言中移植过来的，在法律系统中都有其法律意义，即都与权利和义务相关联。因而，当我们把某人(自然人、法人、非法人组织)归属于一个涉人概念,把某个事件、行为归属于一个涉事概念,或把某物、某时、某地归属于一个涉物概念时,有关法律规则,有关权利和义务的规定即可适用。例如,当我们认定某人是"诉讼参与人",刑事诉讼法、民事诉讼法或行政诉讼法有关诉讼参与人的权利和义务规定即可适用。当我们认定某法人的行为属于"漏税"、"偷税"或"抗税",有关漏税、偷税和抗税的规定即可适用。在没有现成规则可以适用的情况下,只要有概念和原则,照样可以作出适当的裁判。

2. 法律概念的明确性。在法的体系中,概念的特点和独特功能是:它对法律事实进行定性,既确定事件、行为和物品等的"自然性质"和"社会性质",又确定事件、行为和物品等的"法律性质",从而为人们认识和评价法律事实提供必要的结构。没有这个结构,就无法对事件、行为和物品作出法律评价和法律处理。

二、情境议题的创设与引导

为使学生通过"安乐死是否应该合法化"这一情境议题,基于不同主体之立场展开讨论、辩论,引出法律概念之明确性问题,以便更好理解后续的法律对话与司法适用。具体议题情境创设如下:

某因严重车祸而导致脑创伤的患者,无意识卧床多年,目前仅靠各种医学仪器维持生命,子女希望为该患者执行安乐死。你是否支持安乐死合法化?为什么?

在学生表达自己观点的过程中,教师通过设问等方式细化情境,就安乐死的适用条件、决定主体、审核主体与实施方式等问题进行深入探讨,拓展学生思考的广度与深度,以便更为全面地理解与抽象出作为法律概念的"安乐死"。

观点 1 支持安乐死合法化,认为诸如"濒临死亡""极端痛苦""无法治愈"的人可以申请安乐死。

设问 1:上述三个条件之间是"或者"还是"并且"的关系?若认为是"或者"的关系,那三个条件只需满足其一,后续逐一来看。若认为是"并且"的关系,那三个条件必须同时满足,结合现实案例,我们会发现可以适用的情况极其少见,范围极小。

设问2：针对“濒临死亡”，包括“植物人”在内的许多病患依赖医学器械可能短时间并不会生理死亡，其是否属于“安乐死”的对象？

例：新闻中经常会看到，医生觉得有些癌症患者的病情已经严重到生命所剩无几，但其却存活了好多年，如何看待“濒临死亡”的标准？

设问3：针对“极端痛苦”，如何判断“极端痛苦”的标准？

例1：生理痛苦层面，每个人对痛苦的承受程度存在差别，并非所有人对痛苦的感知能力都是相同的，如何进行区分？

例2：除了生理上的痛苦，精神上的痛苦如何判断？比如某人得了抑郁症，自觉极端痛苦，无法忍受，是否可以适用安乐死？

设问4：针对“无法治愈”，如何辨别治愈与治疗之间的差异？如何看待艾滋病病毒感染者的功能性治愈与根治的区别？

例：影视作品里面很多医生角色会对患者说“你大约还剩多长时间的生命”，但实际情况可能并不会如此戏剧化，每一种疾病能否治愈都会随着科技发展而不断变化。你觉得罹患同一种疾病的某人在偏远乡村、在北京、在其他国家的治愈概率一样吗？如何判断因地域产生的适用空间的差别？

观点2 支持安乐死合法化，认为原则上应由患者本人提出申请，但特殊情况下可以由其家属提出。也可以考虑，本人通过事先设定的手段来决定是否接受安乐死。

设问1：针对脑创伤，该情境中的某人是否具有意思表达的能力？极端情境下的意思表达能否被视为有效的意思表达？

设问2：针对特殊情况，如情境中患者本人意识模糊，其妻子、儿女等近亲属能否提出安乐死申请？

设问3：如果认为近亲属可以提出，是否会出现自己的生命掌握在别人手里的可能？若患者本人仍有一定意识，提出安乐死请求，但家属却基于情感上的不舍而拒绝，以哪一方的意见为准？如何处理？

例：若某人已经病入膏肓，但求一死。但他的近亲属因为恨他，就是想让他活受罪，如何看待这种情形？

设问4：如果认为近亲属不可以干涉患者本人关于安乐死的意思表示，在我国现行的医疗法律规定之下，一个人在做重大医疗决策的时候，近亲属需要签字,如何看待这一要求?

设问 5:关于事先设定,如何看待意思表示随着外在环境不同而产生的转变?

例 1:深圳市在 2022 年 6 月通过的《深圳经济特区医疗条例》中认可了患者可以通过"预先遗嘱"的方式行使"临终决定权",即如果病人立了预先遗嘱"不要做无谓的抢救",医院要尊重其意愿,让病人平静走完最后时光。你如何看待深圳市的做法?

例 2:某人在身体健康的时候所作出的"能够接受安乐死"的意思表示与其在真正承受病痛折磨时候所作出的意思表示等同吗?

设问 6:在判断是否核准安乐死申请时,公权力机关、医疗机构与医生的角色分别为何?

例 1:作为救助者的医生,其职业本位是救死扶伤,由医生来核准或决策是否与其职业使命相冲突?

例 2:如果认为应由代表国家的公权力机关来予以核准,具体由谁来承担核准职责?行政机关、司法机关还是权力机关?从宪法角度来说,国家对公民的生命权有保障义务,若由其核准,是否有变相摆脱自身义务之嫌?

观点 3　支持安乐死合法化,认为患者有权选择包括主动安乐死与被动安乐死在内的各种安乐死实施方式。

设问 1:针对主动安乐死,你认为应该由谁来执行?

设问 2:针对被动安乐死,不予治疗的被动方式可能会带来苦痛与煎熬,是否仍符合"安乐死"中"安乐"的界定?

情境案例研究

价值冲突下安乐死立法的困境与出路

摘要:关于安乐死问题的讨论在学界已经历了数十年之久,但与之相对应的制度性构建至今仍未有具体界定。以往对安乐死的讨论主要集中在申请人的"自主权"、国家的保障义务以及相关医疗机构的审查标准之上,但恰恰是这种过于强烈的价值冲突使制度层面对安乐死问题的界定极为谨慎。与此同时,安乐死(或变相安乐死)的实践在社会层面屡见不鲜;过于执着安乐死立法的权利义务关系不但不能为现实中的安乐死实践进行切实可行的指引,反而进一步加剧了国家在立法层面的束缚。因此,选取一种跨越权利路径的安乐死制度构建或许能够在价值冲突的框架下寻找出一条具有现实意义的出路。

关键词:安乐死;申请主体;价值冲突;审查监督

在对安乐死的学术谈论中,许多学者都提到由于安乐死问题涉及哲学、社会学、伦理学、法律学、现代医学等诸多方面,因此学理上的讨论都较分散。[1] 例如,在政治学或法学的视角下对安乐死问题的判断集中在"应当"层面;伦理学则更看重"应当"标准选择与确定背后的价值之"善";而社会学更加注重安乐死操作"实在"层面的多重限制。因此虽然对此问题的研究在众多学科之内均有涉及,但在法律实践层面却依然没有一个可供参照的统一标准。此外在关于安乐死的争论中,根据主张者的不同,探讨安乐死问题时不仅包括典型形式(应患者的明确要求,医生为了帮助其除去疼痛而结束其生命),还包含重度障碍新生儿以及重度植物人等已经不可能明确表达其自身意志的事例。[2] 且"医疗中止行为"一般都是在"消极安乐死"的范畴内被讨论。由于传统习惯,"医疗中止行为"在现实生活中时有发生,但并没有被作为重要法律问题加以探究。[3] 争论最为激烈的是"积极安乐死"。对安乐死的细化分类[4]无疑对立法层面的法律创制有着重要的限定作用,但问题是在纷繁复杂的医学情况面前,过于强调标准区分未必能解决所有客观的现实问题。因此,在讨论安乐死合法化问题之前,如果能够系统地甄别其所面临的事实困境及理论障碍或许才是解决问题的基础。有学者曾对众多的安乐死概念进行比较分析,并提出关于

---

[1] 刘三木:《安乐死的合法性问题初探》,载《法学评论》2003 年第 2 期。

[2] 刘建利:《死亡的自我决定权与社会决定权——中日安乐死问题的比较研究》,载《法律科学(西北政治大学学报)》2013 年第 5 期。

[3] 林亚刚:《关于安乐死的认识及立法思考》,载《法律科学(西北政治学院学报)》1990 年第 4 期。

[4] 如有学者提出,安乐死外延较广,囊括了消极安乐死、积极安乐死、"尊严死"、"医助自杀"、"协助死亡"、姑息治疗致死等概念,所以只要条件限定,"安乐死"这个约定俗成的概念并不妨碍对其的研究。详见韩跃红、李昶达:《安乐死辩论中的"尊严悖论"》,载《道德与文明》2015 年第 6 期。

安乐死的分歧主要在于四个方面：安乐死的本质、安乐死实施的对象、安乐死的申请权和安乐死的实施者。[1] 本文即试图在“申请—审查”的框架下进一步探讨安乐死立法所面临的理论困境。

一、生命“自主权”与安乐死的申请主体

在以往对安乐死的讨论中，多将安乐死问题的核心价值归结为生命主体是否拥有处分自己生命的权利或者决定自己生命利益的权利。[2] 基于这种观点，许多学者都明确指出唯有个人在意志清醒的情况下才能够进行安乐死的申请。这种前提的限定虽然可以极大地避免理论层面的困境，但却无法真正地在实践层面解决安乐死的具体问题。如果我们以“个人尊严”或者“个人利益”作为判断安乐死申请的终极衡量标准，[3]那么首先出现的问题就是那些长期处于昏迷状态而无法进行意思表达的当事人之近亲属是否有资格对当事人的生命自主权进行抉择。尽管许多观点都非常强调当事人自我的决定，但在现实例证中却存在大量的当事人无法进行意思表达且同时确实承担着巨大痛苦的状况，那么此时近亲属“未取得代理授权”的代理性决定是否可以代替当事人的自我意志就显得尤为关键。当然这里的“代理性决定”包含对安乐死的认同与反对两种倾向，且这种申请的代理并不等同于决定权的享有。个体生命的涉他性直接导致个人的权利义务与他人（尤其是近亲属）之间的关联存在。如果我们在讨论安乐死的申请时没有考虑到与当事人存在法律权利义务直接关系的他者，那么一定会有导致主体实际法律权利义务被架空的嫌疑，更何况当主体当事人为婴儿或未成年人时，[4]近亲属之意思表达的重要性就更加凸显。当前，以我国《医疗机构管理条例》（2016 年修订）第 33 条的规定为例，“医疗机构施行手术、特殊检查或者特殊治疗时，必须征得患者同意，并应当取得其家属或者关系人同意并签字；无法取得患者意见时，应当取得家属或者关系人同意并签字……”

---

〔1〕 宋维志：《论安乐死在中国的实现——从安乐死的存在合理性说起》，载《医学与法学》2015 年第 4 期。

〔2〕 韩大元：《论安乐死立法的宪法界限》，载《清华法学》2011 年第 5 期。

〔3〕 曹刚：《安乐死是何种权利？——关于安乐死的法伦理学解读》，载《伦理学研究》2005 年第 1 期。

〔4〕 对此方面的深入研究可参见杨遂全：《畸婴安乐死的法学与经济学分析》，载《法学论坛》2011 年第 1 期。

由此有学者认为在患者病重昏迷并不可逆转地临近死亡的情况下,采用或者放弃生命支持系统的决定权从患者本人转移给了患者家属,这种情况下家属的意见是主导性的。[1] 患者的意思自治意味着其对自身利益的放弃而让其利益丧失了法律上受保护的必要性;而通过家属推定出来的意愿因与本人意愿之间的一致性具有高度盖然性。以此预设为前提,考虑到法益主体以及社会全体的利益是一种更加优越的利益,为了追求这种优秀的利益而承认行为的合法性。[2] 反之,如果我们简单地否认所有不能自我表达意志个体的安乐死权利,那么安乐死的立法意义会在相当大的范围内被消解。但接下来的问题是,在安乐死当事人与利益相关人之间的关系衡量上很难有一种清晰可见的客观判断。虽然有论者认为在现实生活中,就安乐死的特殊情形而言,仅仅为了摆脱负担和掘取财产的案例应当只是极个别现象,[3] 但在法律规制层面却无法依据这种经验判断而作出普适性的规范,实际上当事人与近亲属或其他利益相关人之间不确定的情感因素极有可能会在安乐死的申请上产生巨大的影响,更为值得注意的是,这种影响并不仅以单一的方式存在。

退一步说,即使是具有自我意识表达能力的个体,在"可能"实行安乐死的背景下,是否具有足够的能力来作出一个对自身最基本权利——生命有决定性影响的正当意思表达也很难有一个明确的结论。有学者曾提出当个人可以作出完整的意思表达时应该进行一种预先的"拟制"安乐死申请,即在特定条件下如果当事人丧失了表达能力,这种先期的设定可以作为后期的表示推定。可与此同时,在对安乐死的条件限定中还有一个非常重要的标准,即当下的医学水平已经不能再产生实质性的作用,那么这里就出现了意思表示时间节点与医学判断时间节点之间的不一致,也就是说当事人事先的意思表示有一种对后来客观状况缺乏系统掌握的明显瑕疵。再退一步说,即便当事人具备完全的意思表示能力,先不论生理上的病痛对思维的重大影响,无论是医患关系的不对称性还是与近亲属之间的伦理情感博弈,都有可能导致安乐死当事人的选择受到多重的他种因素制约。该问题也就成为许多对安乐死问题的社会数据调查统计

---

〔1〕 睢素利:《对生前预嘱相关问题的探讨》,载《中国卫生法制》2014 年第 2 期。

〔2〕 转引自于佳佳:《刑法视野下临终患者的自主决定权及限制》,载《当代法学》2015 年第 6 期。

〔3〕 张毅:《安乐死论争与第三条路线的法律评价》,载《中国刑事法杂志》2002 年第 3 期。

中存在的最大理论障碍,无论社会层面对安乐死的支持度达到怎样的高度,[1]这些“局外人”的态度几乎与真实接触安乐死的当事人都没有任何实质性的连接。反过来说,在当代世界虽然人们承认个人独立的价值,但是没有多少人认为个人可以享有绝对独立的权利;因为明摆着的事实是,人生活在社会之中必须与社会形成某种关系并受社会的影响。[2]“一个人不可能对自己的死表示真正自愿或出于理性的同意”,[3]这就导致如果在对安乐死的讨论中以前提限定的方式排除有关联性的“他人”对安乐死申请的必然影响,就无法从根本上对安乐死进行全面的理论分析。

当然,持肯定意见者也提出了专业的医务人员及司法机构对当事人决定的审查机制。这里涉及下一个问题,即国家或他人对自我的生命权究竟有何种范围何种程度的干涉权。在一些人类学的调查中不乏尽管当事人已经尝试了几乎所有可行的治疗方案却仍未有好转的案例,但在相当比例的案例中当事人仍然怀抱着求生的希望。那么从人性的视角来看,为他人生命权作出的决定究竟是为了当事人自身的利益还是他人因血缘关系或亲缘关系而形成的善意的利他主义?特别是在医学知识上,由于当事人与专业人员之间的信息不对称以及不同医疗水平背景下的客观差异存在,都可能会在对安乐死的评断当中有所显现,那么这种他人的“判断”与个人的“选择”之间是否会存在一种明显的导向作用,也是安乐死申请上不得不考虑的问题之一。有学者曾将这两种不同的选择标准界定为主观尺度和客观尺度:前者指一个人自己是如何看待自己生命的存在状态的;后者是指对被考虑进行安乐死的人的生命价值以及其死亡可能对他人产生的影响的客观评估,问题的关键是当两种不同的评价标准发生冲突时究竟该如何解决。当然我们不能简单地认定“一个继续活下去的渴望可以屈从于其他渴望”,[4]但当前者出现表达不能的客观情况时,在国家制度层面是否可以依照后者而对前者进行假定推论以及后者是否能够完全代替或对抗前者的评价标准都是不确定的问题。

---

〔1〕 参见曾春燕、刘婵娟:《伦理学视阈下中国安乐死社会意愿现状及合法化路径探究》,载《浙江社会科学》2017 年第 3 期。

〔2〕 张毅:《安乐死论争与第三条路线的法律评价》,载《中国刑事法杂志》2002 年第 3 期。

〔3〕 Yale Kamisar, *Some Non – religious Views Against Proposed "Mercy – Killing" Legislation*, Minnesota Law Review, Vol. 42:6, p. 969 – 1042(1958).

〔4〕 Peter Singer, *Practical Ethics*, Cambridge University Press, 1993, p. 99.

二、安乐死审批背后的价值选择

如果单纯把安乐死看成医生与病人之间的一个协议的话,那么安乐死事件基本上是一个私人事件,即两个私主体基于某个契约而完成某件事,此时医生和病人之间的相互同意就排斥了对他人的损害。[1] 但问题是该“契约”的指向标的是人的生命,而生命权除了防御他人侵犯之外,还覆盖着国家的保护与救助义务;[2]因此医生与病人之间无法就生命而达成民事契约,而增添了国家作为第三方主体的介入,也即人的生命确实是属于其个人,但是既有个人能够处分的部分也有个人处分不了的部分。[3] 更何况医生这一职业身份的道德伦理前提意味着对疾病的“征服”才是其核心的属性,那么在积极安乐死中将对他人执行死亡的权力交于医务人员手中时,这本身就出现了一种职业特性的矛盾,此时的医生身份也在对其与病人达成生命处分的意思自治上出现了束缚。此外当我们将安乐死视为医生与病人之间的“契约”时,这里并不存在一种制度建立的价值体系束缚,但如果试图把安乐死的审批纳入制度化的框架之下,国家作为义务相对方的介入就产生了一种必须回应的价值判断。就安乐死的选择来说,其无疑可能会冒犯某些人的宗教情感或职业伦理情感,如一个人完全可以恪守自己的道德信念不选择安乐死,但对于制定审理或执行安乐死的标准层面而言,就无法不存在一种对生命伦理的基本价值选择。而在这种价值选择之下,人们通常无法基于“合理回避”而实现对制度的主观选择,特别是在上文中所提到的申请者确定的矛盾之上。也就是说,除非立法可以证明对安乐死的制度确立有明显能够与上述个人价值相比更为合理的优势之外,这种对安乐死制度判断的构建并不必然具有绝对性。

当然很多学者曾试图用社会价值观集合的视角来对这种制度构建背后的价值选择进行背书,如有学者提出社会主文化群所做出的一种价值判断或者社

---

〔1〕 刘三木:《安乐死的合法性问题初探》,载《法学评论》2003 年第 2 期。

〔2〕 对于公民生命权的宪法学问题学界已有大量讨论,参见李振山:《论宪法未列举之自由权利之保障》,载刘孔中、陈新民主编:《宪法解释之理论与实务》(第 3 辑),中山人文社会科学研究所 2002 年版,第 365 -367 页;张嘉尹:《基本权理论、基本权功能与基本权客观面向》,载翁岳生教授祝寿论文集编辑委员会编:《当代公法新论》,台北,元照出版公司 2002 年版,第 45 页。

〔3〕 甲斐克則『安樂死與刑法』(成文堂,2003 年)41 頁。转引自刘建利:《死亡的自我决定权与社会决定权——中日安乐死问题的比较研究》,载《法律科学》2013 年第 5 期。

会上大多数人共有的价值观念在刑法领域内的具体反映,决定了刑法意义上的社会危害性的存否。[1] 因为社会大多数人总会产生一些共同的利益要求,沉淀成共同的善恶判断标准,从而造成在价值观念上占主导地位的社会文化群,基于主文化群的价值观念就会形成要求社会所有人必须接受的法律规范。[2] 但这种价值基准选择的问题在安乐死的讨论中有一个根本的前提,即"自愿性",也就是说无论制度构建多么完善,只要是当事人拒绝这种价值基准就可以全然地摆脱这种价值框架的桎梏。换言之,在对安乐死制度确立的讨论中已经先然地避免了以多数价值结合来作为评判标准的可能性,那么对安乐死制度构建的价值评判与生命权自主选择之间的价值导向就存在一定的矛盾与偏差,这种悖反会在具体的个案当中更为凸显。与此同时,如果将安乐死审批权赋予国家,那么就必须意识到除了对个体生命权的保护义务之外,国家或社会的利益也是重要的价值导向。这种价值导向在行政行为方面表现得尤为鲜明,恰如有学者提出,"在这种情况下,用一种人道的方法结束这种生命与痛苦,是对社会医药资源的节约,可以把这些医药资源应用到更有希望的病人身上"。[3] 如果最终的审批权为公权力,则公权力机关不得不面对社会利益与个人生命之间可能出现的背离。这种矛盾也正是安乐死问题最根本的争议所在,即如果要讨论安乐死的立法问题就意味着国家或立法层面必须对本应属于自主选择的个体价值范畴进行一种有明确导向的制度模式规范,而这种规范本身在安乐死问题上又并不必然地优先于个体的价值选择。

法律意义上的安乐死之于国家而言需要一种公权力的介入,那么这种积极法律行为的权力来源较之消极法律行为就更需要审慎地对待,也就是说在安乐死的申请与审批关系上国家在相对人面前除了原本的生命权保护义务之外还增添了一种依申请而产生的"死亡服务"的义务。从国家与公民之间的权利义务关系上看,人的生命是最重要的社会价值之一,是社会共同体的基本构成单位;对自己生命的处分不仅仅是公民个人的自由选择,也会影响整个社会共同体的价值选择。[4] 但安乐死较之自杀的不同在于,安乐死并非单纯通过自我决

---

〔1〕 夏强:《安乐死合法化探究》,载《中国刑事法杂志》2001 年第 5 期。

〔2〕 冯亚东:《理性主义与刑法模式》,中国政法大学出版社 1999 年版,第 40 页。

〔3〕 李明华:《安乐死:生命的尊严》,载《西南民族学院学报(哲学社会科学版)》2000 年第 10 期。

〔4〕 韩大元:《论安乐死立法的宪法界限》,载《清华法学》2011 年第 5 期。

定及行为的方式实现,其将最终的执行义务转移给了公权力或其赋权后的他者,那么此时公权力对个体生命的保护义务与个体生命自决的申请权之间就形成了某种程度的对冲。即便在假设公民享有死亡权的视角下,相应的义务承担主体无疑就是国家,但国家在该问题上不仅仅是一个义务承担者,而且还兼具着对公民权利的确认与保护义务,那么这种国家义务是否会反过来对公民权利造成反射性剥夺就极为值得深思。公权力较之私权利天然地带有更加强烈的受限制性。相对于当事人对自身生命选择与判断的主观性而言,具有公权力属性的国家机关必须以一种更加客观明晰的标准对安乐死的审核作出可量化的规范。这种规范的要求势必与医学意义上疾病处理的相对不确定性产生矛盾,加之不同的个体在医学意义上的差异呈现与承受能力都为与安乐死相关的法律的明确化与标准化增添了不确定因素。更何况国家对于公民本身就承担着当其生老病死时的救助义务,这种对安乐死批准权的确立与对公民的救助义务本身就存在一种潜在的张力。尽管安乐死的批准权是建立在公民或相关主体申请权之上的第二性权利,但其仍需要国家公权力的最后审批,那么这种具有最终决定意义的判定是否会对前者造成有实质影响性的压迫就有可被怀疑的潜质。且当个人、近亲属、医务人员与国家公权力之间对安乐死的意见呈现出差异甚至矛盾的状态时,这种法律意义上的权利义务界定问题还会因互相之间指向内容的重合而更加尖锐。这也是安乐死人道主义伦理价值导向之外的主要障碍之一。

三、理论困境背后的技术探索

如上文所述,虽然在价值倾向上国家公权力以及医生职业共同体的判断很难与个体当事人的选择倾向完全重合,但在实践当中两者的判断基点却是可以在一定程度上予以区分的。即当事人及近亲属的选择只是一种申请(权),那么这种意向的提出本身必然无法摆脱主观属性的隐含;而公权力的审查虽然也应涉及此方面的评价,但这种评价更应该将关注点放在一种规范标准意义上的衡量。如有学者提到,"如果患者 A 正遭受着极大的痛苦,医生 B 为了患者 A 的钱而杀死了 A,这的确可以在事实上产生 A 所渴望的死亡,但是这个案例不能被视为一个安乐死事例";或"如果以为有可能康复的患者完全出于不增加家人的经济负担而要求安乐死,这时患者并没有完全按照自己的最佳利益来作出决定,这也不是安乐死的实例”。[1] 这两个假设案例中前者医生的主观意图并不必然与当事人的意图相重合。也就是说,如果主观上当事人的意图没有明显的瑕疵,那么公权力审查的重点并不应该是其他相关人的主观评判,客观上患者的个体情况及医学技术问题似乎才是审查的重点。这在第二个假设案例当中就有很明显的表现,对“有可能康复”的审查才应当是审查者的主要指向,而当事人的内心真实情感至少在技术上很难成为审查的主要对象。即便公权力有义务帮助当事人做出尽量理性的选择,这种帮助义务也仅限于对客观状态的描述以保障当事人或申请人有足够的参考而已。

需要特别提及的是,安乐死的核心除了“死亡”的选择与决定之外,更为重要的乃是“安乐”,即对痛苦的死亡方式的负面否定及对安静祥和且无痛的死亡方式的正面追求。也就是说,与各种各样的死亡方式相比,安乐死的核心所在乃是对死亡的方式选择,这种方式的选择将反过来对安乐死起到相当的制约。如有学者提出虚拟案例,“假如某个临终患者正遭受着无法控制的疼痛,有两种方法致死:一种方法是有最低程度的疼痛,但可以立即发生作用,而另外一种方法是无痛的,但发生作用所需要的时间要长得多。那么,如果在患者身上使用这种有痛的方法,这个行动就会仅仅因为是使用了这种比无痛稍稍多了一点痛苦的方法而失去了作为一个安乐死实例的资格”。[2] 尽管这种假设过于极端以至于在当下的医学发展水平中似乎没有可以实践的余地,但该思路却为安乐死的技术操作提供了一个可资参考的模板。就医疗手段的层面而言,先不论在不同的社会经济环境背景下具体的患者所能够得到的治疗保障差异,原则上患者应该有权决定接受或拒绝某种治疗手段。法律也只能界定每个人是自己利益最大化的判断者,并在该前提下做出具有普适性的规定,而不可能对某个人的某项具体事务做出决策。除非患者做出的决定会对他人的权利造成某种程度的侵犯或威胁,否则医院是不能对患者进行强制治疗的。[3] 从这个逻辑也可以推导出,一个人对自己是否进行治疗有着相当程度的自主性;这种自主性能够得以实现的原因在于医疗机构在绝大多数的情况下不会违背患者的自主意识而强迫患者进行某种其所不愿承受的治疗,且在医疗部分有偿的前提下,医

---

〔1〕 翟晓梅:《安乐死的概念问题》,载《自然辩证法通讯》2000年第3期。

〔2〕 翟晓梅:《安乐死的概念问题》,载《自然辩证法通讯》2000年第3期。

〔3〕 倪正茂、李惠、杨彤丹:《安乐死法研究》,法律出版社2005年版,第36-37页。

疗机构更难被承认具有单方面的医疗权,那么患者在可以接受相关医疗措施的前提下出于各种各样的原因拒绝接受治疗就没有任何的法律瑕疵。那么当申请人基于安乐死的角度而对医疗机构提出死亡请求时,这种经严格审批过后的死亡执行就不再是一种私人契约式的服务提供,而必须有既定的法律框架进行约束。这就从权利义务的视角明确了安乐死合法化所必须面对的是技术评估而非价值评估,即对“安乐”而非“死亡”的追求似乎才是安乐死的本质所在。

接下来的问题是,在讨论权利与义务之间的关系时,许多学者都会提到权利的选择性与义务的强制性,如果将死亡也视为人的一种可选择的权利的话,那这里就会出现一个问题,即谁是这种权利的义务承担者。当然,如果说当事人通过自杀的形式完成这种权利的选择,从而实现这一对世权利的话,那么当当事人需要他人的协助而完成这样一种权利实现时,谁又是死亡权的义务相对人?或者暂时把这里的“他人”搁置起来,不讨论“他们”是否有义务帮助主体当事人终结生命以及如果予以帮助是否合乎伦理道德准则,我们只讨论不想活下去且确乎难以活下去的人是否有权请他人代理完成自杀行为。[1] 即当事人因自身不能够实施结束自己生命的行为时,被请托人是否具有帮助其结束生命之义务?以及如果当事人确实有这样一种选择结束自己生命的权利却又不能自我实现时,相对应的义务主体究竟是谁?尽管放弃治疗并非笔者所认可的纯粹安乐死范畴,但却为安乐死提供了一种可供参考的视角,如果说患者有权拒绝医疗机构提供的科学治疗而出于综合因素选择自认为更“合适”的替代性选项,那么其在不需要他人协助之条件下做出对自身健康及生命的抉择就变得自然而然了;反之,当申请人提出安乐死申请时,这虽然不是一种绝对的结果性权利,但却可以作为公权力开启相关行为审查的依据,从而对公权力的行为模式进行一定的反向路径限制。换言之,申请(权)与审批(权)之间的双重结合似乎才是安乐死得以执行的必要条件,先排除生理及心理的诸多条件考量,单纯对死亡的选择或许在道德角度并不值得赞许,甚至在某种程度上来说是一种可以进行道德负评价的行为,但从法律的角度看没有人具有特定的义务去避免或阻止某人对结束自己生命方式的选择。法律中公权力保障公民生命权的义务规定是将生命进行了一种抽象的提升,这种提升本身就将生命权的载体与生命之间进行了一定程度的分离,那么当涉及安乐死的审批时,当事人的申请在阻

[1] 倪正茂、李惠、杨彤丹:《安乐死法研究》,法律出版社2005年版,第13页。

断公权力对个体的主动介入之时并没有实质妨碍公权力对公民生命权的保障。

当然,一个正常社会的运转必定需要付出其成本,如果以社会价值来对个体生存作出取舍,那么从中凸显出来的功利主义和实用主义将会使整个社会越发向畸形发展。[1] 即如果某人已经丧失了自我表达的能力,这时对该人负监护及照料义务的相对人如何去履行这种义务,甚至可否通过公权力或其他途径免除这种义务就非常值得深思。但正如上文所言,宪法中所规定的公民在疾病情况下的物质帮助权利要求国家作为义务主体发展医疗卫生事业,那么此时作为基础性义务主体的国家与作为特定义务主体的相对义务人之间的关系恰好能够通过安乐死的制度化规定而进行相互的审查与监督。这种模式虽然可能并不是安乐死合法化考量中的一个重要因素,但从客观效果上确实能起到对抽象义务的具体履行之执行监督。

综上所述,从法律上来讲,我们不能直接否认某人提出安乐死的要求,这种要求乃是个人综合自己健康及生命状况而作出的选择;但当该个体当事人要求他人为其选择提供必要的便利或辅助时,被要求人是否愿意且能够履行该要求又是另外一个阈限下讨论的问题。换句话说,宪法层次的自决权绝不可以似是而非地作为权利人"自主地作任何决定"的权利,更非得请求他人配合而为特定行为的积极请求权,[2] 因此,安乐死的申请权就并不必然地上升到宪法意义上的"生命决定权"。认同个人提出安乐死的主张与相对人必然承担为要求者提供安乐死的协助并不是对等的,相反被要求人(通常是公权力)是否愿意且能够履行这样一种行为在某种程度来说既不属于绝对的权利也不同于必然的义务,而需要进行符合规则的考量后才能做出最后的属性判断。有学者曾对以上的理论困境进行这样的调和:一般而言,在不会严重影响社会"共同生活"时,"社会决定权"都应该尊重"自我决定权";但是,当本人的"自我决定"明显不合理时,不管此时的当事人的自我决定是多么真实与明白,也应该允许"社会决定权"对其进行限制。针对"积极安乐死",仅仅以"个人主义"的"自我决定"为理由显然不够充分;但是,如果此时作为社会共同体共识的"社会决定"也承认患

---

[1] 倪正茂、李惠、杨彤丹:《安乐死法研究》,法律出版社2005年版,第36页。

[2] 王锴:《安乐死的宪法学思考》,载《法律与医学杂志》2006年第2期。

者的“自我决定”,那么作为终极手段,应该允许该患者的“积极安乐死”。[1] 但问题的关键在于“社会集体意识”的表达确认,在讨论中不乏有学者认为在安乐死是否应当合法化问题上,其最终的评判标准乃在于安乐死行为是否冒犯了社会集体意识,如果这种冒犯是存在的,甚至被认为具有很严重的性质,那么法律禁止实施安乐死就是明智的选择。[2] 但对安乐死的立法论证却远不能止步于此,即跨越了社会价值集合和医学技术判断之后,安乐死的审查标准究竟为何似乎才是安乐死问题的关键所在。

[本文曾发表于刘诚主编:《立法评论》(第3卷第1辑),中国法制出版社2019年版,收录时有修改]

〔1〕 刘建利:《死亡的自我决定权与社会决定权——中日安乐死问题的比较研究》,载《法律科学》2013年第5期。

〔2〕 张玉堂:《我们有死的权利吗——对安乐死争论的法理学思考》,载《法学》2001年第10期。

知识点三　法的要素之法律规则

一、理论知识点梳理

（一）法律规则的定义

法律规则是指具体规定法律上的权利和义务以及具体法律后果的准则，或者是对一个事实状态赋予一种确定的具体后果的各种指示和规定。法律规则有较为严密的逻辑结构，包括假定（行为发生的时空、各种条件等事实状态的预设）、行为模式（权利和义务规定）和法律后果（含否定式后果和肯定式后果）三部分。缺少其中任何一部分，都不能算作完整的法律规则；法律规则的前两部分如果是有效的，那么它的后一部分也应是有效的。

法律规则 = 假定 + 行为模式 + 法律后果

（二）法律规则的类别

依据法律规则的性质、特征、功能等，可对其作出以下基本分类：

1. 法律规则从性质上可分为义务性规则、授权性规则和权利义务复合性规则

义务性规则是直接要求人们从事或不从事某种行为的规则。义务性规则依其规定人们行为的方式，分为命令式规则和禁止式规则。命令式规则是要求人们必须作出某种行为的规则，禁止式规则是禁止人们作出某种行为的规则。义务性规则的一个显著特点是具有强制性，它所规定的行为方式明确而肯定，不允许任何个人或机关随意变更或违反。这一特征表现在它所适用的术语是"应当""必须""不得""禁止""严禁"等。

授权性规则是指示人们可以作出或可以要求别人作出一定行为的规则。

授权性规则的作用在于,赋予人们一定的权利去建立或改变他们的法律地位和法律关系,以建立或调节国家所需要的法律秩序。授权性法律规则的特点是具有任意性,既不强令人们必须作出一定行为,也不禁止人们作出一定行为,人们可以在行为与否之间作出较为自由的选择。这一特点表现在它所适用的术语是"可以""有权""有……的自由""不受……干涉""不受……侵犯"等。

权利义务复合性规则是兼具授予权利和设定义务两种性质的法律规则。这类法律规则绝大多数是有关国家机关及其工作人员的组织和活动的规则。依其指示的对象和作用可以分为三类:第一类是委任规则。它指示国家机关修改、制定或废除法律、法规。委任规则有强式和弱式两种。第二类是组织规则。它确定国家机构的权力划分,指示国家机关执行某一方面的国家职能,或有关国家机构的组织、调整、改革等。第三类是审判规则。它指示司法机关依照法定程序执行审判职能。权利义务复合性规则的特点是:一方面被指示的对象有权(职权)按照法律规则的规定作出一定行为;另一方面作出这些行为是他们不可推卸的职责。在逻辑上,每个权利义务复合性规则都可进一步分解为义务性规则和授权性规则。

2. 法律规则从形式特征上可分为规范性规则和标准性规则

规范性规则的"假定""行为模式""后果",都是明确、肯定和具体的,且可以直接适用,而不需要加以解释。

标准性规则的有关构成部分(事实状态、权利、义务或后果)不甚具体和明确,往往需要根据具体情况或特殊对象加以解释和适用。例如,《中华人民共和国民法典》(以下简称《民法典》)第 147 条及第 151 条规定所提及的"重大误解""显失公平"都是需要根据具体情况去确定一个界限(尺度),然后才能适用的标准。其他类似的术语,如"善意""公正",也都需要根据具体情况去确定其界限。

3. 法律规则按其功能可分为调整性规则和构成性规则

调整性规则的功能在于控制人们的行为,使之符合规则概括出来的行为模式。调整性规则所涉及的行为在逻辑上先于或独立于这些规则之外,无论是否存在调整性规则,人们都有可能从事或不从事这些行为。在调整性规则存在的情况下,遵守调整性规则是能够从事这些规则所调整的活动的充分条件。在调整性规则制定出来之前,这些行为就已经存在。

构成性规则的功能在于组织人们按照规则授予的权利(权力)去活动。

构成性规则所涉及的行为在逻辑上有赖于这些规则，即构成性规则先于由它所调整的活动，没有这种规则，从事或不从事这些行为都是不可能的。遵守构成性规则是能够从事这些规则所调整的活动的必要条件（但不是充分条件）。

（三）法律规则的功能

法律规则具有三种功能：第一，微观的指导性，即在规则所覆盖的相对有限的事实范围内，可以为人们提供确定的行为指南；第二，可操作性，即可适用性，只要一个具体案件符合规则假定的条件，执法人员或法官即可直接适用该规则；第三，确定性和可预测性，即规则设定的权利、义务和法律后果是明确的，人们在作出选择之前就能够知道自己行为的结果受到何种法律保护和支持，或受到何种法律制裁。

二、情境议题的创设与引导

为使学生通过“如何制定彩礼返还规则”这一情境议题，基于不同主体之立场展开讨论、辩论，引出法律规则的定义、分类及功能等问题，以便更好地理解法律规则的理论要点及司法适用，具体议题情境创设如下：

甲（男）和乙（女）共同生活1年，虽已举办婚礼却一直未办理结婚登记手续。共同生活期间，甲的父母与甲给付乙包括见面礼金、金器（项链、手镯）、车子、婚宴开销等共达数十万元。现双方感情破裂，甲的父母及甲认为上述花销系彩礼，要求乙返还。你是否支持甲的父母及甲的立场？为什么？

在学生表达自己观点的过程中，教师通过设问等方式细化情境，就彩礼的定义、彩礼的归属及返还对象、彩礼返还规则的影响因素等问题进行深入探讨，拓展学生思考的广度与深度，以便更为全面地理解与抽象出法律规则的类别、功能及具体适用。

观点1　支持彩礼返还，认为以结婚目的而产生的诸如“车子”“改口费”“婚宴开销”等均属于彩礼，可要求返还。

设问1：针对彩礼的定义，如何界定彩礼？会因“经济状况”而存在差别吗？彩礼与嫁妆有区别吗？

例:如果甲给乙购买价值 5 万元的钻戒,这是不是彩礼?随着当事人的经济状况变化,判断结果会有差别吗?比如两人一穷二白,5 万元是甲的全部积蓄,这个钻戒是不是彩礼?如果甲是个亿万富翁,钻戒又算不算彩礼?

设问 2:针对彩礼的目的,如何判断“以结婚为目的”?

例:甲想结婚,但乙暂时并不想结婚,收受的物品是不是彩礼?

设问 3:针对彩礼的表现形式,彩礼仅限于现金与实物吗?

例:房屋装修费用、居住权是彩礼吗?

设问 4:针对彩礼的给付主体,会因“谁给”而存在差别吗?

例:甲的舅舅给乙一笔钱,是否属于彩礼?乙的母亲给甲买了一件价值 2 万元的奢侈品牌外套,是否属于彩礼?

观点 2 支持彩礼返还,认为在双方“未结婚或未结成”、“婚姻持续期不长”、“共同生活”甚至“结婚了”的条件下,也可以要求返还彩礼。

设问 1:针对彩礼返还的时间要件,如何判断“未结婚”“婚姻持续期不长”等特殊状态?

例:甲、乙结婚后的第一天或第二天就试图离婚,是否可以要求返还彩礼?

设问 2:针对“结婚了也可以要求返还”的立场,结婚多久可以要求返还?

例:结婚 10 年后,是否可以要求返还彩礼?

设问 3:针对“共同生活”的要件,共同生活的时长是否会影响彩礼返还?

例 1:甲、乙登记结婚 1 个月,却从来没有共同生活过,登记前甲给乙 1 万元现金,目前双方感情破裂,甲是否可以要求返还?还多少?

例 2:甲、乙共同生活了 10 年,但一直没结婚,目前正要去登记结婚,甲给乙 1 万元,结果双方感情破裂,甲是否可以要求返还?还多少?

观点 3 支持彩礼返还,认为甲的父母或甲可以要求全额返还上述彩礼。

设问 1:针对彩礼返还的比例,“订婚”或“结婚仪式”的开销是否应在彩礼返还时予以抵扣?彩礼返还项目的数额与标准如何界定?

例:甲父母给的数十万元因双方举办婚礼已用尽,该部分是否应在返还时予以抵扣?

设问 2:针对彩礼返还的影响因素,甲在共同生活期间有出轨行为,是否会影响彩礼返还的认定?

例:甲脚踩两只船,和乙共同生活的 1 年中,同时也和丙纠缠不清。甲曾给乙 1 万元,目前两人感情破裂,甲可不可以要求返还?还多少?

设问 3:针对彩礼返还的权利主体,哪些主体可以要求返还彩礼?

例 1:甲母亲给了乙 10 万元彩礼,甲、乙双方感情破裂,甲不想要回彩礼,这时甲母亲是否有权要求乙返还彩礼?

例 2:甲给了乙母亲 10 万元彩礼,甲、乙双方感情破裂,甲找乙要回彩礼,乙说“钱是给我妈的,你自己管她要”,这时甲是否有权要求乙母亲返还彩礼?

情境案例研究

婚姻支付视角下彩礼返还问题研究

摘要:彩礼返还纠纷是婚姻家事法当中的一个热点问题,因其与风俗习惯之间的紧密关联,故立法层面并没有就彩礼的范围、返还的比例等给出确切的标准。值得注意的是,尽管风俗习惯与司法实践在应对彩礼返还问题时存在共通之处,但两者也存在视角上的差异,比如前者更关注婚姻缔结准备阶段“谁该出什么钱”,而后者更强调以上哪些“钱”能被纳入需要返还的彩礼基数。法律意义下对彩礼返还比例种种影响因素的确定既来源于社会生活,同时也会反向成为社会实践中彩礼纠纷解决的参考指标。

关键词:婚姻支付;彩礼返还;共同生活;过错

新中国建立后,为了更好地消灭买卖婚姻,落实婚姻自由原则,在 1950 年制定、1980 年和 2001 年修改后的《中华人民共和国婚姻法》(现已废止)(以下简称《婚姻法》)中均未规定彩礼,仅规定了“禁止买卖婚姻和禁止借婚姻索取财物”,但彩礼这一风俗习惯并没有因此消退。给付彩礼在如今婚姻家庭生活中仍承担着家庭财富代际流转、夫妻感情市场调节机制等作用,故其作为传统婚俗延续下来,现在仍广泛存在。正如有学者所言,彩礼习惯作为从传统到现代一直存在的社会规范,是人们在长期婚姻实践过程中反复博弈而形成的行为常规,体现了没有国家法律干预之下的社会合作。[1] 但近年来,彩礼数额随经济发展和男女比例失调的加剧而不断攀升,"天价彩礼"及由此引发的矛盾频频见诸媒体,涉及彩礼的民事案件呈逐年递增态势,因彩礼返还引发的恶性刑事案件也时有发生。在《民法典》出台之前对于彩礼返还纠纷处理最主要的法律依据为2003年出台的《最高人民法院关于适用〈中华人民共和国婚姻法〉若干问题的解释(二)》(以下简称《婚姻法解释(二)》)(已废止)第10条的规定:"当事人请求返还按照习俗给付的彩礼的,如果查明属于以下情形,人民法院应当予以支持:(一)双方未办理结婚登记手续的;(二)双方办理结婚登记手续但确未共同生活的;(三)婚前给付并导致给付人生活困难的。适用前款第(二)、(三)项的规定,应当以双方离婚为条件。"该规定后来也被原封不动地照搬到了《最高人民法院关于适用〈中华人民共和国民法典〉婚姻家庭编的解释(一)》(以下简称《民法典婚姻家庭编司法解释(一)》)之中。但在司法实践中,不同法院或同一法院的不同法官,甚至同一法官的不同判决,对彩礼返还纠纷中的类似案件都可能在对彩礼的具体认定、彩礼返还比例等问题上作出不同的判定,出现了不少同案不同判的现象,因此对彩礼返还问题仍有深入细致研究的必要。

鉴于此,本研究试图通过田野观察、问卷调研以及案例分析等实证研究方法探究彩礼问题背后面临的困境,从而提出更为清晰且有效的法律完善建议。在资料方面本研究首先以浙江省J市为地点,对9对近一两年内发生过彩礼给付的男女双方进行了深入访谈。在通过访谈提炼出一系列关键问题后设计并通过网络发放了问卷,累计回收问卷190份,其中有效问卷为166份(本次问卷主要针对浙江地区,故排除了省外填写者)。问卷调研中,男性占47.59%,女性占52.41%;其中正值适婚年龄的"00后"与"90后"共占58.44%,而"80后"占18.07%,"70后"占23.49%;此外受访者中51.81%未婚,45.18%已婚,其余为离异。与此同时,本研究还随机抽选了浙江省各级人民法院关于彩礼返还纠纷案件的40份裁判文书用以对比分析。需要指出的是,尽管问卷调研反映出民众之于彩礼的认知与法律实践当中对于彩礼(返还)的认定存在一定程度的吻合,但两者之间也必然存在相当比例的差异乃至矛盾。而这两种数据背后体现

[1] 王彬:《信号传递、彩礼习惯与法律边界——一个法律经济学的分析》,载《政治与法律》2013年第9期。

的恰恰就是民间法(民俗习惯)与国家制定法之间的耦合,这也为我们通过彩礼返还这一微观视角进而探究民俗习惯在司法实践中的介入提供了极具借鉴意义的视角。

一、彩礼的法律界定

在分析问题之前我们首先需要对彩礼、嫁妆以及婚姻支付等几个相关的概念进行界定。尽管在法律语境下通常谈及的是“彩礼”返还问题,但司法实践中对“彩礼”的界定并非如社会学或人类学般将彩礼与嫁妆作为一种对应性的二元概念(这种分类主要在于凸显性别差异,即一般将彩礼理解为男方及其父母为达到与女方结婚之目的而依习俗给付女方及其父母的财物;而嫁妆为女方娘家支付的,由女方带给婆家的物品或钱财的总和)。[1] 例如,2004 年江苏省《姜堰市人民法院婚约返还彩礼纠纷案件裁判规范意见》中就将彩礼界定为订立婚约的男女双方及各自父母以男女双方结婚为目的,在婚约期间与结婚时向对方赠送的贵重礼物及礼金。

(一)性别平等视角下的婚姻支付与彩礼

正如有学者指出,传统的“彩礼—嫁妆”框架不能反映当前中国婚姻交换的内涵,婚姻缔结中礼物的内容、礼物流动的动力以及礼物流动的方向都发生了变化,已经超出了传统彩礼与嫁妆的范畴。[2] 越来越多的实证研究显示,嫁娶之间的区别逐渐缩小,婆家与娘家的角色区分也日趋模糊,双方家庭之间体现出越来越多的平等关系。[3] 比如,康娜在山东省的调研就曾显示,只有 27.07% 的人认为女方收到彩礼后不会回赠男方礼物,58.27% 的人选择回赠礼物的价值一般低于彩礼,12.53% 的人选择与彩礼相当,2.13% 的人选择高于彩礼。[4] 也就是说,在彩礼与嫁妆这两种因婚姻而产生的经济支出上,原本因性

---

〔1〕 马成俊、方玮蓉:《陪嫁:彩礼流动的回馈机制——基于循化县婚姻支付的田野调查》,载《青海民族大学学报(社会科学版)》2021 年第 1 期。

〔2〕 桂华、余练:《婚姻市场要价:理解农村婚姻交换现象的一个框架》,载《青年研究》2010 年第 3 期。

〔3〕 吉国秀:《婚姻仪礼变迁与社会网络重建》,中国社会科学出版社 2005 年版,第 155 页。

〔4〕 康娜:《婚约彩礼习惯与制定法的冲突与协调——以山东省为例》,载《民俗研究》2013 年第 1 期。

别差异而呈现出的“楚河汉界”开始出现强烈的模糊感。与过去的彩礼相比，当下的彩礼在功能上仍然保留了聘定为信的意义，但随着民众经济生活条件的改善，资助女方个人和新婚家庭的功能在增加。[1]

在以往学界对彩礼的属性分析中比较典型的婚姻偿付理论[2]认为，“姻亲家庭间的财务流动，即从婆家转移到娘家的财物，它通常象征着群体间姻亲关系的建立、对女方权力的让渡等”，[3]此时婚姻交换中“作为新娘的妇女被客体化了，并通过彩礼实践而被交换”。[4] 但随着社会层面男女平等意识的提升，彩礼对父母养育的补偿功能明显淡化。此外婚姻偿付理论更为强调群体之间的关系，对代际关系则忽略不计。而婚姻资助理论认为以彩礼为核心的婚姻支付主要是代际之间的财富转移，“新婚夫妇通过这一制度性安排获得对相对时尚物品的占有权，增强了独立生活能力，减轻了未来生活的压力”，[5]特别是越来越多的女方父母又通过嫁妆的形式将彩礼的大部分甚至全部资助给新婚小家庭，[6]因此作为婚姻支付受益者的新郎新娘甚至可能“合谋”向男方父母索要高额彩礼，从而将彩礼转化为一种代际剥削的手段。[7] 诚如有学者所言，如果说传统时期彩礼的“资助”功能还是家长的主动行为的话，现在的“资助”则体现出更多的被动色彩。[8] 从这个角度，有学者也认为彩礼实际上成为男方家庭的一次“分家析产”。[9] 可见，特别在市场经济造就的婚姻挤压的背景之下，

---

[1] 金眉：《论彩礼返还的请求权基础重建》，载《政法论坛》2019 年第 5 期。

[2] [英]莫里斯·弗里德曼：《中国东南的宗族组织》，刘晓春译，上海人民出版社 2000 年版，第 38 页。

[3] 吉国秀：《婚姻支付变迁与姻亲秩序谋划——辽东 Q 镇的个案研究》，载《社会学研究》2007 年第 1 期。

[4] 阎云翔：《礼物的流动：一个中国村庄中的互惠原则与社会网络》，李放春、刘瑜译，上海人民出版社 2017 年版，第 212 页。

[5] 王跃生：《婚事操办中的代际关系：家庭财产积累与转移——冀东农村的考察》，载《中国农村观察》2010 年第 3 期。

[6] 费孝通：《江村经济——中国农民的生活》，商务印书馆 2005 年版，第 54 页。

[7] 韦艳、姜全保：《代内剥削与代际剥削？——基于九省百村调查的中国农村彩礼研究》，载《人口与经济》2017 年第 5 期。

[8] 王德福：《变色的嫁衣：作为代际剥削手段的彩礼——转型期农村彩礼习俗的性质嬗变研究》，载《湖北民族学院学报（哲学社会科学版）》2014 年第 2 期。

[9] 郑小川、于晶：《婚姻继承习惯法研究：以我国某些农村调研为基础》，知识产权出版社 2009 年版，第 61 页。

彩礼作为货币支付的手段愈加凸显，其补偿和资助功能开始向婚姻交换功能转变。[1]

此外，彩礼与嫁妆的高低往往会随着双方家庭的经济实力而有所变化，特别在女方的嫁妆上，许多实证研究对此都有类似的结论。[2] 单从现金和物品本身很难分辨出是婆家还是娘家的资助。这些实践说明，目前姻亲家庭间对夫妇单元的资助越来越趋于同化。[3] 比如，根据问卷调研结果，67.47%的人认为彩礼在婚后属于夫妻共同财产，只有7.83%的人认为彩礼最终应归属接受给付方的原生家庭；而在实际发生过彩礼给付的受访者中，高达75.47%的人称彩礼最终作为夫妻共同财产被使用，只有13.21%的人称彩礼最终为接受给付方及其家庭单独所有。再以婚姻缔结中经常涉及的房产为例，根据调研结果，许多准家庭是由男女双方父母中一方提供房屋的使用权[鉴于近年来全国各地房地产价格的飙升，《最高人民法院关于适用〈中华人民共和国婚姻法〉若干问题的解释（三）》（已失效）出台后许多婚姻支付中当事人会非常重视房产证的署名问题]，另一方提供装修以及家具家私费用。这就意味着原本应当属于彩礼的“房子”在婚姻准备过程中被男女双方家庭通过“彩礼”与“嫁妆”的“交换”同质化为对新婚家庭的整体资助了。也是在这样一种背景下，尽管在社会层面仍不流行，但“婚姻支付”这一概念在学理层面开始得到了更多的重视，其外延普遍大于彩礼（无论是习俗意义上的彩礼，还是国家法意义上的彩礼），主要指婚姻缔结过程中男女双方各种各样的花费，包括彩礼支付、结婚用品购买、婚宴花费等方面的内容。[4]

（二）“谁给谁”与“给什么”：彩礼返还的范围确定

但如果我们试图用“婚姻支付”这样一个更为宽泛的概念在一定程度上代替彩礼的话似乎又会陷入另一困境，即涉及需要“返还”的“彩礼”又该如何限

---

〔1〕 马成俊、方玮蓉：《陪嫁：彩礼流动的回馈机制——基于循化县婚姻支付的田野调查》，载《青海民族大学学报（社会科学版）》2021年第1期。

〔2〕 高其才、罗昶：《传承与变异：浙江慈溪蒋村的订婚习惯法》，载高其才主编：《当代中国婚姻家庭习惯法》，法律出版社2012年版，第54页。

〔3〕 吉国秀：《婚姻支付变迁与姻亲秩序谋划——辽东Q镇的个案研究》，载《社会学研究》2007年第1期。

〔4〕 李银河：《中国人的性爱与婚姻》，中国友谊出版公司2002年版，第119－127页。

定？是否当婚约破裂时以往所有的婚姻支付都涉及返还的问题？这一问题也成为问卷调研与司法案例之间最主要的矛盾点之一。简单来说，问卷调研结果更多反映的是社会大众认为在婚姻缔结过程中都涉及“谁”来“支付”哪些财物的问题，而司法实践更着眼于当（准）婚姻破裂时以上哪些婚姻支付才能被认定为法律意义上的“彩礼”进而可能需要返还。

依笔者管见，法律意义下彩礼性质的核心在于彩礼的归属而非支出，即归女（男）方父母还是归女（男）方及小家庭，事实上这种区分也反映了彩礼在地方社会中的实践形态。[1] 在田野考察中不难发现，当问及彩礼问题时受访者们首先联想到的是“谁该出什么钱”，而不是“这些钱流向了哪儿”。比如，笔者不止一次地听到有男性受访者提到“我们家给彩礼，那对方家出什么？家具家电还是车？”但若进一步追问这里的“彩礼钱”是“给对方父母还是你和女方一起用”时，受访者们通常会说“那得再商量”而无法给出一个具体的标准。这里便出现了民俗习惯与法律实践就彩礼认定上的视角差异，因为在司法实践中若彩礼最终是给“对方个人及其父母”的话，那么在（准）婚姻破裂时则一般会根据具体条件要求返还，而若是诸如家具等物质性消费则通常不会被法院认定为“彩礼”。当然，在社会生活中包括“彩礼”在内的婚姻支付越来越多地流向了新家庭。如前文所提及，我们的调研结果与学界一些先行研究呈现了较高的趋同。[2] 也就是说，随着时间维度的变迁，彩礼逐渐由婚姻偿付转变为婚姻资助，更多地体现为给新婚夫妇的小家庭争取资源。那么当（准）婚姻破裂时，彩礼纠纷似乎不仅仅表现为男女双方家庭之间的赠予争议，其中很大部分会随之从男女双方家庭的财产转移而最终流向（准）夫妻之间的共有财产分割上来（尽管这并不是本文所要讨论的内容）。

回到彩礼的形式上来，现实社会生活中彩礼习俗中的支付形式多种多样，比如见面礼、现金、衣服钱、穿鞋钱、改口费、点（装）烟钱等。这些婚姻支出是否

---

〔1〕 李永萍：《北方农村高额彩礼的动力机制——基于“婚姻市场”的实践分析》，载《青年研究》2018 年第 2 期。

〔2〕 比较典型的数据如康娜 2011 年在山东省进行的调研显示，彩礼在社会实践中的归属情况明显呈多样化，其中选择（受访者可以多项选择）归女方父母的有 26.42%，归女方所有的有 38.47%，归新婚夫妻共有的有 44.30%，还有 21.24% 的人选择用彩礼来置办家具或酒席。详见康娜：《婚约彩礼习惯与制定法的冲突与协调——以山东省为例》，载《民俗研究》2013 年第 1 期。

均为“彩礼”,判断标准是什么,在法律上均无明确规定。[1] 对此,黄小筝就曾以2014年发生在北京的一起宝马车返还案[2]进行论证,指出是否“只要男女双方是基于婚姻目的的赠受就属于彩礼”,还是“按财物的贵重程度、赠受的时间等标准界定彩礼”?[3]延续上文的分析,民俗习惯意义上的“谁给”或许会影响到当出现彩礼返还纠纷时的法律主体资格问题,而“给谁”“给什么”则从根本上决定着该笔婚姻支付是否可以被放置于需要“返还”的“彩礼”这个概念之内。若所谓的“彩礼”最终因婚姻缔结仪式等已被(男女双方)消费掉,自然很难产生所谓的“返还”;又或者当“彩礼”后续被用于新婚夫妇(或未婚同居者)的共同生活的话,也一般不会产生一方向另一方的“返还”,但可能会存在共有财产的分割问题。换言之,在婚姻缔结背景下需要“支付什么”与将来婚约破裂或婚姻解除后要“返还什么”两者之间往往并不等同,这也正是民俗习惯与法律实践之间的张力所在。在我们随机抽取的40个司法案例样本中,除了标准意义下一方本人及其父母向另一方本人及其父母支付的“彩礼现金”外(40个案例中现金类彩礼全部予以认定,但返还比例会因案情不同而存在差异),唯有金饰及钻戒类的认定比例较高(达到90%),而其他诸如见面礼、改口费以及婚礼费用等婚姻支付往往被认为不属于“彩礼返还”范畴。在问卷统计中得到的数据与此也在一定范围内吻合,如95.18%的人认为“现金”属于彩礼,72.29%的人认为“钻戒、三金及首饰”属于彩礼,但在问卷中对“婚宴酒席、婚纱摄影等服务类消费”和“物质性消费(如家具家电)”属于彩礼的认可比例仍占35.94%和34.34%。也就是说,在社会大众眼中“彩礼”往往是一种广义的婚姻支付(该由谁支付等),而法律实践中需要返还的“彩礼”仅指刨除消费类支出的直接赠予而已。特别值得注意的是,在“钻戒、三金及首饰”是否属于彩礼的问题上,女性受访者认同的比例要远远高于男性(62.5%的女性受访者认为“钻戒、三金及首饰”是彩礼,男性受访者对此认同的比例为37.5%),这也反向证实了该项婚姻支付一般单向地流向女方个人占有。当然,这同时也符合了前文我们认为的“返还”意义上的彩礼须归属于男女一方及其家庭,而至少在短期内并非由男女

---

[1] 李屹:《论彩礼返还》,吉林大学2020年博士学位论文,第40页。

[2] 黄小筝:《彩礼返还纠纷司法裁判的“法”与“理”》,载《湘潭大学学报(哲学社会科学版)》2015年第3期。

[3] 黄小筝:《彩礼返还纠纷司法裁判的“法”与“理”》,载《湘潭大学学报(哲学社会科学版)》2015年第3期。

双方拟组建的新家庭共有(如家具家电等)。

简言之,“双方在交往过程中互赠礼物表情达意、节假日的礼尚往来及双方因缔结婚约产生的正常礼尚往来只是一般赠予”,[1]这种观点目前在司法实践中被普遍适用。对此一些地方司法机关已然进行了规范层面上的尝试。比如,2008年《江西省高级人民法院关于审理婚姻家庭纠纷案件适用法律若干问题的解答》中规定,男女双方在筹备婚礼过程中为款待、宴请亲友所支出的费用,属于共同支出的消费性费用,接受的一方亦未实际取得,故不得要求返还。再如,2010年《江西省德兴市中级人民法院关于审理婚姻及婚约财产纠纷案件中涉及彩礼返还的暂行裁判标准(试行)》[2]就认为除了现金、首饰等贵重物品外,给付对方准备添置衣物和陪嫁物品(家具或家用电器等)或办婚宴酒席的大额现金等均属彩礼。又如,笔者抽样的一案例中114,088元的彩礼包含了婚宴费、酒席费等婚宴相关费用[(2016)浙0482民初2187号],而在另一案中,彩礼则不包含婚宴相关费用[(2020)浙1021民初5364号]。只是前者这类规定似乎更加关注婚约破裂的男女双方在前期婚姻支出上的“公平性”,但却忽视了婚约乃至婚姻的成立本身就不是一个“投入产出不成正比的爱情游戏”。

所以按照“彩礼”最终的流向,受益人应当存在下列几种情况:当接受给付方(及父母)将彩礼用于与结婚无关的事项时,彩礼就与给付方和新婚夫妻无关,此时的受益人是接受给付方家庭;当接受给付方将彩礼的一部分或全部转为嫁妆时,此时的受益人是接受给付方个人及其父母或新婚家庭;当接受给付方父母将彩礼的全部转为新婚家庭使用的物品时,此时的受益人就是新婚家庭。[3] 也就是说,当彩礼抑或嫁妆最终流向新婚家庭时,要求彩礼返还似乎并不能体现时代背景下婚姻支付的新走向,相反只有那些婚姻支付流向男女一方个人或父母时,才会产生法律意义上的彩礼返还问题。

当然,尽管这里还会涉及一个出资方确定的问题,但该问题似乎对彩礼返还的影响不大。因为通常情况下,男(女)方个人是无法拿出一大笔“彩礼”(婚姻支付)的,况且近年来随着彩礼数额逐年攀升,男方父母用其积蓄给付彩礼的

---

[1] 郭英华、杜琼:《彩礼返还行为刍议——兼释〈婚姻法司法解释(二)〉第十条及相关规定》,载《行政与法》2019年第2期。

[2] 李屹:《论彩礼返还》,吉林大学2020年博士学位论文,第41页。

[3] 参见金眉:《论彩礼返还的请求权基础重建》,载《政法论坛》2019年第5期。

现象已相当普遍。[1] 正如《最高人民法院对十二届全国人大五次会议第1385号建议的答复》中提及，“在中国的传统习俗中，儿女的婚姻被认为是终身大事，一般由父母一手操办，送彩礼也大都由父母代送，且多为家庭共有财产。而在诉讼中大多数也是由当事人本人或父母起诉，因此应诉方以起诉人不适格作为抗辩时，法院不予采信，以最大限度地保护公民的财产权利。对于被告的确定问题也是如此，诉讼方通常把对方当事人的父母列为共同被告，要求他们承担连带责任，一般习俗是父母送彩礼，也是父母代收彩礼，故将当事人父母列为共同被告是适当的”。这种操作模式也得到了学界的赞同，如有学者指出，在证据充分的条件下，如果认定一方父母等相关人确实接受了对方的彩礼，可以将有关当事人均列为共同被告，而不仅仅是婚约的男女双方当事人，这样有利于案件的审判和最后的执行，[2] 同是这也符合2003年《婚姻法解释(二)》的制定本意。[3]

二、彩礼返还纠纷的发生情境

对于彩礼的法律属性尽管曾有过诸种不同的学说，但当下学界已基本形成了“附解除条件的赠予”之通说，即彩礼是以婚约的解除为解除条件的赠予行为，如果条件不成就(婚约未解除)，那么赠予行为继续有效，赠予物归受赠人所有；如果条件成就(婚约解除)，赠予行为则失去法律效力。司法解释也是采用这种观点，作为给付彩礼的代价中本身就蕴涵着以对方答应结婚为前提。如果没有结成婚，其目的落空，此时彩礼如仍归对方所有，与其当初给付时的本意明显背离。[4] 但这里所谓的“解除条件”究竟指向为何仍存在一定争议。根据彩礼返还纠纷发生时的情况不同，我们将40个案例样本分为四种情形，即未登记结婚且未共同生活，未登记结婚但共同生活，已登记结婚但未共同生活，以及已登记结婚且共同生活。在总体数据反映中，问卷调研的结果与司法实践较为相

---

〔1〕 王立明、马玉霞：《彩礼纠纷司法裁判研究——兼评青海省基层法院审判婚约财产纠纷案件的观念》，载《青海社会科学》2017年第3期。

〔2〕 王锋：《农村彩礼纠纷案件处理中的难点与对策》，载《学习论坛》2016年第8期。

〔3〕 参见《最高人民法院婚姻法司法解释(二)的理解与适用》，人民法院出版社2004年版，第104页。

〔4〕 参见《最高人民法院婚姻法司法解释(二)的理解与适用》，人民法院出版社2004年版，第104页。

似,针对“已结婚登记但未共同生活”和“有共同生活但未结婚登记”情形,问卷受访者支持返还率分别为34.94%和34.34%,而抽样的案例中,法院针对此情形判决返还率为100%(符合此情形的共2例,全部判决返还,下同)及82%(共22例)。对于“已结婚登记且有共同生活”“既未结婚登记也未共同生活”情形,前者的受访者支持率为13.86%,法院判决返还率为37.5%(共8例),而后者的受访者支持率为69.88%,法院判决返还率为75%(共8例)。可见,“结婚登记”和“共同生活”是影响彩礼返还的重要因素。从各种情形所占比例可以看出彩礼返还纠纷多发生在未登记结婚但共同生活的情形下,进行结婚登记后发生的彩礼纠纷数量并不多。

结合《民法典婚姻家庭编司法解释(一)》可以发现,司法解释中的第一种情形“双方未办理结婚登记手续”的实际上在司法实践中会因是否“共同生活”而在返还比例上产生较大的差异;除第二种情形“双方办理结婚登记手续但确未共同生活”的,后解除婚姻关系外,已经登记结婚且共同生活这种非司法解释规定的情况也会产生彩礼返还问题。[1] 如一些调研发现,“彩礼数额较大,结婚时间较短”也会成为部分法院判决返还彩礼的理由之一,[2]一些地方司法机关也尝试将这种情形进行规范化,如2019年江苏省高级人民法院《家事纠纷案件审理指南(婚姻家庭部分)》第8条规定,双方已办理结婚登记手续,但共同生活时间较短,离婚时当事人主张返还彩礼的,可以根据离婚的过错、双方共同生活的时间、彩礼的数额、有无生育子女、财产使用情况、双方经济状况等酌定是否返还以及返还的数额。只是对于已登记结婚这种情形的彩礼返还适用存在很大的法律风险,如有学者就指出,事实上在已经依法缔结婚姻的事实基础上,若给付彩礼一方起诉离婚,那么接受彩礼一方或许将面临“人才两空”的境遇。[3]

之所以会在法律规定之外出现“已登记结婚且共同生活”情形下的彩礼返还纠纷可能在很大程度上是因为技术上“共同生活”的事实认定困境。在具体的案例中,婚前的同居生活相对而言比较容易判断,但究竟如何判断已经登记

---

〔1〕 吴娟:《解除同居关系后彩礼返还的法律分析》,载《东南大学学报(哲学社会科学版)》2017年第S1期。

〔2〕 马忆南、庄双澧:《彩礼返还的司法实践研究》,载《中华女子学院学报》2019年第4期。

〔3〕 王立明、马玉霞:《彩礼纠纷司法裁判研究——兼评青海省基层法院审判婚约财产纠纷案件的观念》,载《青海社会科学》2017年第3期。

结婚后是否"共同生活"以及在此期间可能存在的"分居"还会受到当事人举证等多重因素的影响。笔者根据案例样本发现法院在计算婚后共同生活时间时大多是从结婚登记之日至法院判决准予离婚之日,而不管中间发生了什么,在此期间有结婚20天、几个月就开始分居的;有向法院提起过离婚诉讼后又撤诉或被法院驳回,之后是长时间分居的;也有从结婚当天就分居的。简言之,法院对于"共同生活"的形式判断而非实质判断导致"已登记结婚但未共同生活"与"已登记结婚且共同生活"两者之间并非界限分明。也正是在这样一种背景下我们可以得出一个初步的结论,即无论是否登记结婚,只要没有长时间共同生活的经历证明则一般均可提起彩礼返还之诉。换言之,登记结婚以及共同生活时间的长短更类似是判断彩礼返还的比例影响因素而非准入门槛。

当然,对于共同生活前提下的彩礼返还我们还要再次强调前文的结论,即那些流向"新家庭"的婚姻支付并不属于法律意义上需要返还的"彩礼"范围(其可能是需要分割的共同财产)。为何要强调这里的判断标准是共同生活而非结婚登记?因为若双方并未真正共同生活,那么就根本没有完成所谓对新家庭资助的婚姻支付(服务类消费或物质性消费的可直接判断为债务人或所有人)。狭义上的彩礼是指那些直接向对方及其家庭的赠予,其并不会随着共同生活时间长短而发生归属上的变化。因此,无论是否登记,共同生活的长短会导致婚姻支付中向新家庭的"资助"与共同财产混同,而并不会对需要返还的"彩礼"基数产生影响。

不过无论如何,我们始终是要对所谓"共同生活"的时长给出一个比较适当的界限(超过这一时长则丧失彩礼返还的准入条件)。对此有学者曾建议以两年(笔者认为这里的"两年"既包括登记结婚后的婚姻存续期间,也包括彩礼给付后未结婚登记但共同生活的两年)为限作为彩礼返还的时间节点,我们也可以在某种意义上将这两年视为(准)夫妻双方对婚姻磨合所应当尽到的"调适期"。根据《民法典》第1079条之规定,"因感情不和分居满二年"的情形下,若调解无效应当准予离婚。那么若男女双方以夫妻名义共同生活了两年以上,至少说明双方具有符合婚姻生活内容的外观,包括共同的物质生活和两性生活。[1]

为何要在登记结婚之外再添加一个"共同生活"作为判断标准呢？因为一般来说，登记结婚仅是仪式、程序，男女双方最终能够长期稳定地共同生活才是双方所追求的真正目的，因此所附的解除条件应是男女双方未能登记结婚亦未共同生活，即婚姻生活目的没有达成，[2]这种观点在一些实证调研中也被得以证实。[3] 加之2011年《全国民事审判工作会议纪要》第50条提及，"婚约财产纠纷案件中，当事人请求返还以结婚为条件而给付的彩礼，如果未婚男女双方确已共同生活但最终未登记结婚，人民法院可以根据双方共同生活的时间、彩礼数额并结合当地农村的风俗习惯等因素，确定是否返还及返还数额"，为未登记结婚但共同生活情形下彩礼的返还数额提供了参考，[4]或者说为将"共同生活"视为彩礼返还的考量要素之一奠定了基础。可见这一思路在某种程度上已经突破了法律意义上的婚姻缔结，"而是注重其背后的婚姻生活和家庭生活"。换言之，司法实践中对彩礼的认定及纠纷解决事实上也证实了上文中试图说明的问题，即彩礼的界定更加关注其最终的目的及用途。

对此我们也可以将问卷中的一些数据进行比较分析，如69.88%的受访者认为"未登记结婚且未共同生活"的情形应返还彩礼，认为"已登记结婚但未共同生活"的情形也应当返还彩礼的占34.94%，此外34.43%的受访者认为"未登记结婚但已共同生活"的情形同样应当返还彩礼，而认为"已登记结婚且已共同生活"情形下应当返还彩礼的仅占13.86%。可见登记结婚与共同生活均是公众对彩礼返还的重要考虑因素，这也与法律实践中对司法解释硬性规定之突破形成了呼应，如在本研究抽样的40例判决中提及"共同生活"的高达30例。此外在提到"共同生活"的24例判决中有13例是能大概了解共同生活时间的，短则数十天[(2018)浙0604民初3353号]，长则三四年[(2016)浙06民终664号]，且大多是存在分居的情形。可见无论是否登记，共同生活时间长短都是法

〔1〕 郭英华、杜琼：《彩礼返还行为刍议——兼释〈婚姻法司法解释（二）〉第十条及相关规定》，载《行政与法》2019年第2期。

〔2〕 吴娟：《解除同居关系后彩礼返还的法律分析》，载《东南大学学报（哲学社会科学版）》2017年第S1期。

〔3〕 康娜：《婚约彩礼习惯与制定法的冲突与协调——以山东省为例》，载《民俗研究》2013年第1期。

〔4〕 郭英华、杜琼：《彩礼返还行为刍议——兼释〈婚姻法司法解释（二）〉第十条及相关规定》，载《行政与法》2019年第2期。

院在审理案件时非常重要的参照事实,也就是说,共同生活的时间长短与彩礼返还比例之间确实存在负相关关系,双方共同生活时间越长,彩礼返还比例越低。

如何看待在彩礼返还问题背后的"共同生活"呢?首先从大方向上对"共同生活"的引入无疑有助于彩礼返还标准的科学化,如有学者指出,民俗习惯中将"共同生活"而非"结婚登记"作为彩礼返还的关键要素更能保护弱者利益,[1]毕竟婚约对"共同生活"的实质期待要远大于对"婚姻登记"的形式准入。然而需要注意的是,事实上"爱情婚姻"抑或"美满生活"往往只是一种伦理学抑或社会学的向往,其绝非法律意义上的婚姻制度模式。也就是说,我们固然可以认为男女双方在筹备直至缔结婚姻的过程中通过"彩礼"等方式去体现对"爱情婚姻"的美好期待,但这似乎并不能成为"爱情"希冀落空的一种反向补偿。用一种更通俗的表达方法即双方家庭当然可以通过彩礼"敦促"当事人结婚,但谁也无法保证当事人婚后会"过得好"。因此若法律上对"共同生活"的时限给出一个相对具体的衡量标准,当事人又是否会因为彩礼返还规则而被迫停留在一段"不愉快"甚至"痛苦"的婚姻关系中呢?

三、彩礼返还比例的影响因素

彩礼返还的比例是彩礼返还纠纷中的重要问题,司法解释中仅规定了彩礼应当返还的几种情形,在解决了哪些彩礼需要返还,应当由谁返还,在什么情况下应当返还的问题之后,最关键的问题是对于界定为彩礼的财产,应当按照什么比例和内在逻辑进行返还?综合本研究的抽样案件来看,可能是因为法律规定的缺失,大部分判决对于判定彩礼返还比例的原因都没有具体描述。当然,尽管缺乏系统性的描述,但双方的过错往往会与彩礼的返还比例有一定的关系,统计中较少有判决直接写明考虑过错的原因可能在于,未登记结婚但共同生活的当事人之间在法律上可能尚不存在严格意义上配偶权益(如忠实义务等),所以对于彩礼返还比例的确定似乎还需要深入到个案的裁量倾向层面进行分析。如有学者就曾以实证研究的方式分析法官考量返还彩礼比例的各影

---

[1] 康娜:《婚约彩礼习惯与制定法的冲突与协调——以山东省为例》,载《民俗研究》2013年第1期。

响因素。[1] （见表1）

表1 法官综合考量返还彩礼比例的影响因素

影响因素	返还比例
返还彩礼与结婚登记	未领取结婚证返还彩礼较多,领取结婚证返还彩礼较少
返还彩礼与同居生活	同居生活时间较短的返还彩礼较多,同居生活时间长的返还彩礼较少
返还彩礼与过错情况	双方均无过错酌情返还彩礼,女方存在过错返还彩礼较多,男方存在过错返还彩礼较少
返还彩礼与子女情况	女方怀孕、生育、流产等情形返还彩礼较少;反之亦然
返还彩礼与家庭付出	在共同生活期间女方为家庭付出较多返还彩礼较少;反之亦然
返还彩礼与经济困难	给付彩礼致使男方家庭经济困难返还彩礼较多;反之亦然
返还彩礼与谁提退婚	女方提出解除婚约返还彩礼较多,男方提出解除婚约返还彩礼较少

（一）影响彩礼返还比例因素的三个方面

简单来说我们可以将上述影响因素概括为以下三个方面,其中第一个方面是男女双方究竟是否结婚,当然这里的结婚既包含形式意义上的结婚登记,也包含实质意义上的“共同生活”,而子女情况以及家庭付出在某种程度上我们可以将之视为婚姻以及“共同生活”的深入程度;第二个方面是彩礼价值之于当事人整体经济情况的影响,即司法解释中彩礼返还规则的第三种情形——“婚前给付并导致给付人生活困难”;第三个方面是婚约乃至婚姻破裂的过错情况,相比之下该方面因素的模糊程度更高,往往缺乏相对具体的量化标准。

首先需要明确,对于第一个方面即“登记结婚”与“共同生活”乃是判断彩礼返还的首要指标,不仅在司法实践中如此,在问卷调研结果中也可以看到这两个要素之于彩礼返还比例的影响强度为6.13和6.22(问卷设计中0为最弱,

[1] 王立明、马玉霞:《彩礼纠纷司法裁判研究——兼评青海省基层法院审判婚约财产纠纷案件的观念》,载《青海社会科学》2017年第3期。

10为最强)，高于经济状况类的4.95与过错类的5.78。对此在上文中我们已经进行了讨论，兹不赘述。“生活困难”这一影响因素往往需要结合双方当事人的具体经济状况进行衡量，在司法实践中难以形成固定化的标准。正因如此，一些学者建议废除该项规定，因为在审判实践中，当事人主张生活困难所提出的证据基本均为证人证言、向外举债的欠条或为基层自治组织提供的证明，“生活困难”只是被笼统的运用到了实践中。[1] 笔者认为，将当事人的整体经济情况作为彩礼返还数额的一个考量因素并无不当，但其应当与共同生活以及过错问题等一起进行综合确定，若单纯将生活困难作为是否返还彩礼以及返还比例的一项指标或许会掩盖彩礼返还规则的初衷。

再来看过错问题，为了能对所谓的“过错”有更直观的认识，笔者通过爬梳相关案例摘抄出了一些被写入判决中的具体情形，其中比较典型的有家庭暴力、重大疾病、出轨、生理功能障碍等。其中对于家庭暴力问题，鉴于2016年《中华人民共和国反家庭暴力法》(以下简称《反家庭暴力法》)第37条明确规定“家庭成员以外共同生活的人之间实施的暴力行为，参照本法规定执行”，故即便对于那些未登记结婚但共同生活的(准)夫妻之间此法也可以适用。这构成婚约乃至婚姻的一种解除过错几乎没有任何争议。至于重大疾病问题，根据《民法典》第1053条第1款之规定，“一方患有重大疾病的，应当在结婚登记前如实告知另一方；不如实告知的，另一方可以向人民法院请求撤销婚姻”，其也自然可以被视为一种“过错”而导致彩礼的返还。相比之下，退婚、出轨以及生理功能障碍此类“过错”是否具有合理性则存在一定的争议。首先需要明确的是，诸如同居义务、忠实义务等配偶权益应当被严格限定在合法有效的夫妻关系之间，对于那些未进行结婚登记的(准)夫妻乃至情侣之间，或许所谓的“出轨”乃是一种具有强烈道德否定价值的负面行为，但其远远无法构成所谓的“非法”行为。那么随之而来的问题是，这样一些在道德上得不到支持，但却并不会造成权利侵犯的“合法”行为在法律意义上，特别是在司法实践中是否能够引发彩礼返还这种不利后果？对此在笔者看来答案应当是肯定的。首先彩礼与婚约乃是紧密相连的，正如有学者所言，我国历史上的婚约与彩礼是相伴而生的，

---

[1] 郭英华、杜琼：《彩礼返还行为刍议——兼释〈婚姻法司法解释(二)〉第十条及相关规定》，载《行政与法》2019年第2期。

不可分割。从根本目的来看,彩礼本身内含了对婚约的期望、婚约的目的。[1]也就是说,尽管单纯的婚约不可能像登记结婚般在男女双方之间产生法律意义上的配偶权益,但我们还是可以将婚约视为婚姻关系的一种拟制形态,更具体地说,婚约关系乃是朝着法律意义上婚姻关系迈进的一种预备阶段。那么在婚约形成之后,原则上当事人之间就应该遵循婚姻关系当中的一系列权利义务,或者说至少应该避免触碰配偶权益中的消极义务,如不退婚、不出轨等。因为这种行为的产生必然会对接下来法律意义上的婚姻关系建立形成一定的冲击,甚至是破坏。所以即便在婚约关系期间此类行为并不是一种严格意义上的违法行为,但其却无疑对后续婚姻关系的建立造成了"缔约过失",那么由此而产生的"责任"——婚约解除、彩礼返还的不利后果自然也就应当由行为人承担。简言之,若在婚约关系期间当事人发生了某种若放置在婚姻关系中会引起婚姻破裂之行为,那么我们就可以将其视为一种导致婚约破裂的影响因素从而要求彩礼返还。

(二)彩礼返还比例各影响因素之间的权衡

事实上在本研究的进行过程中,笔者一直在思考是否能够针对影响彩礼返还比例的各因素构建出一个相对客观的衡量模型。不过直到调研接近尾声时笔者才意识到这种努力方向似乎是错误的。我们当然可以尽可能地列举出影响彩礼返还比例的诸多因素,如共同生活时长、是否登记结婚、存在过错、提出解除婚约的主体、共同生活中的付出以及双方经济条件等,甚至针对以上因素的影响权重进行衡量。比如,在问卷中我们设计了一道问题,即受访者认为以上因素之于彩礼返还比例的影响权重,其中0为最弱,10为最强,得出的结果排序即如前述,其中最高的"共同生活时长"为6.22,最低的"给付方经济条件远高于被给付方"为4.9。此外一些指标的性别差异也值得注意,如男性(6.43)认为"共同生活时长"对彩礼返还比例的权重影响要高于女性(6.02),而女性(6.03)对"给付方过错"的强调要高于男性(5.72)。只是这一问题设计显然并不成功,在后续的田野调查中我们也意识到,在大多数民众眼中以上因素似乎都会影响到彩礼返还,但如果你要求他们对此给出一个明确的排序甚至交叉关系,这几乎是不可能的工作。但相反如果给出一些具体的情境,很多人反而会

[1] 刘清生、谢梅:《论婚约彩礼的返还》,载《西南交通大学学报(社会科学版)》2011年第1期。

得出一些类似的答案。[1]

带着这样的疑问我们将视角转向了裁判文书,相比于"当局者迷"的民俗习惯,司法判例对于彩礼返还影响因素的衡量相对清晰得多,即登记结婚与否与共同生活的时间长短(需要指出,在许多案例中法院是将彩礼返还与共同财产分割合并处理)乃是法院最主要的考量因素,如本研究抽取的40个案例几乎全部首先判断了以上两个维度进而给出了具体返还比例的判断。相反诸如提出解除婚约的主体、共同生活中的付出等因素极少会进入司法认定当中。而另外一个很重要的因素即过错则呈现出比较极端化的影响,抽样中一方当事人主张对方过错而要求彩礼返还的仅有5例予以认定,可以看出对当事人过错的认定在目前的司法实践中应用相当有限。究其原因,一方面,司法实践当中出于当事人对过错的界定不明和举证困难等原因,法院对当事人之间的过错情节认定总体呈克制倾向。这也与离婚诉讼中法院对诸如家庭暴力、出轨等事实认定类似,如有学者通过实证分析发现,在离婚诉讼中法官基于诉讼效率以及社会稳定两个维度的考量,往往并不会通过认定出轨、家庭暴力等事实而作出肯定性判决,尤其是在首次诉讼中,若一方坚持不承认但双方情感却已破裂,法院裁判婚姻解除的可能性会更低。[2] 另一方面,虽然法院在适用过错情节时会较为慎重,但如果当事人有足够的证据予以支撑,其对彩礼返还比例的影响会显著高于登记结婚、共同生活时长以及经济状况等其他因素,这无疑是和大众期望所相符的。这在本次的抽样案例分析当中也有所体现,在为数不多的5例法院认可存在过错情节的案件当中,其中4例都考虑到男方的过错情节进而对其返还彩礼的主张不予支持。

---

[1] 为了避免访谈者无法接受过于抽象的概念,笔者曾虚构了两个案例借此观察大家对彩礼返还诸多影响因素(主要是登记结婚、共同生活以及过错三者)之间的关系判断。虚拟案例1:一对恋爱男女,男方给付了女方20万元彩礼,但因为各种原因两人暂未登记结婚但共同生活了两年,在马上就要登记结婚时男方发现女方有第三者,所以决定不结婚并要求女方退还彩礼,女方认为是男方退婚所以不同意退还彩礼。虚拟案例2:一对男女谈了两年的恋爱但一直没有同居生活,男方给付女方20万元彩礼,刚登记结婚没共同生活多久男方就发现女方有第三者,故要求离婚及女方退还彩礼,女方同意离婚但认为已经结婚了所以不同意退还彩礼。在面对以上两个虚拟案例时,很多受访者会基于女方的"过错"认为需退还全部彩礼,与此同时一些受访者很敏锐地指出"那得看多严重的过错",在无法证实过错及其严重程度的前提下受访者们普遍会基于登记结婚以及共同生活的原因而降低彩礼返还比例。

[2] 贺欣:《离婚诉讼在中国:制度约束及性别后果》,"香港大学法律学院平等权项目性别平等系列讲座"相关内容,2021年4月7日。

那么没有进入到司法领域的彩礼纠纷是如何解决的呢？带着这样的疑问笔者走访了基层司法所的调解中心，一位有近20年婚姻家事调解经验的老师傅的观点极具洞见。

> 谁对谁错（过错）这种事儿怎么说得清楚，我们做调解工作不可能强调这方面，否则这调解根本做不成，你得“各打五十大板”……“一个巴掌拍不响”，（关系）掰了谁都有责任。大家就都各退一步，（返）还个你我都能接受的比例就好了……结没结婚、一起过了多久这方面要多提，因为这是事实，双方都不能赖，甭管过得好不好，反正是一起过过，那这（指男方，笔者注：尽管在法律的彩礼返还问题上要淡化彩礼的性别色彩，但根据调研可知在实践中彩礼仍多由男方给付）就多少得出点钱了……当然，你要有板上钉钉的过错这个就没什么说的了，大头（大比例彩礼）肯定是没了（不退或者全退）。（2022年3月4日）

可见，无论是在司法实践还是民间调解中，“过错”在各种彩礼返还比例影响因素中有着比较特别的位置，一旦其被认定，那么将压制性地覆盖其他因素而对彩礼返还形成绝对的影响。但问题是在社会实践中“过错”这个问题就像“二极管”一样，当事男女双方均费尽心力地“数落”对方的“不是”，可无论是法院还是调解员均不愿在此过于纠缠，更遑论对其进行法律确认，毕竟“清官难断家务事”。而像结婚登记、共同生活时间这类“硬指标”也就自然而然地成为判定彩礼返还比例的最主要考量因素。

最后，在那些没有第三方（法院以及人民调解）介入的彩礼返还实践中也是按照此规律进行的吗？在问卷调研中我们也专门对此设置了此问题，结果与想象中的完全不同，对于那些真正发生过彩礼返还的当事人而言，返还比例最重要的影响因素既不是“共同生活时间长短”（占比50%），也不是登记结婚（占比33.33%），而是“双方的经济状况”（占比66.67%）。也就是说，现实生活中真正发生的彩礼返还，大家可能更关注究竟能“要（退）回”多少钱。而若脱离了双方具体的经济状况，无论什么情形（是否登记结婚、共同生活时长乃至过错）都只能是一种法律上乃至理念上的假设而已。

四、结语

正如有学者所言,“判决既不是简单的强制性判定,也不是纯粹根据逻辑从法律推导出的具体结论,它的正当性和约束力的基础是交涉性的合意”。[1] 从彩礼返还的民间实践来看,各种影响因素在当事人手中往往变成了一种“谈判的砝码”,其既非彩礼返还的严格依据,也不是单纯道德意义上的“是非对错”,而是婚约当事人在确定具体返还比例时的一项项重要的参考指标。简言之,法律意义上对彩礼返还影响因素的“提炼”只是赋予了当事人们(以及当事人和法院之间)一种可供选择的“合意”基础,相反若是硬性地将其作为实践操作的指导准则或许只会创造出更多的矛盾与纠纷。从这个意义来看,在诸如婚姻家庭法领域,纠纷的解决的背景性要求或许并不是如何将民俗习惯作为一种资源引入到国家法体系之中,而是以国家法作为基础来为多元庞杂且难以规范化的民俗习惯进行一种底线性的框定,毕竟司法的作用之一即在于“通过解决具体的纠纷来维护一般规范秩序,并以此促进大量的纠纷得到自发的解决”。[2]

稍加总结,作为国家法与民间法之典型交集的彩礼问题一直以来都是学术界与实务界的热门议题,其背后存在争议的原因较为繁杂,但最为根本的还是民间法中对彩礼以及婚姻(实质与形式)的认知与国家法层面对彩礼的界定标准之间的张力。事实上如果该纠纷不被呈现到法律面前,那么习惯法完全可以根据各地的风俗来进行相应的调解,但对于作为兜底性纠纷解决机制的法律适用而言则必须有一个相对清晰的范畴。本文认为司法意义上对彩礼的界定应当采取最为狭义的解释,即只有婚约当事人一方向另一方本人或其父母赠予的财产才可以算作彩礼。而对于为(正在或将来)(准)夫妻共同生活而进行的资助以及因婚约及婚姻缔结而产生的消费支出(如婚宴费等)则应予排除,至于前者应当以共有财产之分割规定进行相应处理。至于彩礼返还的数额比例则应当对“共同生活”、“生活困难”以及过错等因素进行综合考量。

(本文曾发表于田禾、吕艳滨主编:《实证法学研究》第 8 期,社会科学文献出版社 2023 年版,收录时有修改)

---

〔1〕 季卫东:《当事人在法律内外的地位与作用》,载[日]棚濑孝雄:《纠纷的解决与审判制度》,王亚新译,中国政法大学出版社 1994 年版,“代译序”第 3 页。

〔2〕 [日]棚濑孝雄:《纠纷的解决与审判制度》,王亚新译,中国政法大学出版社 1994 年版,第 26 页。

知识点四　法的价值

一、理论知识点梳理

(一)法的价值的概念

1. 马克思主义关于法的价值的理论

法律价值作为价值的一个分支概念,是指在人对法律的需要和实践的过程中所体现出来的法的积极意义和有用性。

2. 法的价值的基本特征

第一,法的价值是阶级性与社会性的统一;第二,法的价值是主观性与客观性的统一;第三,法的价值是统一性与多样性的统一。

3. 社会主义核心价值观与社会主义法的价值体系

(1)社会主义核心价值观的概念与内涵

社会主义核心价值观是当代中国精神的体现,是中华民族时代精神在价值领域中的基本信念,是指引我国经济改革、政治发展、社会和谐、文明进步和国家治理的基本共识。它的主要内容有:富强、民主、文明、和谐,自由、平等、公正、法治,爱国、敬业、诚信、友善。

(2)社会主义法的价值体系的概念

社会主义法的价值体系是由社会主义中一组相关价值所组成的系统,反映了人民在社会主义法律制度实践中,社会主义法律制度满足人民需要的积极意义和有用性。

(3)社会主义法的价值体系的特征

第一,社会主义法的价值体系关注人民利益与个人权利的统一性;第二,社会主义法的价值体系关注价值之间的协调统一。

（二）法与安全

1. 安全的概念

安全就是没有危险、不会发生损失或损害的状态。

2. 法的安全价值

（1）安全作为法的价值的意义

安全作为基础性或底线性法的价值的意义，主要表现为两个方面：其一，在私人领域，如果自然人或法人的安全总是处于危险之中，生命安全没有基本的保障，自由和财产随时可能被剥夺。其二，在公共领域，如果领土安全、国防安全、公共治安、经济安全、生态安全等安全价值得不到基本的保障，表明政治共同体面临着解体的危机，这个时候，公共权力也不可能有足够的能力来保护秩序、自由、平等、公平正义和人权。

（2）法律对安全的保障

法律对安全的保障作用主要是通过以下三个逻辑环节实现的：第一，确立与安全保障相关的权利、义务（含职责）和责任；第二，设立安全保障的相关标准；第三，严格和有效地实施与安全保障相关的法律规范和标准。

（三）法与秩序

1. 秩序的概念

秩序是指在一定的时间和空间范围内，事物之间以及事物内部要素之间相对稳定的结构状态。秩序可以分为自然秩序和社会秩序。自然秩序主要针对自然界之物，是依照实物的自然规律而形成的一种状态，客观性是其基本特性。社会秩序主要针对由人类生活所形成的各个社会领域中的社会事物。社会秩序受制于社会发展的客观规律，而且人的主动性和能动性也在其中发挥着重要作用。

2. 法的秩序价值

（1）秩序作为法的价值的意义

第一，社会的秩序需求和秩序维持是法律产生的初始动机与直接目的；第二，秩序是消解、缓和社会矛盾和冲突的一个基本参照标准；第三，秩序作为法律的价值，不只从消极的角度来协调和解决社会矛盾和纠纷，而且还从积极的角度，即作为社会的一种理想状态，鼓励社会合作，促进社会和谐。

(2)法律有助于社会秩序的建立

第一,法律制度的设计是社会建立其社会秩序的标准与参照;第二,法律通过赋予社会主体一定的权利和自由引导社会主体的各种行为;第三,法律通过给社会主体施加一定的义务与责任的方式使主体对自身的行为加以必要的克制和自我约束。

(3)法律有助于社会秩序的维护

第一,维护阶级统治秩序;第二,维护权力运行秩序;第三,维护经济秩序;第四,维护正常的社会生活秩序。

(四)法与自由

1. 自由的概念

在法理学的意义上,自由是指主体的行为与法律的既有规定相一致或相统一。近代以来,法律对于主体自由的保障体现为两个方面:一方面,排除国家权力对某些领域中个人自由的干涉,即保障主体的“消极自由”;另一方面,保障主体可以合法地享有行使各项权利的自由,即保障主体的“积极自由”。

2. 法的自由价值

(1)自由作为法的价值的意义

自由作为法的价值的主要意义在于,法律应将确认和保障自由作为自己的价值追求。

(2)法律确认自由

从现代社会各国法律的具体规定来看,法律对自由的确认主要采取以下两种方式:第一,以权利和义务规定来设定主体自由的具体范围;第二,以权利和义务规定来设定主体自由的实现方式。

(3)法律保障自由

法律采取以下几种基本方式来保障自由:第一,法律通过划定国家权利本身的合理权限范围,并明确规定国家权利正当行使的基本程序,排除国家权利对于主体自由的各种非法妨碍;第二,法律对每个主体享有的自由进行界定和限制,防止主体之间对各自自由的互相侵害;第三,法律也禁止主体自身任意放弃自由;第四,法律为各种对主体自由的非法侵害确立救济手段与程序。

(五)法与平等

1. 平等的概念

平等的基本含义是社会主体能够获得同等的待遇,包括形式平等和实质平等。所谓形式平等,就是不考虑主体本身各种自然的、社会的、历史的和现实的具体情况而适用统一评价标准,也就是无差别地同等对待。所谓实质平等,则是考虑主体本身各种自然的、社会的、历史的和现实的具体情况而相应地适用差别性的评价标准,也就是有差别地、不同等地对待,以使有差别的主体之间在形式上和实质上能够得到真正同等的对待。

2. 法的平等价值

(1)平等作为法的价值的意义

平等作为法的价值有助于推进人们之间形成彼此平等、彼此尊重的关系,促进人们在人格平等的基础上对特殊群体的关爱,构建一个平等、友爱、和谐的社会。

(2)法律确认和保障平等

法律确认和保障平等的基本方式主要有以下四种:第一,法律把平等宣布为一项基本的法律原则;第二,法律确认和保障主体法律地位的平等;第三,法律确认和保障社会财富、资源、机会与社会负担的平等分配;第四,法律公平地分配法律责任。

(六)法与公平正义

1. 公平正义的概念

从法律和法学的角度来看,公平正义可以分为实体公平正义与程序公平正义。在法理学意义上,实体公平正义是指通过法律上的实体权利和义务来公正地分配社会合作利益与负担的法律规则所体现出来的正义,更为强调结果正义;程序公平正义是指为了实现法律上的实体权利和义务而在法律上公正地设定一系列必要程序所表征的正义,更为强调程序正义。

2. 法的公平正义价值

(1)公平正义作为法的价值的意义

一般来说,公平正义作为法的价值的意义主要体现在两个方面:一方面,公平正义作为法律的价值体现了其作为法律的终极目的和存在根据,法律应与正义相一致;另一方面,公平正义作为法律的价值体现了通过法律对社会基本结构及其制度的理想性的规范建构。

(2)公平正义对于法律的作用

第一,公平正义是法律评价标准的核心;第二,公平正义是法律发展和进步的根本动因;第三,公平正义适用于具体的现实法律实践。

(七)法与人权

1. 人权的概念

人权是人作为人所享有或应当享有的权利,兼具普遍性、本源性与综合性的特点。

2. 法的人权价值

(1)人权作为法的价值的意义

第一,人权作为法的价值表明了法律对作为主体的人的肯定,就是对人的独立且平等的人格与人的尊严的尊重。第二,人权作为法的价值,表明了法律的来源、法律运作的各个环节以及法律的根本目的都基于人本身,并以人的正当利益和自由意志为关注焦点,以人的理想生活为直接目标。第三,人权作为法的价值,既是对法律的精神、原则、规范的直接检验,也是对法律的精神、原则、规范的方向引导;既是对法律的内在品质进行反思与批判的标准,也是对法律的内在品质进行塑造与完善的依据。

(2)人权的法律保护

人权的法律保护既表现为国内法的保护,又表现为国际法的保护。人权的国内法保护是人权法律保护的最主要、最经常、最有效的形式,主要包括宪法保障、立法保护、行政保护、司法救济四个方面。

二、情境议题的创设与引导

为使学生通过针对"是否应该禁止吃狗肉"这一情境议题,基于不同主体之立场展开讨论、辩论,引出法律价值的多元性与冲突性问题,以便更好地理解法律价值的冲突解决方式,具体议题情境创设如下:

某地要举办一年一度的狗肉节,引起了全球爱狗人士和动物保护团体的抗议,甚至超过上万人请愿停办。但当地人不以为然,认为狗肉与其他家畜并无不同。你认为是否应该禁止吃狗肉？为什么？

在学生表达自己观点的过程中，教师通过设问等方式细化情境，就"是否应该禁止吃狗肉"这一问题是否会因与主体、客体以及实施手段的不同而有所区别进行深入探讨，拓展学生思考的广度与深度，以便较全面地理解与体悟这一情境议题中多元法律价值的共存与冲突。

观点1　认为可以吃狗肉，本质上和吃猪肉无异，可以通过科学分类划定可食用范围。

设问1：立法应不应该禁止虐待动物呢？

设问2：若认为立法应该禁止虐待动物，那么吃狗肉算不算虐待动物？

设问3：若认为不算，可以通过对狗实施安乐死的方式，减少其痛苦再吃它，难道吃了它不是最残忍的一种虐待方式吗？

设问4：认为立法应该禁止虐待动物，但不应该禁止吃狗肉，那为什么不能虐待？若学生提出是基于情感，因为狗是人类的好朋友，那可否因为此原因禁止吃狗肉呢？

设问5：若认为可以把狗分为"宠物狗"与"肉食狗"，后者才属于可食用的范畴。那么，"宠物狗"与"肉食狗"的分类标准是什么？

例：如我养了个宠物狗，难道这个宠物狗就永远不可以被吃吗？我养着养着，有一天突然萌生想法要吃掉它，可以吗？或者说一个肉食狗就难道永远不可能变成宠物狗吗？如我相中了一个肉食狗，我可不可以买回来就是为了拿它当宠物狗？

观点2　认为应该禁止吃狗肉，提出诸如"难以保证肉制品的卫生与安全""不文明的陋习""缺乏爱心"等问题。

设问1：针对所有权的限制，人有无处分自己饲养的宠物狗的权利？

例：我养了一条狗，就是为了养大之后吃它，是否可以？

设问2：若认为不禁止，会变相激发倒卖狗肉、偷狗等诸多社会问题。

例：盗窃和是否禁止吃狗肉是否有必然联系？

设问3：针对肉制品质量问题，我们国家现行法缺少相应的食品安全质量标准，那你认为应该致力于创建完善相关规定，还是直接禁止吃狗肉？

设问 4：针对不文明的陋习，“狗肉节”习俗是否需要被传承保护？

例：中国古代男性可以“三妻四妾”，西藏等地区的少数民族存在“一妻多夫”习俗，此类习俗应被尊重还是应被取缔？

设问 5：针对缺乏爱心，认为应该禁止吃狗肉，但可以吃猪肉、鸡肉、鸭肉等，那么是否禁止食用的衡量标准是什么？

例：我就是很喜欢猪，不仅养了宠物猪，也不吃猪肉，也看不得别人吃猪肉，觉得很残忍，怎么看待主观上不同人群喜好标准之间的差别？

观点 3 无论是否支持禁止吃狗肉，均需结合公共利益等因素具体问题具体分析。

设问 1：若禁止吃狗肉，可能涉及限制权利人的自由，这种禁止所依托的理由是什么？

设问 2：若不禁止吃狗肉，可能涉及侵犯他人的情感利益，这种许可所依托的理由是什么？

例：情感是否也是一种可考量的利益因素？

情境案例研究

动物福利(反虐待)立法的道德基础与实践逻辑

摘要：尽管在历年两会上时有人大代表或政协委员提出动物福利立法的相关议案，但鉴于各方面的综合原因，目前我国仍未将之提上立法日程。特别是在哲学领域关于动物权利或动物福利的道德争议，以及法学领域对动物福利(反虐待)的法益指向均存在一些争议的前提下，动物福利(反虐待)立法存在诸多制约。在厘清相关理论问题的基础上可以发现，事实上动物福利制度的推进并非只有统一立法这一种途径，根据动物种类的不同以及动物利用环节的差异，将动物福利作为一种指导思想进而渗入到具体技术性规范中似乎更有助于当下的动物保护。

关键词：动物福利；情感利益；反虐待

自2009年以常纪文研究员为主的研究团队提出《中华人民共和国动物保护法(专家建议稿)》,以及之后为回应一系列尖锐的批判,“退而求其次”地提出《中华人民共和国反虐待动物法(专家建议稿)》以来已经过去了十余年。遗憾的是时至今日,无论是“动物保护法”还是“反虐待动物法”均仍未被提上立法议程,甚至相应的学术讨论也呈现了日趋“衰弱”的态势。不过因为新冠肺炎疫情的巨大影响,《全国人民代表大会常务委员会关于全面禁止非法野生动物交易、革除滥食野生动物陋习、切实保障人民群众生命健康安全的决定》于2020年年初出台,这一规范也为动物保护立法提供了一些新的视角。即除去经济利益的考量以及社会道德的制约,诸如公共卫生安全等维度是否可以拓展动物保护的新视角(尽管此类视角从目的上来看并未基于动物福利,但是从结果上看的确实现了全面禁食陆生野生动物的结果)?本文通过回顾与动物福利立法相关的已有学术讨论,进而尝试在承认短时间内无法完成统一动物保护立法的前提下,追问是否有其他的方式推进动物福利制度,以及在这一过程中是否可以找到社会道德评价以外相对明确的法益指向和价值根基。

一、动物福利还是动物权利?

正如孙江等学者在《动物福利法》(范式)设计开篇中提出的,“动物福利法究竟是为了动物本身的自我价值实现,还是通过尊重和保护动物的福利来最终改善和提高人类的生活福利和生存质量”。[1] 这除了关涉动物福利立法的一个本位问题外,实际上也应和了哲学领域关于动物道德权利的学理论争。因此在从法律层面分析动物福利问题之前,我们有必要稍微回顾一下哲学领域的已有研究。简单来说我们可以把近年来哲学领域对动物道德权利的讨论分为三个主要的理论流派。

以彼得·辛格为代表的废除(利用动物)主义理论强调感受痛苦的能力是判断一个生物是否受到平等考虑的关键特征。所谓的“平等考虑”要求的并不是相同的对待或待遇,而是平等的考虑。也就是说必须要将非人类动物纳入我们道德关怀的范围以内,因此任何形式对动物的利用都在某种程度上违背了平等考虑原则。简言之,废除主义理论认为“对动物的利用而获得的利益并不能

〔1〕 孙江等编著:《让法律温暖动物》,中国政法大学出版社2009年版,第3页。

证明我们的利用所强加给动物的非人道行为的合理性”,[1]其更关注行为的结果,因此反对(包括食用在内的)一切形式的对动物的利用,其认为怜悯动物却要吃掉它们是一种极大的矛盾。

以汤姆·雷根为代表的动物权利理论在某种意义上可以视为废除主义的一种延伸,同样反对一切形式的对动物的利用。“动物试验所带来的好处与害处的比例如何并不重要”,因为这侵犯了有感觉的动物的权利。[2] 动物权利理论将动物确立为一种主体,通过有知觉的“生命主体”(是否意识到这个世界,意识到发生在我们身上的事情)[3]这一概念论证动物也有“天赋价值”。其认为一切有知觉的生物不仅对其生命的质量而且也对其生命的“量”享有利益,毕竟死亡对于任何有知觉的生物都是最严重的损害。[4]

以卡尔·科亨为代表的动物福利理论则主要是在对以上两种理论的批判基础上展开的。需要说明其并不反对应当尽可能地赋予动物以福利保障,但这种福利赋予的根基并非缘于动物的道德主体地位,即“承认某种自我强加的义务,某种不是起源于他人的权利的义务”。[5] 简单来说,就是人类确实可能基于对动物痛苦的关心而对其产生了相应福利保护的义务,但这并不能证成动物因此就成为享有权利的主体。此外动物福利理论认为动物权利理论所谓的“天赋价值”有两个层面的意涵:其一,“任何一个不能被其他生命或事物所代替的独特的生命都拥有的某些自在的价值”;其二,“来源于一个存在物所拥有的作出道德判断的能力,它是那些知道义务且具有义务意识的存在物所拥有的价值”。[6] 而“斑马、狮子和兔子都不生活在道德世界——它们的生活从整体上

[1] [美]汤姆·雷根等:《动物权利论争》,杨通进、江娅译,中国政法大学出版社 2005 年版,第 176 页。

[2] [美]汤姆·雷根等:《动物权利论争》,杨通进、江娅译,中国政法大学出版社 2005 年版,第 117 页。

[3] [美]汤姆·睿根:《打开牢笼:面对动物权利的挑战》,莽萍、马天杰译,中国政法大学出版社 2005 年版,第 78 页。

[4] [美]加里·L. 弗兰西恩:《动物权利导论:孩子与狗之间》,张守东、刘耳译,中国政法大学出版社 2005 年版,第 241 页。

[5] [美]汤姆·雷根等:《动物权利论争》,杨通进、江娅译,中国政法大学出版社 2005 年版,第 212 页。

[6] [美]汤姆·雷根等:《动物权利论争》,杨通进、江娅译,中国政法大学出版社 2005 年版,第 411 页。

说是非道德的",〔1〕也就是说动物可能仅具有第一种"天赋价值",相反人才是拥有道德自主意识,能够进行道德反思、道德自律的主体。

尽管废除主义理论及动物权利理论在伦理道德领域引起世界范围内的广泛讨论,但其在进入中国后遭到了明显的冷遇,依笔者管见,其至少在三个层面上存在可商榷的空间。首先,动物权利理论反对从功利主义的角度看待动物福利问题,反对或者说否认在人类与动物之间进行利益衡量,这显然无法实现。其批判"在追求人类的各种利益的时候,使动物遭受痛苦或死亡,这并没有做错什么",〔2〕认为"把对动物施加痛苦所产生的人类利益看成大于动物不受此痛苦的利益"〔3〕并不能在道德上站住脚。这种分析明显把"人类利益"简单化了,更多地将视角局限在经济利益上,事实上人的利益包括物质的、精神的、经济的、生态的等各种利益,并且不同的人有不同的利益,〔4〕也就是说,对人类利益与动物利益的绝对分离实际上否认了两者的共通可能。如弗兰西恩指出,"如果动物仅被视作财产,我们一般就可以忽视它们的利益,在能产生经济利益的情况下就可以对它们施加可怕的疼痛、痛苦与死亡",这种批评逻辑显然不成立,因为即便动物被视作财产,我们仍可在其经济利益之外赋予或发掘出动物之于人的其他利益类型,比如,后文中笔者所强调的情感利益。事实上当动物丧失其之于人类的经济价值时,从某种程度上说人类也就随之免除了对动物所应承担的福利义务,毕竟作为道德主体的人可以且必须在诸多利益博弈中进行选择与妥协。与此同时,我们不得不承认,无论是否将动物视作财产,其都将会与人类产生一定的利益冲突,如在动物权利理论与动物福利理论的争辩中双方都选择了大量的实例证明"利用动物做实验是否为人类健康医学发展之必须"。依笔者来看这种讨论其实并没有太多的必要。这就好比"对于农业和园艺来说,不采取行动控制害虫是不可能的"。〔5〕

---

〔1〕 [美]汤姆·雷根等:《动物权利论争》,杨通进、江娅译,中国政法大学出版社2005年版,第215页。

〔2〕 [美]汤姆·雷根等:《动物权利论争》,杨通进、江娅译,中国政法大学出版社2005年版,第50页。

〔3〕 [美]加里·L.弗兰西恩:《动物权利导论:孩子与狗之间》,张守东、刘耳译,中国政法大学出版社2005年版,第9页。

〔4〕 蔡守秋:《论动物福利法的基本理念》,载常纪文、[英]立特菲尔主编:《动物福利法治:焦点与难点》,法律出版社2008年版,第47页。

〔5〕 [英]考林·斯伯丁:《动物福利》,崔卫国译,中国政法大学出版社2005年版,第18页。

其次,既然动物权利理论以及废除主义理论要求人类不能以任何形式“利用”动物,那么从某种意义来看这本身就在人类和动物之间建立起了一道隔离之墙,从而阻却了人类与动物的“交往”(动物权利理论明确反对人类饲养宠物,其认为“我们应关爱所有现在还活着的家养动物,但我们不该继续通过繁殖使其来到这个世界上成为我们的宠物”,[1]问题是繁殖未必是人为的)。比如,废除主义理论强调,“一旦我们放弃了声称对其他动物的‘统治权’,我们就应当完全停止干涉它们,尽可能不去管其他动物”。[2] 动物权利理论针对动物之于人可能造成的“侵犯”所提及的一个事例也非常值得玩味,其在假设人类与动物之间的利益冲突时用跑出来的鹿挡住了汽车、威胁到人的安全作为情境,称“有各种各样的措施可以采取”,“除了避孕法,还可以用篱笆以及其他障碍物与设施,包括音响设置,已经证明这些措施可以有效地把鹿挡在马路之外”。[3] 先且不论“避孕法”本身是否为对人类利益与动物利益之间的一种衡量抉择,对动物“退避三舍”的做法不是把动物当作主体,而简直是把动物当成了不可招惹的“祖宗”! 而这也正是废除主义相对妥协的一点,“我们最终可以发展出比较人道的方法,来限制那些与人类利益确有矛盾的动物的数量”,[4]只不过这种观点已然向动物福利理论倾斜了。

最后,动物权利理论在对道德主体的批判性建构过程中通常会以儿童或者精神病人为例来证明并非所有的主体人都是理性的或具有道德自主意识的,“即使假定认为道德权利义务来自社会契约很恰当……不具有参与这样的社会契约安排的能力的人真是太多了”。[5] 尽管社会契约的拟制建立并非要求每一个个体人都拥有相应的行为能力,不过这确实也无法论证“理性的自律的存在物和动物属于两个相互区别又相互排斥的道德范畴”,[6]即为何与儿童或精

---

[1] [美]加里·L.弗兰西恩:《动物权利导论:孩子与狗之间》,张守东、刘耳译,中国政法大学出版社2005年版,第288页。
[2] [美]彼得·辛格:《动物解放》,祖述宪译,青岛出版社2004年版,第207页。
[3] [美]加里·L.弗兰西恩:《动物权利导论:孩子与狗之间》,张守东、刘耳译,中国政法大学出版社2005年版,第266页。
[4] [美]彼得·辛格:《动物解放》,祖述宪译,青岛出版社2004年版,第215页。
[5] [美]加里·L.弗兰西恩:《动物权利导论:孩子与狗之间》,张守东、刘耳译,中国政法大学出版社2005年版,第220页。
[6] [美]汤姆·雷根等:《动物权利论争》,杨通进、江娅译,中国政法大学出版社2005年版,第124页。

神病人一样,作为"无法拥有正义感"的动物不可以被拟制在内。不过这种观点似乎并不难批驳,毕竟基于人类的理性(包括但不限于认知能力、交流或推理的能力等)而产生的共情我们还是可以推断出作为人类所可能涉及的整体利益选择,且儿童可以逐渐具备理性,精神病人也有具备理智的可能。[1] 而这是人之于动物永远无法实现的,因为不论是代理还是监护都有一个基本的理论预设,即代理人和监护人首先能够判断本人或者被监护人的利益,[2]颇有一种"子非鱼,安知鱼之乐"的意味。与此同时,单纯"有知觉的生命体"并不能履行社会契约下对个体的自由限制,更不能承担由此而衍生的责任,对于这个问题儿童以及精神病人仍然可以通过监护制度实现,而数以亿计的动物则不可能。

当然,尽管不同理论学说之间存在尖锐的争议,但在提升动物福利的态度上其是完全一致的,差异仅在于背后的原因及程度。从这个角度来看事实上动物福利理论与动物权利理论并非没有调和的可能。如动物权利理论直言"赋予动物不被当作我们的资源的基本权利不等于说我们有义务赋予它们与人一样的权利",[3]那么这种"不被利用的权利"是否必须与主体地位挂钩也就出现了可讨论的余地,而这已然和废除主义并无多大的分野了。进一步说,存在动物权利与否本质上是持不同观点的人之间的争议,作为主角的动物从来都不在场。因此抛却理论层面的分析,在实践领域我们很难分清某些主张背后的"唯一"理论依据。比如,美国成立于 1981 年的农业动物改革运动协会(Farm Animal Reform Movement,FARM)便通过长远目标与短期目标两个概念来调整以上的理论争端,其认为长远目标是要实现停止对所有动物的利用,尤其是要停止人类食用动物(这明显属于动物权利理论或废除主义理论的主张),然而这个长远目标目前很难实现,因此短期目标就是希望为动物的生产、运输和屠宰提供更好的条件(这又属于动物福利理论的主要观点)。[4] 正如有学者指出,或许我们无法"停留在动物是否具有意志力,或者理性作为人格的内涵是否存在缺陷的争论上,也不会局限于从证明动物与人何其相似上寻找动物权利的正当

---

[1] 王清军:《动物法律地位的论争简评》,载常纪文、[英]立特菲尔主编:《动物福利法治:焦点与难点》,法律出版社 2008 年版,第 344 页。

[2] 刘宁:《动物与国家:现代动物保护立法研究》,上海三联书店 2013 年版,第 219 页。

[3] [美]加里·L. 弗兰西恩:《动物权利导论:孩子与狗之间》,张守东、刘耳译,中国政法大学出版社 2005 年版,第 226 页。

[4] 刘宁:《动物与国家:现代动物保护立法研究》,上海三联书店 2013 年版,第 166 页。

性”,“当前的社会发展现状、人类道德水平和公众观念都决定了普遍的动物权利是不现实的”。[1]

稍加总结,按照动物福利理论的观点,如果有什么理由要求我们善待动物的话,那理由完全不涉及我们对动物的义务,而只涉及我们对他人的道德义务(间接义务)。[2] 尽管有学者认为动物的主体地位并不一定是个体性的,“动物的个体即使是没有理性的,也不能因此就否定了动物作为整体所具备的特征,这些特征包括社会性、文化性、感知痛苦等”,[3] 只不过这种理念上而非规则意义上的主体地位与权利内容的距离似乎更远了,因为只要动物不能进行权利上的自我表达,那么对于动物的福利保护就始终是人的利益选择结果。

二、动物福利(反虐待)的法益指向——情感利益

通过上文分析可见,尽管动物权利理论在哲学领域富有洞见,但其并不能无碍地证成动物的道德主体地位。甚至退一步说,即便我们承认了动物的道德主体地位也并不能由此而推导出其在法律上的同等地位。道德权利与法律权利有着不同的学科分野和区别,伦理学意义上的道德权利和法学意义上的法律权利相去甚远。[4] 事实上即便是相对激进的动物权利理论也承认这一问题,“赋予动物不被当作物的基本权利在于尽可能消除人与动物之间的冲突,而不是通过将这些冲突在法律体制内正式确立起来而使之存续下去”。[5] 毕竟尽管在具体的法律关系中权利义务可能是单向/单边的,但法律意义下的主体除了能够成为权利的享有者,其还必须能够作为义务的承担者,这显然是动物无法完成的工作。此外之所以要将道德意义上的“人权”转化为法律上的基本权利(应然向实然的转化),原因即在于没有国家强制力保障的“人权”无外乎是一种“丛林法则”。因此至少在法律层面我们必须延续动物福利理论的逻辑进行分析,也就是说,对动物的利用并不是任意的,也不是完全基于民事财产权框

---

〔1〕 刘宁:《动物与国家:现代动物保护立法研究》,上海三联书店2013年版,第207页。

〔2〕 [美]加里·L.弗兰西恩:《动物权利导论:孩子与狗之间》,张守东、刘耳译,中国政法大学出版社2005年版,第39页。

〔3〕 高利红:《动物的法律地位研究》,中国政法大学出版社2005年版,第92页。

〔4〕 段小兵:《防止虐待动物立法研究》,人民出版社2014年版,第140页。

〔5〕 [美]加里·L.弗兰西恩:《动物权利导论:孩子与狗之间》,张守东、刘耳译,中国政法大学出版社2005年版,第264页。

架的，绝大多数情况下法律对利用动物的限制意味着我们必须在不同的利益之间进行价值衡量。此外，还有一个需要稍加说明的问题，在本文中笔者通常对动物福利与反虐待两个概念进行一体化的讨论，尽管大多数的学术研究认为反虐待仅是动物福利的最底线要求，但这种看法明显是将"反虐待"局限于特定的行为模式当中。但若我们追问一句，屠宰（动物）吃肉算是虐待动物吗？可见动物福利与反虐待之间并没有一个明晰的界限，而本文对动物福利和反虐待概念的使用均是从基于社会经济发展水平提升"善待"动物的客观标准角度出发的。

事实上时下对于动物福利立法的一些争议焦点从历史上此类讨论产生之初便已存在，如英国早在1800年一项关于禁止斗牛的法案讨论中就有反对观点指出，"法律只能在唯一一种情况下才能实施对人们的干预，那就是如果某人受到他人的伤害，法律当予以修正和制止。否则，我们吃喝玩睡都要按照议会法案来完成"。[1] 用更为直接的话来说就是，如果要在法律上禁止虐待动物，那么我们就必须找到其背后所可能侵犯的具体法益指向，单纯的道德论证还不形成完成法律上权利义务的设定依据。

传统的观点一般将动物归为普通动产，因此若是虐待不属于自己的动物无疑构成了对他人财产权益的侵犯，但所有权人任意利用乃至虐待动物就不必承担法律责任。当然，也有学者在此基础上试图在民法框架下对权利人的行为进行适当的限制，如认为民法上的禁止权利滥用原则是平衡和协调个人权利和社会利益矛盾的产物，而虐待动物的行为构成权利滥用的构成要件。即行为人具有权利（所有权或管理权）、不适当地行使了权利（方式、手段残酷）、有主观过错（故意、缺乏正当利益、目的不正当或重大过失）、给他人或社会利益造成了损害（对他人造成心理创伤、对社会的基本道德秩序造成破坏）。[2] 事实上这种观点并不必局限于民法层面的禁止权利滥用，因为若能证成虐待动物确实"给他人或社会利益造成了损害"，那么无论行为人对于动物是否具有权利（所有权或管理权），其行为均侵犯了某种法益从而违法。换言之，对于虐待动物的法律规制根本无须停留在民事财产权的框架内（这也正是动物权利理论所批判的），因其可能产生的侵犯他人情感利益乃至社会利益的表现，我们完全可以通过行

---

〔1〕 Mike Radford, *Animal Welfare Law in Britain: Regulation and Responsibility*, Oxford University Press, 2001, p. 34.

〔2〕 段小兵：《防止虐待动物立法研究》，人民出版社2014年版，第55－57页。

政法乃至刑法进行责任追究。即便我们仍然将动物视为“物”,甚至在本质上否认其作为道德主体“享有利益”(动物拥有的利益很难有道德相关性),这都不妨碍我们在人与人的社会关系中对动物福利进行保护。所以问题的关键就变成了如何论证这种基于“人”对动物的“情感利益”进而为“他人”设定义务的必要性,对此,笔者试图在社会道德基础以及基于情感连接而可能产生的“精神损害”两个维度进行解释说明。

首先,“情感利益”的社会道德基础问题,事实上前文谈及的三种动物福利哲学理论虽然存在观点上的种种争议,但其无一例外地承认保护动物乃是一种正向道德,因此至少在哲学伦理层面借助已有研究,我们并不难对人之于“动物受难”而产生的情感利益进行道德上的肯定。此外从功利主义的角度也可以对此进行一定的证成,在虐待动物对人类社会可能产生负面影响的观点中较具说服力的是虐待动物会影响到人格的健全发展,一般认为这种观点最早由洛克在《关于教育的几点思考》中确立,其认为虐待昆虫、鸟类、小动物的儿童,如果他的行为得不到制止与纠正,日后他将变得冷酷无情,甚至不易与人们友善亲密地相处,对人也变得心狠起来。[1] 在康德的哲学思想中也存有类似的表达,“如果他不泯灭他的人性,他就该对动物慈悲一点,因为对待动物残忍的人在对待别人的时候也是比较冷酷的”。[2] 我国学者在立法建议中曾进一步指出虐待动物之于旁观者本身就是一种残忍,“采取活体喂养的方式,如用活鸡活鸭喂老虎,让孩子看到是不人道的”。[3] 尽管对于此类观点似乎还需要更多因果关系方面的逻辑论证,[4]因为我们很难简单地通过数据统计来说明只要罪犯曾有过(或观察过)虐待动物的行径就意味着虐待动物会催生犯罪,但旨在通过禁止虐待动物来倡导民众向善这样一种背景逻辑是不存在任何问题的,有学者更是明确指出这种“人类的客观利益”就是道德利益。[5] 与此同时,在反对虐待动物乃是一种道德底线要求的社会共识方面,一些实证调研也基本可以支持这种

---

〔1〕 参见刘宁:《动物与国家:现代动物保护立法研究》,上海三联书店2013年版,第23页。

〔2〕 参见刘宁:《动物与国家:现代动物保护立法研究》,上海三联书店2013年版,第25页。

〔3〕 常纪文、[美]麦麒麟主编:《动物保护法与反虐待动物法:专家建议与各界争锋》,中国环境科学出版社2010年版,第58页。

〔4〕 王姝婷:《司法人员对动物保护法中动物虐待入罪化之认知与期待》,中正大学2020年硕士学位论文,第9-11页。

〔5〕 段小兵:《防止虐待动物立法研究》,人民出版社2014年版,第55页。

观点，如在一项 8000 人有效参与的调研中，59.25% 的人认为虐待动物是不道德不人性的；38.25% 的人认为虐待动物对社会有害；只有 2.5% 的人对虐待动物的行为表示无所谓。[1] 当然，实证调研中由对虐待动物的观点似乎还不能推导出更高层次上对动物的福利赋予，不过另一项 6000 人有效参与的调研中，81.6% 的人赞同动物福利立法，54.5% 的人（比较）愿意为符合动物福利的生产方式支付成本，65.8% 的人（比较）赞同通过动物福利立法强迫生产者为猪、鸡等提供良好的生长和生存条件。[2] 正如有学者所言，社会公众的"敬畏生命、善待动物"的动物保护理念状况直接决定一国防止虐待动物法治的成败。[3] 换言之，动物福利的展开体现了人类的道德视野和道德关怀不断扩展，是人类对动物的道德关怀在法律上的体现，同时也是解决人类自身道德需求的一种满足与提升。[4] 不过若只是将动物福利立法的论证停留在这个层面还远远不够，毕竟并不是所有的社会道德规范都会被法律所吸收。

其次，我们还可以从基于人与动物之间的情感连接而可能产生的"精神损害"之结果层面进行说明。不过要先进行说明的是，这里的"情感连接"并非专指特定的人与动物（如宠物饲养者与其宠物），因为对于动物的所有权人或管理人而言，其当然可以基于民事财产权去追究虐待其所有动物之人的民事法律责任。如有学者对此指出，"宠物丢失（或被虐待）导致的精神损失，与人格权遭受非法侵害和具有人格象征意义的特定纪念物品永久性灭失或者毁损两类情况具有一定的联系"。[5] 但除此之外我们也应当承认，绝大多数的人对于那些并

---

〔1〕 孙江等主编：《让法律温暖动物（Ⅱ）：动物保护之辩、思、行》，中国政法大学出版社 2010 年版，第 360 页。

〔2〕 严火其、李义波等：《中国公众对"动物福利"社会态度的调查研究》，载《南京农业大学学报（社会科学版）》2013 年第 3 期。

〔3〕 段小兵：《防止虐待动物立法研究》，人民出版社 2014 年版，第 197 页。我国常纪文等学者曾因其所起草的《中华人民共和国动物保护法（专家建议稿）》被认为"动物保护的范围过宽，保护的环节过长，而目前中国正处于发展阶段，实施起来比较困难，不具有可操作性"，进而将《中华人民共和国动物保护法（专家建议稿）》作为一个长期推动的目标，退而求其次地推动"全体中国人都接受的以反对虐待动物为伦理基础的"《反虐待动物法（专家建议稿）》。详见常纪文、[美]麦麒麟主编：《动物保护法与反虐待动物法：专家建议与各界争锋》，中国环境科学出版社 2010 年版，第 164 页。

〔4〕 李爱年：《拯救动物的王道——加强动物保护立法》，载常纪文、[英]立特菲尔主编：《动物福利法治：焦点与难点》，法律出版社 2008 年版，第 197 页。

〔5〕 常纪文、[美]麦麒麟主编：《动物保护法与反虐待动物法：专家建议与各界争锋》，中国环境科学出版社 2010 年版，第 260 页。

不“属于”他/她的动物也会产生某种情感共鸣，因此即便是虐待“别人的”动物仍然有可能引起“我”的情感受损，简言之，虐待动物的行为“足以刺激人之情感，并引起一般人之厌恶感而侵扰怜悯之道德感情，而具有令人感觉不堪或无法忍受之愤怒亟欲排拒之情形”。[1] 对此问题学界以往通常从社会秩序或精神文明建设的角度展开，如认为遗弃或严重虐待动物的行为引发了社会严重的不满情绪，严重危及社会的稳定，影响社会的健康发展。[2] 正如有学者所言，“法律无处不考虑人类的情感状态，甚至除非我们将情感纳入考虑，否则很难理解许多法律活动之理据”。[3] 也就是说，“对于虐待动物事件之发生，触动了我们对动物的怜悯之心，因此产生了愤怒、不舍等的情感信念，此一情感应属情感法益之内容，并作为法益受到保护”，[4]但需要提及的是，这种广义上的情感连接在很大程度上取决于动物的种类，如在《打开牢笼：面对动物权利的挑战》一书的开篇作者便引入了一个餐馆现场烫死活猫制作菜肴的“毛骨悚然的惨烈片段”以强调观众对此“怀疑和愤怒交织的情绪”，[5]但若把这个片段的“主角”从猫换成鱼，相信极有可能会引发另一番情绪景象（这更可能被视为是一种美食介绍）。也正因如此，至少国际上现行的动物保护法律规定也通常对于猴子、猩猩、猫、狗等给予最高等级的反虐待保护，对猪、牛、羊等给予等级稍低的反虐待保护，对于鱼，给予的则是更低等级的反虐待保护。[6] 这也恰恰说明了动物福利法律规定在很大程度上是基于人对于特定动物种类的情感连接而衍生的（因为对此类动物的虐待更有可能引发社会大众的同情乃至愤怒）。尽管这种观点会招致动物权利理论的一些批判，如“那些人们对它们没有或很少有情感利益的动物”[7]是否就不应当享有动物福利了？问题是即便我们将动物福利的道

---

〔1〕 苏杰瑜：《动物保护与动物虐待入罪化之法制研究》，中正大学2016年硕士学位论文，第79页。

〔2〕 常纪文、[美]麦麒麟主编：《动物保护法与反虐待动物法：专家建议与各界争锋》，中国环境科学出版社2010年版，第7页。

〔3〕 苏杰瑜：《动物保护与动物虐待入罪化之法制研究》，中正大学2016年硕士学位论文，第62页。

〔4〕 沈芳伃：《论我国动物保护法中虐待动物罪之保护法益》，中原大学2016年硕士学位论文，第112页。

〔5〕 [美]汤姆·睿根：《打开牢笼：面对动物权利的挑战》，莽萍、马天杰译，中国政法大学出版社2005年版，第1-2页。

〔6〕 常纪文、[美]麦麒麟主编：《动物保护法与反虐待动物法：专家建议与各界争锋》，中国环境科学出版社2010年版，第167页。

〔7〕 [美]汤姆·雷根等：《动物权利论争》，杨通进、江娅译，中国政法大学出版社2005年版，第64页。

德覆盖面铺向全体动物种类,如上文所言,这里所言的情感利益在很大程度上建立于社会整体的道德评判之上,那么在一种明显存在实现障碍的道德要求面前,其很有可能会走向虚伪。所以至少从法律的层面,动物福利也必然会存在种类上的明确区隔,如在我国动物保护立法的讨论中就有学者直言,“在严格科学论证的基础上,确定有害野生动物(如鼠类、苍蝇、蚊子、蟑螂等)并将其列入不予保护的名单进行公示”。[1] 事实上这在反虐待动物立法之初也同样存在,一般被认为是世界上第一部动物保护法的1822年《英国禁止残酷和不当对待牲畜法》(亦称《马丁法案》)也并非要求所有的动物都获得保护,只有马匹等大型家畜才是保护对象。当然,这种对情感利益的论证也再次凸显了动物福利立法的人类本位,毕竟如不以作为主体的人为中心,把动物分为三六九等进行区别对待是缺乏正当性支持的。[2]

需要指出的是,除了本文提出的符合正向道德标准的情感利益之外我们还可以找到许多与动物保护相关的法益指向,如基于促进人与自然和谐互动、保持可持续发展的生态利益而产生的对野生动物资源的法律保护;再如基于食品卫生安全乃至破除贸易壁垒(我国动物保护不符合西方发达国家的动物福利保护贸易标准),[3]促进动物产业发展的经济利益而产生的对农场动物的法律保护等。在不同的法律部门视角下动物福利也存在不同的法益基础,比如在民法领域,不伤害动物本身就是保护他人财产权的一种直接要求。而如果基于本文所称的符合正向道德的情感利益则还可以将动物保护延伸到行政法乃至刑法领域,如有学者曾建议我国刑法增设“虐待动物罪”、“遗弃动物罪”及“恶意传播虐待动物影像罪”。[4] 也就是说,本文所提及的符合正向道德的情感利益乃是动物福利立法的法益基础之一而非唯一,在不同的法律部门以及法律运行环节中还需要按照不同的法益比例进行具体的衡量。不过我国当下的动物立法更多的还是以物种保护或者动物管理为主,因此如何将以情感利益为基础的动

---

[1] 孙江:《试论我国动物福利法制度的构建》,载孙江等编著:《让法律温暖动物》,中国政法大学出版社2009年版,第66页。

[2] 杨朝霞:《论动物福利立法的理论基础——动物道德法律化的视角》,载常纪文、[英]立特菲尔主编:《动物福利法治:焦点与难点》,法律出版社2008年版,第380页。

[3] 常纪文、[美]麦麒麟主编:《动物保护法与反虐待动物法:专家建议与各界争锋》,中国环境科学出版社2010年版,第6页。

[4] 常纪文、[美]麦麒麟主编:《动物保护法与反虐待动物法:专家建议与各界争锋》,中国环境科学出版社2010年版,第52-53页。

物福利渗透到现行的动物立法中就成为动物福利立法的有效途径之一。

三、动物福利(反虐待)的实践逻辑——减少不必要的痛苦

如上文所述,至少在法律层面对动物福利的保护更多的还是以人的利益为出发点,只是我们不应狭隘地将“人的利益”理解为单纯的经济利益,诸如符合正向道德的情感利益也是动物福利立法的法益导向。与此同时,既然将情感利益作为动物福利立法的重要(非唯一)价值根基,也就必须承认具体的动物福利保障水平会因不同经济水平、地区以及文化等因素而产生巨大差异。

如对于如何界定“虐待”并不是一项简单的工作,对此我们可以先从世界范围内的法律实践沿革中寻找标准。最初的动物保护实践将“不必要的痛苦”作为界定残忍虐待的关键,如英国 1983 年的 Budge v. Parsons〔1〕和 1889 年的 Ford v. Wiley〔2〕就是代表。特别是后者明确提出判定行为人给动物施加了不必要的痛苦应当证明如下两点:一是证明行为人给动物造成了疼痛或者痛苦这一事实;二是证明给动物施加的疼痛或痛苦是以残忍的手段造成的,即没有必要。此后英国 1911 年《英国动物保护法》整合了早先包括《马丁法案》在内的一系列法案,除了对“残酷行为”进行了一系列的具象化举例之外(该标准在 2006 年《英国动物福利法案》中被改变),〔3〕还首次确认了因忽视的不作为而给家养动物所造成的伤害等同于积极作为给动物施加的痛苦,〔4〕这也为后续世界范围内将“遗弃”也视为消极不作为的虐待奠定了基础。

随着社会的发展,当下对行为层面的动物“虐待”已经有了许多细致的标准,除了世界范围内许多可供参考的法律规范内容之外,我国部分学者也提出了一系列的判断标准。〔5〕 然而必须认识到的是,目前国内对于虐待动物行为的界定讨论往往是站在是否应增设刑法意义上的“虐待动物罪”上而展开的,尽管这从立法讨论的角度具有非常重要的现实意义,但若将视角扩展至整体动物福利则略显不足。正如前文所表述的,对“虐待”(或不善待)动物的认知是随着

---

〔1〕 Robert Garner, *Political Animals*, St. Martins Press, 1998, p. 199.

〔2〕 Ford v. Wiley [1889] 23 QBD 203,209.

〔3〕 参见杨源:《论虐待动物罪的犯罪构成》,载《中国政法大学学报》2011 年第 6 期。

〔4〕 刘宁:《动物与国家:现代动物保护立法研究》,上海三联书店 2013 年版,第 59 页。

〔5〕 参见蒋涤非:《虐待动物行为的法律分层治理分析》,载《贵州警官职业学院学报》2016 年第 1 期。

我们对动物福利的接受程度而不断变化的，如英国，在将造成“不必要的痛苦”认定为虐待动物的基础上，后续农场动物福利理事会（Farm Animal Welfare Council，FAWC）主要针对农场动物提出的“五大自由”[1]和动物福利大学联盟主要针对实验动物提出的“3R 原则”[2]已经不再局限于禁止虐待动物，而是如何更好地善待动物，这无疑是将动物福利标准向前推进了一大步。

可见问题的关键就聚焦于“我们究竟该如何对待动物”的问题上。正如有学者指出，“中国社会正处于一个亟须改变生产和生活方式、增强社会与经济发展的可持续性的阶段，而重视和强调动物保护，提高动物福利水平，调整和改善人与动物进而人与自然的关系，无疑是这一阶段的一项重要目标”。[3] 换言之，动物福利背景下的反虐待并不能仅仅停留在是否要将特定行为“入刑”的层面，而是应当按照动物种类的不同以及在动物利用的诸多阶段与环节上（如驯养、运输、实验等）整体地提升动物的“生命质量”。通俗地讲就是在动物的繁殖、饲养、表演、实验、展示、陪伴、工作、治疗和扑杀过程中，要尽可能减少其痛苦，不得使其承担不必要的痛苦、伤害和忧伤。[4] 而这里所谓“不必要”的限度在哪呢？对此杨朝霞曾尝试描绘“动物道德层次图”，简单来说其将人类对待动物的道德由善到恶划分为若干个层次，包括“损人—利他”“不损人—利他”“利人—利他”“利人—不损他”“必要的损他—利人”“非必要的损他—利人”“损他—不利人”七个维度，动物福利立法的关键就在于解决如何把人的行为定位

---

[1] 指动物应当享有的基本福利包括：免受饥渴和营养不良的自由，为动物提供洁净的饮水和合理膳食，以保持身体健康；免受在恶劣环境中生活的自由，为动物提供合适的环境，包括舒适的居住和休息场所；免受痛苦、伤害和疾病的自由，为动物提供及时的预防和治疗；表达正常天性的自由，为动物提供充足的空间、适当的设施，让动物可以跟自己的同类相伴生活；免受恐惧和焦虑的自由，让动物免受精神伤害。

[2] 指 Replacement（替代原则），在动物实验中应该用低等动物代替高等动物，或用小动物代替大动物；用组织学实验代替整体动物实验；用分子生物学方法代替动物实验；用人工合成材料代替动物实验；用计算机模拟代替动物实验。Principle of reduction（减少原则），应充分利用已有的数据；合理设计实验方案和对实验数据进行统计分析；严格按“标准操作程序”进行动物实验，提高实验的成功率；加强合作，提高动物组织器官的利用率。Refinement（优化原则），应优化实验方案设计和实验指标的选定；选用合适的实验动物种类及品系；选用合适的造模方式或动物模型；采用科学的麻醉技术等科学、标准的实验操作程序等。

[3] 梁治平：《法治意识形态反思——基于人与动物关系的视角》，载《中外法学》2020 年第 6 期。

[4] 常纪文主编：《动物保护法学》，高等教育出版社 2011 年版，第 18 页。

在“利人—少损他”、“利人—不损他”以及“不损人—利他”之间的哪个“刻度”。[1] 从这个角度来看,(违法意义上的)反对虐待动物是动物福利最底线要求的原因就在于这种限制并没有增添主体人的“不利”,相反诸如存在巨大争议的“是否应该禁止吃(猫、狗)肉”的讨论则是在对人们设定“新”的义务。

以动物屠宰为例,屠宰对于动物来说无疑是一种“痛苦”,但基于动物法律客体(特别是财产权对象)的属性以及人类肉食习惯短期内无法改变的事实,动物福利视角下的问题就转向了如何尽可能地减少屠宰之于动物的“痛苦”。在这样一种背景下,人道屠宰受到了越来越多的关注,因为其“不仅可以减少畜禽的应激反应,提高肉品品质,而且也符合国际惯例,体现了社会文明的进步”。[2] 世界范围内与此相关的立法也广泛存在,如1958年《美国联邦人道屠宰法》被认为是世界上最早关于人道屠宰的专门国家立法(后被整合入1966年《美国动物福利法》),其规定屠宰必须以一种人道的方式进行,必须将痛苦减到最小,在将牲畜进行捆绑、吊起和屠宰之前必须使其处于无意识状态。此后1974年《挪威动物福利法》、1978年《德国动物福利法》、1991年《韩国动物福利法》、1998年《菲律宾动物保护法》等规范中均有类似规定,欧盟1976年《保护农畜动物的欧洲公约》、1979年《保护屠宰用动物的欧洲公约》以及1993年《关于屠宰或宰杀时保护动物的理事会指令》也是如此。[3] 相反中国在该领域则稍显落后,2008年《生猪屠宰管理条例》以及2016年山东省《肉鸡福利屠宰技术规范》尽管对相关内容有所规定,但对企业更多的是一种鼓励而非强制态度,动物福利思想贯彻得并不全面。

也就是说,基于符合正向道德的情感利益,我们必须在动物福利立法面前让渡出包括经济利益在内的一些其他利益,因为“动物福利是一种人类把道德的范围延伸到动物,且以善待动物、爱护动物为基本理念,要求人类在利用动物追求自身利益的同时尽量兼顾动物利益”。[4] 只是这种对人类特定利益的限

---

〔1〕 杨朝霞:《论动物福利立法的理论基础——动物道德法律化的视角》,载常纪文、[英]立特菲尔主编:《动物福利法治:焦点与难点》,法律出版社2008年版,第388页。

〔2〕 荆汝顶:《从人道屠宰谈动物福利》,载《河南畜牧兽医》2008年第2期。

〔3〕 参见常纪文主编:《动物保护法学》,高等教育出版社2011年版;常纪文:《动物福利法——中国与欧盟之比较》,中国环境科学出版社2006年版;莽萍、徐雪莉编:《为动物立法——东亚动物福利法律汇编》,中国政法大学出版社2005年版等相关内容。

〔4〕 杨朝霞:《论动物福利立法的理论基础——动物道德法律化的视角》,载常纪文、[英]立特菲尔主编:《动物福利法治:焦点与难点》,法律出版社2008年版,第369页。

制界限应当在哪儿还需要具体问题具体分析,换言之,如何将比例原则更好地放置于动物福利立法当中,除了宏观层面的价值指引外,还务须关注个案当中的利益博弈。正如有学者指出,“关于动物福利标准之确立,虽应以兽医学、畜牧学、生理学及动物行为学等自然科学之研究为主,但仍应参考神学、哲学及法学等人文社会科学观点之协助,以获得动物福利之客观标准”。[1] 因此,反虐待动物法也好,动物福利(保护)法也罢,其首先是要形成有关动物福利的一般性指导原则,[2]作为法律体系中的一环,动物福利思想进而还应当渗入到与之相关的社会活动环节(如动物实验、宠物饲养等)。“制定综合性动物保护规范已渐趋无法负担更为细节性的动物保护要求时”,“便转向以特定物种或类型之动物为规制对象”以获得真正符合其需求之保护规范。[3] 简言之,动物福利的价值在于,以“让动物生活得更好”为目标,进而要求人们在利用动物的过程中应尽可能地保持审慎的态度,最终实现利益平衡的圆满状态。

综上所述,尽管哲学层面对于动物是否可以“作为道德主体进而享有权利”的讨论并不能推导出动物在法律意义上的主体地位(权利享有者),但从文化层面其价值导向无疑强化了人与动物之间的情感连接,从宠物经济的蓬勃发展与动物“网红”的受欢迎程度即可见一斑。笔者在本文中尝试提出虐待动物,也即动物福利制度的欠缺在一定程度会导致这种基于情感连接而衍生的利益受损,那么这里的情感利益无疑可以成为动物福利制度的法益基础。简言之,在统一的动物福利法未能得以制定的基础上,仍然可以将情感利益的福利理念渗入到所有的动物利用领域,从具体的细节角度提高动物福利的水平。

---

〔1〕 叶力森:《动物权与动物保护立法》,载《人本教育札记》1994 年总第 66 期。

〔2〕 [英]考林·斯伯丁:《动物福利》,崔卫国译,中国政法大学出版社 2005 年版,第 213 页。

〔3〕 许晋玮:《一个动物各种表述:动物保护法制的虚像与实质》,台湾大学 2010 年硕士学位论文,第 96 页。

知识点五　法的效力

一、理论知识点梳理

（一）法的效力的概念

1. 法的效力的含义

法的效力泛指法的约束力。从广义上看，它既包括规范性法律文件对人们的行为有普遍的约束力，也包括非规范性法律文件对特定的人、特定的事有法律约束力，还包括因民事主体双方协议或单方法律行为（如遗嘱）而产生的对特定人的法律约束力。从狭义上看，只有规范性文件才能具有普遍约束力。

法的效力就是指法的约束力与保障力。我们应从两个角度来理解和认识"法的效力"：一是"强制与保障"；二是"价值与功能"。

2. 法的效力与法的实效

法的实效是指法的实际效果，专指那些法律被实际遵守、执行和适用的状态。法的效力与法的实效至少存在两大区别。其一，法的效力是法的本身属性，表明法存在的价值和法的权威，属于主观的东西；同时就其内容来说决定于物质生活条件，也有深厚的客观性。也就是说，法的效力表明的是法的两重性。而法的实效突出的是法的实际效果，其客观性十分明显。其二，法的效力表明立法者的主观愿望，同时也是任何法都应该具有的要件，属于"应然"范畴；而法的实效则是法的实际实现状态，属于"实然"范畴。

（二）法的效力的范围

法的效力范围亦称法的生效范围，专指法的什么时间、什么空间、对什么人有效。具体来说，法的效力范围即法的时间效力、法的空间效力和法的对人效力。

1. 法的时间效力

所谓法的时间效力,是指法的效力的起始和终止的时限以及对其实施以前的事件和行为有无溯及力的问题。

法规定生效期限的方式主要有两种:一是明确规定具体生效事件;二是规定具备何种条件后开始生效。

法的终止是指使法的效力绝对消灭,大致有两种情况:一是明示终止,即直接用语言文字表示法的终止时间,这种方法为现代国家所普遍采用;二是默示终止,即不用明文规定该法终止生效的时间,而是在实践中贯彻"新法优于旧法"和"后法优于前法"的原则,从而使旧法在事实上被废止。

法的溯及力,又称法的溯及既往的效力,它是指新法对其生效前发生的行为和事件是否适用的问题。对于法律的溯及力问题,各国曾经采用的做法有从旧原则、从新原则、从轻原则、从新兼从轻原则、从旧兼从轻原则。当代中国法律采用的是从旧兼从轻原则。

2. 法的空间效力

所谓法的空间效力,是指法在哪些空间范围或地域范围内发生效力。

法的空间效力与国家主权直接有关,它适用于该国主权所及一切领域,既包括领陆、领水及其底土和领空;也包括延伸意义的领土,如驻外使领馆;还包括在境外的飞行器和停泊在境外的船舶。

法的空间效力一般分为域内效力与域外效力两个方面。以我国为例,其域内效力大致有如下两种情况:(1)在全国范围内有效;(2)在我国局部地区有效。在域外效力方面,我国在互相尊重领土主权的基础上,本着保护本国利益和公民权益的精神和原则,也规定了某些法律或某些法律条款具有域外效力。

3. 法的对人效力

所谓法的对人效力,是指法适用于哪些人或法适用主体的范围。在确定法的适用对象的范围时,遵循的原则归纳起来有以下几种:(1)属人主义原则,这实际上是根据公民的国籍来确定法的适用范围;(2)属地主义原则,这实际上是根据领土来确定法的适用范围;(3)结合原则,这是以属地主义为主,但又结合属人主义的一项原则。

根据我国有关法律规定,法对人的效力主要包括两个方面:一方面,对中国公民的效力。凡是中华人民共和国公民,在中国领域内一律适用中国法律,平等地享有法律权利和承担法律义务。中国公民在国外的,仍然受中国法律的保护,也有遵守中国法律的义务。另一方面,对外国人的效力。这里也有两种情况:一种是对在中国领域内的外国人的法的适用问题;另一种是对在中国领域外的外国人的法的适用问题。我国法律既保护外国人的合法权益,又依法查处其违法犯罪行为。

(三)法的效力的冲突及其解决方式

1. 法的效力等级

法的效力等级,亦称效力位阶,指在一国法的体系中因制定的国家机关地位不同而形成的法在效力上的等级差别。

2. 法的效力冲突产生的原因及表现形式

法的效力冲突产生的原因主要涉及两个方面:一方面,随着经济和社会的发展,需要不断制定新法,这就容易引发新法与旧法的效力冲突;另一方面,有些国家由于实行多层次的立法体制,这也容易引发不同国家机关制定的法之间的效力冲突。

法的效力冲突的表现形式归纳起来主要有两种:一种是同一位阶法之间的相互冲突;另一种是不同位阶法之间的相互冲突,即下位法与上位法、普通法与根本法相抵触。

3. 解决法律冲突的一般原则

第一,根本法优于普通法;第二,上位法优于下位法;第三,新法优于旧法;第四,特别法优于一般法。

如果法的效力冲突不能按照一般原则予以解决,只能采取特殊方式。以我国为例,依据《立法法》的有关规定,出现下列情况可由有权的国家机关予以裁决:其一,法律之间对同一事项的新的一般规定与旧的特别规定不一致,不能确定如何适用时,由全国人大常委会裁决;行政法规遇到上述同样情况时,由国务院裁决。其二,地方性法规与部门规章对同一事项规定不一致时,由国务院提出意见;认为应适用地方性法规的,应决定在该地方适用地方性法规,如果认为应适用部门规章的,应提请全国人大常委会裁决。部门规章之间、部门规章与地方政府规章不一致时,由国务院裁决。其三,根据授权制定的法规与法律规定不一致时,由全国人大常委会裁决。

二、情境议题的创设与引导

为使学生通过“艾滋病病毒感染者隐瞒事实缔结婚姻是否可撤销”的情境议题,基于不同主体之立场展开讨论、辩论,引出法的效力,特别是时间效力等问题,以便更好地理解可撤销婚姻规定之效力及其司法适用,具体议题情境创设如下:

甲(男)与乙(女)经人介绍相识后,很快确定了恋爱关系,订婚后双方开始同居。2020年6月,乙怀孕,双方登记结婚。后来甲向妻子坦白自己感染艾滋病数年且长期服药,虽然甲坚持表示其所罹患的艾滋病已不在传染期内,传染乙及其腹内宝宝的可能性极小,且最终证明甲确实并未被传染,但乙依然无法接受。尽管两人此前感情基础不错,乙在几经内心挣扎思量后,还是决定终止妊娠并向当地法院起诉要求撤销婚姻。你认为法院是否应当支持乙撤销婚姻关系的诉求?为什么?

在学生表达自己观点的过程中,教师通过设问等方式细化情境,就艾滋病病毒感染者的告知对象、告知必要性与是否需要公权力干涉等问题进行深入探讨,拓展学生思考的广度与深度,以便更为全面地理解与抽象出“告知义务”规则的法律效力。

观点1　赞成法院支持乙撤销婚姻关系的诉求,因为作为艾滋病病毒感染者的甲应当对乙履行告知义务但其并未履行,认为这是基于诸如“保障他人健康权”“夫妻之间的忠实义务”“告知对象身份”“性行为方式”等原因。

设问1:如何判断夫妻之间忠实义务的限度?

例1:甲的母亲是百万富翁,甲的父亲曾是外国间谍,这类事项是否需要基于夫妻之间的忠实义务而履行告知?

例2:甲患有某遗传性疾病,是否需要基于夫妻之间的忠实义务而履行告知?或是甲有遗传性间接性的精神病,但发病概率不确定,是否需要告知?

设问2:针对保障他人的健康权,如何看待感染时间、确诊时间及告知时间之间的交叠可能对告知义务履行所带来的障碍?

例1:甲在登记结婚时若对自己是否感染艾滋病不知情,如何履行告知义务?

例2:如果甲在登记结婚后才确诊感染,但此后与配偶再无性行为,是否仍有必要履行告知义务?

设问3:针对保障他人的健康权,在医学手段可以进行区隔的前提下,是否必须告知?例如,医学上所说的"U = U"(Undetectable equals Untransmittable),是指艾滋病病毒感染者按规定接受抗病毒治疗后,血液中如果6个月以上测不到HIV病毒载量并持续保持时,艾滋病病毒感染者经性行为方式将HIV病毒传染给其阴性伴侣的风险是零,即病载检测不到等于不具有传染性。

例1:若甲符合"U = U",还有必要履行告知义务么?若甲在进行性生活时有防护措施,并且按时服药,仍有必要履行告知义务吗?

例2:如甲现患有乙肝,虽然乙肝也有传染性,但通过药物服用可以阻断传染的必然性,那是否必须告知?

设问4:针对告知对象身份,告知义务的履行会因对象系配偶还是性伴侣有区别吗?

例:甲与乙并非配偶关系,而是较为稳定的情侣关系,抑或"一夜情"的性伴关系,甲是否应履行告知义务?

设问5:针对性行为方式,双方之间采取不同性行为的方式是否会影响告知义务履行之必要?

例:如甲乙双方之间并未发生传统意义上的性行为,而采用口交等方式进行性行为,是否有履行告知义务的必要?

观点2 认为法院不应支持乙撤销婚姻关系的诉求,因为作为艾滋病病毒感染者的甲没有对乙履行告知义务的必要,认为存在"信息泄露隐患""感情破裂""社会排斥"等原因。

设问1:针对"信息泄露隐患"与"社会排斥",如果将情况如实告知伴侣,告知之后另一方有无保密义务?告知义务与信息泄露之间是否可以画等号?

设问2:针对"感情破裂",如果将情况如实告知伴侣,担心会影响双方的夫妻感情,是否必然导致离婚?但反过来说,若是如实告知,也可能存在因为彼此间的开诚布公,关系更加紧密,反而促进感情升温?

设问3:针对是否需要公权力干涉,如何在不同情形下判断公权力干涉的限度?"应该"还是"可以"?

例1:如甲系为维系婚姻而拒绝告知乙其感染艾滋病的事实,此时有关公权力机构能否介入?

例2:如乙通过他人告知等外在途径得知甲感染艾滋病毒的事实,可否以甲未尽告知义务为由,申请离婚?

设问4:针对可撤销婚姻条款的溯及力,如何看待《民法典》第1053条对《民法典》生效前后出现该类情况的效力?

情境案例研究

艾滋病病毒感染者对配偶及性伴告知义务研究

摘要:艾滋病病毒感染者究竟是否需要向配偶以及性伴履行告知义务曾在立法层面引起了极大的讨论,特别是在法学与伦理学两个学科之间集中展现出观点冲突。即便在2006年《艾滋病防治条例》出台后,各地随之颁布的地方性立法在此问题上仍存有较大差异。"鸡尾酒疗法"等医学上对艾滋病治疗的重大进展,使得告知这一法律义务设定的基础不再局限于防范疾病传播。研究通过以J市中心医院爱心门诊等多地作为调查地点,深入访谈多位处于婚姻等亲密关系中的艾滋病病毒感染者后发现,随着该义务的履行,艾滋病病毒感染者虽无法律意义上的直接权利受损,但事实层面却存在权利实现可能性的降低。归根结底,告知义务的设定乃是国家法能否对亲密关系进行预防性介入与如何施加实质干涉的矛盾体现,其中的法律主体无疑不能脱离权利义务的覆盖而"完全自治",但法律似乎也并不能基于道德意义上的证成而对特定主体进行某种法律义务的设定。

关键词:艾滋病;配偶;性伴;告知义务

一、引言

2021年1月4日,上海市闵行区人民法院宣判了首例适用民法典新规撤销婚姻关系案。案件中,原告李某与被告江某经人介绍相识后,很快确定了恋爱关系,订婚后双方开始同居。2020年6月,李某怀孕,双方登记结婚。后来江某向妻子坦白自己感染艾滋病数年且长期服药,虽然江某坚持表示其所罹患的艾滋病已不在传染期内,传染李某及其腹内宝宝的可能性极小,且最终证明李某确实并未被传染,但李某依然无法接受。尽管两人此前感情基础不错,李某在几经内心挣扎思量后,还是决定终止妊娠并向上海市闵行区人民法院起诉要求撤销婚姻。该法院经审理,依据刚刚正式实施的《民法典》判决撤销原被告的婚姻关系。

该案作为《民法典》第 1053 条生效以来的首判吸引了社会各界的广泛关注,但与此同时对该判决的一些反思也相当引人注意。这其中最主要的问题之一便是《民法典》中该条款的溯及力。《民法典》生效后,并非所有新案件都可以直接适用,对此最高人民法院颁布的《关于适用〈中华人民共和国民法典〉时间效力的若干规定》第 2 条规定,民法典施行前的法律事实引起的民事纠纷案件,当时的法律、司法解释有规定,适用当时的法律、司法解释的规定,但是适用《民法典》的规定更有利于保护民事主体合法权益,更有利于维护社会和经济秩序,更有利于弘扬社会主义核心价值观的除外。那么该溯及力规定是否适用于所有在《民法典》生效前缔结婚姻且未告知其配偶的艾滋病病毒感染者,以及婚前尚未确诊的感染者在婚后是否还需要向其配偶承担告知义务?这些问题在以上案例之后仍然需要深入的分析与讨论。

恰如有学者提及,自艾滋病进入人类视野之后,引起了法学、社会学、医学与公共卫生、心理学、伦理学等诸多学科的研究和思考。[1] 由于艾滋病传染途径的特殊性,艾滋病病毒感染者的性行为、婚姻以及生育问题曾引起立法层面的广泛讨论,并且相关规定随着艾滋病医疗水平的发展也出现了明显转变。但在现实生活中可以发现,艾滋病病毒感染者对配偶及性伴的告知义务仍然有着许多实践差异与困境。以上这一代表性案例就凸显了几个非常重要的问题。首先,艾滋病病毒感染者究竟是否需要对其配偶及性伴承担告知义务?感染者的感染、确诊时间与婚姻缔结时间可能存在的若干交叉又该如何看待?其次,性伴与配偶两个概念之间并不存在完全的对等性,那么基于 HIV 传播风险的具体法律规制应如何看待非婚性行为、"无性婚姻"等边缘问题?最后,艾滋病病毒感染者对配偶及性伴的告知义务是否需要公权力的强制干涉?即便在法律层面相应机关具备了主动干预的权力,但是在非婚性行为的私密性面前这种权

---

〔1〕 参见杨国才主编:《多学科视野下的艾滋应对》,中国社会科学出版社 2007 年版,相关内容。

力的行使究竟是一种“应该”还是“可以”？且在婚姻家庭关系内部这种告知行为是否会对感染者的私人生活造成非规则性的负面影响？

在以往艾滋病防治问题研究中，一些成果或重视宏观而忽视微观，或重视具体数据事实而忽视理论提升，进而造成艾滋病防治实践与理论研究脱节。同时大多数著作只是对现状—原因—对策的三段论作简单的描述性研究，缺乏较为科学的逻辑论证。[1] 鉴于此，本文试图通过实证研究的方式，依托全国最大的艾滋病病毒感染者互助组织“白桦林全国联盟”以及浙江省J市疾病预防控制中心、J市中心医院，对艾滋病病毒感染者群体进行深入调研，了解其面对告知义务时所需要考虑的诸多主客观因素。运用问卷调查、深入访谈以及参与式观察等实证研究的方法进一步认知法律实践所置身的场域，这种情境的勾勒无疑会对法律的运行形成多维度影响。经验意义的“解释性理解”，使研究者可以将经验置于特定的发生场域中，尽可能彰显研究过程的完整性、复杂性和自治性，在事件的观察和体验中去确立相应的分析和意义建构。[2] 通过将艾滋病病毒感染者的现实生活实践与立法规范作参照比对，能够帮助我们更好地了解告知义务背后法律运行的现实问题，并最终实现在立法以及执法层面的进一步完善。

二、法律视角下婚姻家庭中的艾滋告知

结合以上案例将《婚姻法》与《民法典》进行对比，可以发现重大疾病问题之于婚姻效力方面的规定有以下变化：第一，将一方患有重大疾病的婚姻关系由无效婚姻调整为可撤销婚姻。原本立法思路为患有这些疾病的当事人可能危害家人和后代的身体健康和人身安全，造成人口素质的下降，因此立法一度以国家意志干预的方式，排除了其缔结婚姻的权利。但是，这种激烈的法定干预模式对于民事主体而言显然非常不利。一方面，缔结婚姻、组建家庭的权利毕竟属于公民的基本权利，其所带来的精神慰藉、社会评价、伦理价值对于公民的社会生存具有根本性意义；另一方面，宣告无效的调整方式将使婚姻自始、确定、当然地不发生效力。对所谓重大疾病患者而言，这不仅剥夺了其婚姻自主

[1] 沙莉、阮惠风：《艾滋病高危人群宽容策略实证调查》，云南大学出版社2014年版，第51页。

[2] 吴毅：《小镇喧嚣：一个乡镇政治运作的演绎与阐释》，生活·读书·新知三联书店2007年版，第597－598页。

权,甚至有侵犯人权之嫌。《民法典》婚姻家庭编将疾病婚姻由无效婚姻调整为可撤销婚姻,具有如下立法效果:首先,重大疾病患者的婚姻缔结权利不再被剥夺,使其具有了享受法律认可的夫妻关系之可能,其基本权利获得了更好的保障;其次,疾病婚姻相对方的个人意志获得了尊重,其既可以基于嫌恶、安全、生活质量等原因选择退出婚姻,也可以基于情感、经济、道德等原因继续维持婚姻;最后,通过从无效婚姻到可撤销婚姻的"降格",国家干预的手段与防治疾病婚姻危害的目的更加符合比例原则,法律规则的正当性得到了提高。

第二,增加了重大疾病婚前告知义务。也即,缔结婚姻的双方应在婚前告知对方自身的重大疾病状况,否则对方可请求撤销婚姻。该规则位于《民法典》婚姻家庭编第 1053 条,系与前述将疾病婚姻调整为可撤销婚姻的联动修改。重大疾病婚姻的事后撤销,将带来无法恢复的人身关系变动成本和相应的社会纠纷解决成本。因此,事前"防患于未然"显然是更好的选择;并且,考虑到缔结婚姻对当事人人身、财产关系的重大影响,规定当事人重大疾病的告知义务及相应的不利法律后果,也具有法律上的正当性。该规则还应做如下理解:其一,疾病婚姻的撤销,以疾病发生在婚前为前提,婚后发生的疾病不属于婚姻可撤销事由;其二,增加了婚姻无效或撤销的损害赔偿。作为一项婚姻退出机制,婚姻无效或撤销理应与离婚类似,可以产生财产分割以外的损害赔偿。因此,相比于《婚姻法》,《民法典》婚姻家庭编第 1054 条增加一款规定:"婚姻无效或者被撤销的,无过错方有权请求损害赔偿。"在解释上,该损害赔偿应当既包含过错方对无过错方造成的财产损失的赔偿,也包含过错方对无过错方造成的精神损害的赔偿。

如上文所述,《民法典》新规似乎并不能一刀切地适用于以往所有婚前未告知重大疾病的情形,而对于适用旧法的婚姻纠纷案件,依然存在一个法律位阶上的冲突问题。全国人民代表大会制定的基本法律《婚姻法》第 7 条规定:"有下列情形之一的,禁止结婚:……(二)患有医学上认为不应当结婚的疾病。"《婚姻登记条例》第 6 条同样规定:"办理结婚登记的当事人有下列情形之一的,婚姻登记机关不予登记:……(五)患有医学上认为不应当结婚的疾病的。"那么这里所谓"不应当结婚的疾病"指什么呢?由全国人民代表大会常务委员会制定的《中华人民共和国母婴保健法》(以下简称《母婴保健法》)第 8 条第 1 款规定:"婚前医学检查包括对下列疾病的检查:(一)严重遗传性疾病;(二)指定传染病;(三)有关精神病。"第38条规定:"……指定传染病,是指《中华人民共和国传染病防治法》中规定的艾滋病、淋病、梅毒、麻风病以及医学上认为影响结婚和生育的其他传染病。……"尽管2006年《艾滋病防治条例》中已对艾滋病病毒感染者的婚姻权予以保障,但在具体的司法案例中仍存在婚姻关系无效的判决。如有法院称:

> 根据《婚姻法》第10条第3款的规定,"婚前患有医学上认为不应当结婚的疾病,婚后尚未治愈的",属婚姻无效的情形之一。本案被告在婚姻登记当日进行的婚前检查中确认系艾滋病毒携带者,根据《母婴保健法》《中华人民共和国传染病防治法》(以下简称《传染病防治法》)的规定,艾滋病属于医学上认为不应当结婚的疾病,故原告的诉讼请求,证据充分且符合法律规定,本院予以支持。判决罗某与徐某之间的婚姻无效。[1]

在司法实践中还存在另外一种常见的问题,2003年公布施行的《婚姻登记条例》第5条第1款规定:"办理结婚登记的内地居民应当出具下列证件和证明材料:(一)本人的户口簿、身份证;(二)本人无配偶以及与对方当事人没有直系血亲和三代以内旁系血亲关系的签字声明。"这代表婚前健康检查不再作为结婚登记的前提条件,中国的婚检制度从强制走向自愿。准备进入婚姻的艾滋病病毒感染者是否能够知晓自身感染状况成为一项自愿选择。由于艾滋病较长的潜伏期,如果感染者在缔结婚姻时对自己是否感染艾滋病并不知情又如何履行告知义务?或者说如果是在婚后确诊感染但此时与配偶已再无性行为,那么艾滋病病毒感染者又是否应当履行告知义务?如在缔结婚姻之后一方才感染HIV或知晓了自己感染事实,又会存在两种可能的发生。一种情况是艾滋病病毒感染者为了"维系婚姻"而拒绝履行告知义务,那么此时相关机构是否有主动介入的权力,以及当婚姻相对方通过其他途径得知对方的感染事实后是否可以以对方未尽到告知义务而申请离婚?在一份基于此情况而发生的离婚纠纷判决中法院称:

---

〔1〕浙江省杭州市萧山区人民法院民事判决书,(2014)杭萧义民初字第828号。

原告张某与被告秦某自由恋爱，未婚同居并怀孕，后自愿结婚并生育一子，有一定的感情基础。被告秦某婚后经检查感染艾滋病毒后，为维持婚姻向原告隐瞒病情并坚持生育小孩，所幸小孩未感染病毒。被告的行为虽存在过错，但目的是维持自己的婚姻，根据现状不应对艾滋病病毒感染者采取歧视的态度，原告作为其丈夫理应给予其更大的谅解和关爱，为了社会稳定，家庭和谐，小孩健康成长，不准许原被告离婚为宜。[1]

另外一种情况则是艾滋病病毒感染者主动告知了配偶，此时又如何看待告知后夫妻双方的意思表示差异以及感情破裂标准？在一份离婚纠纷的民事判决中，法院认为：

根据《传染病防治法》第3条第2款的规定，艾滋病属于乙类传染病，因该类传染病影响结婚和生育，原被告双方不宜共同生活。故对原告李某要求离婚的诉讼请求予以支持。关于被告田某认为虽然其患有艾滋病，但因原告表示接纳而不同意离婚的抗辩意见，因缺乏法律依据和事实依据，不予采纳。[2]

通过上述两个案件可以看出，有时艾滋病病毒感染者在未尽到对配偶的告知义务时并不必然导致对婚姻效力的变更，而有时进行了告知反而造成婚姻关系的变化。从婚姻法的原则层面上看，法院似乎不应当以感染 HIV 为由对婚姻的自主性进行实质干涉，但反过来说法院同样似乎也并不能对一方因得知对方感染 HIV 的事实而做出的关于婚姻存续之意思表达进行阻碍。这就涉及当艾滋病病毒感染者对配偶进行了告知义务后，即便法院不对其婚姻效力进行实质干预，其仍然会承担一种基于自由意志决定的可能性“不利后果”。正因如此，本研究试图深入到法律实践层面，进一步观察艾滋病病毒感染者对告知义务的主观态度以及背后的现实问题。

---

〔1〕 湖南省永州市冷水滩区人民法院民事判决书，(2015)永冷民初字第2896号。

〔2〕 四川省成都市武侯区人民法院民事判决书，(2014)武侯民初字第1314号。

三、问卷调查情况分析

（一）基本信息分析

1. 问卷来源及回收样本数量分析

为了回应上述一系列问题，我们采取了问卷调查、深入访谈以及参与式观察等方式对艾滋病病毒感染者群体进行实证研究。本次问卷调研采用网络问卷的形式发布在中国最大的艾滋病病毒感染者互助平台——白桦林全国联盟，累计回收问卷 496 份，其中有效问卷 433 份，有效率为 87.3%。

2. 回收样本性别数据分析

本次问卷中，男性在调研中的占比为 96.3%，女性占比为 3.2%，跨性别者占比仅为 0.5%，大部分被调研者为男性，男女占比差异显著。

根据联合国艾滋病规划署发布的全球艾滋病防治进展报告，截至 2019 年新发感染约有 62% 发生在重点人群及其性伴侣中，包括男同性恋和其他男男性行为者、性工作者、注射毒品者和羁押人员。[1] 男性感染者占比高与 MSM（男男性行为）人群有较大关联，肛交的方式容易增加 HIV 感染的风险。

3. 样本基本信息分析

在年龄分布上接受问卷调研的对象大多数为青壮年群体，回收样本中有 41.4% 年龄为 31—40 周岁，其次分别为 21—30 周岁占 36.5%，41—50 周岁占 16.6%，51—60 周岁占比 5.5%。

在婚姻状况方面，本次调查中占比最多的为未婚状态，为 66.1%。已婚与离异状态占比较少，分别为 25.3% 与 8.6%。

值得注意的是，本次回收样本中 99.1% 的感染者正在服用抗病毒药物，且通过对于病毒载量的调查，88.5% 被调研者的病毒载量数值小于 200copies/ml（包含检测不到）。

（二）艾滋病病毒感染者对配偶及性伴的告知情况分析

1. 已婚感染者对配偶及性伴的告知情况分析

在填写问卷的已婚感染者中，与配偶保持性关系的占 44.4%。79.2% 的感

---

[1] 《2020 全球艾滋病防治进展报告》，载联合国艾滋病规划署网 2020 年 7 月 20 日，http://www.unaids.org.cn/page122? article_id = 1200。

染者称其配偶已知晓自己的感染情况。在配偶知晓自己感染情况的感染者中，高达95%的被调研者主动履行了告知义务。

而另外在20.8%没有告知配偶感染情况的被调研者中，有90.9%的感染者认为自己在发生性关系时已采取了保护措施，且非常担心与配偶感情破裂；还有54.6%的感染者认为自己的病毒载量已检测不到，在“U = U”的前提下已无传染可能。

此外有39%的已婚感染者称除配偶外还有其他稳定的性伴，其中56%的已婚感染者称其性伴知晓自己的感染状况。在这部分被调研者中也有高达92.9%的已婚感染者主动告知了性伴自己的感染情况。

而性伴未知晓自身感染情况的被调研者中，72.7%的感染者是基于自己在发生性关系时采取了保护措施故未告知；还有81.8%的感染者是认为自己的病毒载量已检测不到，在“U = U”的前提下已无传染可能；至于担心与性伴感情破裂的占比较少，只有36.4%。

2. 未婚感染者对性伴的告知情况分析

在未婚的感染者中，有稳定性伴的占比30.7%，且其中66.3%的感染者称其性伴知晓自身感染情况。而在知晓渠道方面，96.7%的未婚感染者是主动对性伴履行了告知义务。

而在性伴不知其感染情况的未婚感染者中，90%的被调研者认为自己病毒载量已检测不到，在“U = U”的情况下没有感染可能。此外担心与性伴侣感情破裂以及在性生活中已采取防护措施的未婚感染者分别占比76.7%与73.3%。

3. 离异感染者对原配偶及性伴的告知情况分析

离异感染者中有稳定性伴的占比31.6%，其中83.3%的感染者称其性伴已知晓自身感染情况。值得注意的是，这部分感染者（100%）皆是主动对性伴履行了告知义务。

而性伴不知晓自身感染情况的被调研者中，全部（100%）表示担心与性伴感情破裂，此外因采取保护措施或病毒载量检测不到而认为没有传染可能的均占比50%。

此外，在离异感染者中有41%的被调研者认为自己离婚的原因与感染HIV有关，这其中有79%的被调研者声称在婚后才确诊感染艾滋病毒。

在婚后才确诊感染HIV的被调研者中，63.3%的感染者曾主动告知配偶自身感染情况。剩余未告知的感染者中有27.3%的感染者称已通过其他途径确定配偶未感染。此外担心感情破裂、自认无传染可能及已做好防护措施的感染者各占比 18.2%。

而在 21% 婚前已确诊的感染者中,有 44.4% 曾主动告知配偶自身的艾滋病感染情况。剩余 55.6% 的被调查者中有 75% 称未进行告知是担心家庭关系破裂,且目前已经离婚,故不再有告知义务。此外因采取保护措施或病毒载量检测不到而认为没有传染可能的均占比 25%。

（三）艾滋病病毒感染者对于告知义务的主观意愿分析

回收的问卷显示,有 61.2% 的感染者认为对于配偶及性伴应负有告知义务。这其中有 79% 的被调研者认为告知义务乃是基于对他人健康权的保障;87.4% 的被调研者认为基于夫妻之间的忠实义务应当告知。

在 38.8% 认为对于配偶及性伴不负有告知义务的感染者中,81.9% 认为一旦个人隐私泄露将会带来严重不利影响;84.6% 则认为可采取其他方式阻隔病毒传播。

（四）问卷调研情况分析

根据问卷所显示的数据可以发现,无论是正处于婚姻关系中还是已经离异,艾滋病病毒感染者对配偶的告知比例均达八成左右。这说明绝大多数感染者还是会倾向如实向配偶告知自己的感染情况。这也是一段婚姻关系中无法回避的"大事"（除在婚前已经做好了隐瞒准备的感染者会选择一直隐瞒到底）。

而在性伴方面,只有六成左右的感染者称其性伴已知晓自身感染情况。这可能是相比较负有法定配偶权的夫妻而言,性伴侣之间的亲密关系程度会稍显脆弱。值得注意的是,曾经离异过的感染者对现阶段性伴的告知比例较高,这有可能是因为经历过婚姻破裂的感染者会更加重视亲密关系的建立与稳定。

此外,在知晓方式上,只要是配偶或性伴知晓自己感染情况的被调研者,有九成以上均是主动履行的告知义务。可见主动履行才是告知义务实现的首要途径,若感染者自身抗拒告知义务,其他主体的强行介入未必能起到良好效果。不过需要指出,离异感染者对原配偶的主动告知比例相对略低,这可能也与其当时的婚姻状况有较大关联。

在不愿告知配偶及性伴自身感染情况的被调研者中,原因则较为统一。无论是已婚感染者对配偶,还是未婚及离异感染者对性伴,绝大多数均表示担心告知会导致感情破裂,唯有已婚感染者之于婚外性伴在这方面的担心程度略低。此外,自身病毒载量检测不到以及已采取保护措施也是不予告知的主要原因。

四、社会实践中告知义务的困境

在对近500份问卷进行分析后,我们联系了其中132名表示愿意继续接受访谈的感染者,最终完成了对近40名感染者的深入访谈,后续又在J市中心医院"爱心门诊"进行了为期半年左右的参与式观察。在该阶段的调研中,我们尝试进一步分析实践中告知义务背后的诸多现实困境。

(一)告知对象的选定障碍

1. 配偶与性伴的概念不必然重合

《艾滋病防治条例》第38条规定,感染者有将感染或发病事实及时告知与其有性关系者的义务。[1] 一些省份的相关规定则倾向增设婚姻关系中的"配偶"来补充"有性关系者"这样一个法律意义略显薄弱的概念。[2] 但问题是这两个概念指向明显不同,不同感染者的情况千差万别。"我目前没有稳定的性伴,会有很多开放性伴。对于配偶,两个人长期在一起,有告知必要。如果只是形式婚姻,没有性行为或其他感染可能性,那不告知也没关系。普通性伴侣没有这个必要。"(430号)由于各地规定的差异,该规定在法律适用上也存在诸多问题。

需要说明的是,性与婚姻并没有想象中那么紧密,从本课题的调查问卷中就可以发现有相当比例的已婚者有不止一个的婚外性伴。此外,在"形式婚姻"或"无性婚姻"中,配偶之间也不必然发生性行为。如目前同性婚姻在我国并未

〔1〕《艾滋病防治条例》第38条规定:"艾滋病病毒感染者和艾滋病病人应当履行下列义务:……(二)将感染或者发病的事实及时告知与其有性关系者;(三)就医时,将感染或者发病的事实如实告知接诊医生……"

〔2〕如《广西壮族自治区艾滋病防治条例》第28条规定:"艾滋病病毒感染者和艾滋病病人应当履行下列义务:……(五)将感染或者发病的事实及时告知配偶或者与其有性关系者……"《云南省艾滋病防治条例》第20条第2款规定:"感染者和病人应当将感染艾滋病病毒的事实及时告知其配偶或者性伴侣;本人不告知的,医疗卫生机构有权告知。"

合法化,因此在现实中作为艾滋病"高危人群"之一的男男性行为者常常会迫于社会压力与女同性恋者结成"形式婚姻"。在此类婚姻关系中,配偶之间可能并不存在性关系,当然也就不属于性伴。

从十几岁开始我就意识到自己的性取向和大部分男生不一样。虽然想过和同性伴侣一起生活,但面对世俗的压力,以及自身的原因,我不得不用婚姻来伪装自己。和妻子婚后的生活不算美满幸福,但也还如意。第二年有了孩子,父母很高兴,还帮我们照料孩子和生活。这时我忽然觉得好像我的任务完成了,心里那种想法又开始蠢蠢欲动。又害怕影响家庭,不敢和他们建立长期的关系。也习惯了上网约,这样的方式来发泄自己,压力越大越频繁。(48 号)

可见将配偶与性伴这两个概念混用于告知义务当中明显存在瑕疵,那为什么有的地方性规定会在告知义务的设定上选择用配偶替代性伴呢?相对于性伴而言,婚姻关系中的配偶之间存在明确的权利义务关系(如同居义务),因此对于未婚艾滋病病毒感染者来说,其潜在的"配偶"应当有了解其病情进而决定是否与其缔结婚姻的自主选择权,即婚前告知。但问题是一些感染者可能是婚后,甚至是不知何时感染而在婚后确诊的,那么此时的告知义务是适用配偶还是性伴就有待进一步探究。目前法律规定只是单纯将性关系者和配偶进行列举,并未对配偶和性伴的概念进一步区分,而现实生活中的情况远不止法律规定的那么简单。配偶与性伴概念的模糊无疑给法律适用带来了相当程度的困难,还需进一步通过立法将二者进行区分。

2. 偶然性行为背后的告知障碍

除配偶与性伴侣两个概念之间的差异外,对于任何特定主体来说,如果其性行为的对象是偶然而非固定的,那么可能无论是艾滋病病毒感染者本人还是疾控中心等机构都很难针对偶然性伴侣进行准确告知。

我目前没有朋友(固定的男性伴侣)……是网上约的,……现在谁问对方叫什么干什么的啊,太奇怪了吧,问了人家也不会告诉你……一般约完后就不联系了,除非遇到特别好的。……如果你不想约,直说就好了。提前跟人家说我有这个(艾滋病)?那还约什么?……也

不光是怕传给别人，还怕得上梅毒啊，尖锐湿疣啊，乙肝丙肝这些病呢。（449号）

对于“一夜情”、“卖淫嫖娼”以及所谓的“约炮”而言，由于其隐私性，当事人之外的其他主体很难发现这些偶然性行为关系。即便知晓了该性行为的存在，基于App可能具有的匿名性、隐私性，（包括当事人在内）同样很难精准地进行告知。“如果是长久的伴侣，还是会告知的。但就几次的性接触，我肯定是不会告知的。不仅没必要，而且还会引起不必要的麻烦。”（143号）特别是在某些地方性规定中具有“强制告知权”的疾控中心、医疗卫生机构等，因其并不具有类似刑事侦查的精准定位技术，故这种所谓的“强制告知”往往只能停留在具有法律意义的“配偶”上。这明显与疾病防控的本意产生法律适用上的分离。

（二）告知义务必要性的外在影响

就医学角度而言，艾滋病病毒感染者与他人发生性行为并不意味着感染结果的必然发生，这还与性行为进行的方式、防护措施及感染者本身的病毒载量存在一定的关系。

1. 作为医学而非法律标准的“U=U”

“U=U”在医学上是指艾滋病病毒感染者按规定接受抗病毒治疗后，血液中如果6个月以上测不到HIV载量并持续保持时，艾滋病病毒感染者经性行为方式将HIV传染给其阴性伴侣的风险是零，即病载检测不到等于不具有传染性。[1] 在访谈中我们也多次发现这类例证，如一名志愿者曾转述的一名感染者情况。

他（异性恋者）结婚之前就感染了，他说家里不知道，到年纪了也催着结婚生孩子。后来他自己认识了个（未感染HIV）女的，处的挺好，就谈婚论嫁了。他哪敢告诉人家啊，告诉了还能结上婚吗？而且我们这地方又不大，两家都是本地人，这要是告诉了他还怎么在这儿待啊。再后来两个人打算要孩子，他当时吃了三年的药了吧，CD4都

[1] 郭礼和、朱丽华：《美国〈Science〉杂志评出2011年十大科学突破——介绍阻断艾滋病传播的突破性研究成果》，载《中国细胞生物学学报》2012年第2期。

挺高的，病载也查不到。去问医生这样能不能生，医生肯定是建议女的也得吃药（阻断）啊，但他不想告诉人家。好像问了好多地方，大概的回答都是一样的，要是查不到病载百分之九十左右没事，但建议要做阻断。后来他还是没说，结果现在孩子都快一岁了，啥事都没有。（450 号）

可见，对于病毒载量检测不到的艾滋病病毒感染者，即便发生了无保护的性行为，可能依然无法导致感染事实。“如果‘U = U’，不具有传染性的情况下，我觉得可以选择不告知的。”（171 号）那么在法律上针对艾滋病病毒感染者对性伴的告知义务是否还需要设定一个前提，或者说是否需要对于“艾滋病病毒感染者”这一概念进行进一步的区分就存在讨论的空间。此外，从结果层面来看，如果艾滋病病毒感染者以配偶或性伴并未发生感染这种理由对其告知义务的履行进行抗辩，是否应该支持？目前对此的司法实践往往会出现同案不同判的情形，还需通过出台相应的解释予以说明。

2. 性行为方式的不同

除了对于艾滋病病毒感染者本身的个体判断（病毒载量），正如在艾滋病防治宣传中经常提及的，如果在发生性行为时做好防护措施（正确使用安全套），将极大地降低病毒感染的可能。“我查出来了，当时就马上带我老公去查，查出来没有被感染，又过了三个月我又带他去查，也没有被感染。”（252 号）可见即便存在性行为，艾滋病病毒的传染也是一个概率事件。

当时我发现身上起了红疹，用试纸检测，基本确定是感染了。过了一段时间又去疾控检测，确诊了感染的事实。我是和妻子一起去检测的，我们婚后一直都有那个（性行为），担心她也感染。好在我妻子是健康的，可能是因为我们都有做好保护措施。（48 号）

值得注意的是，对于艾滋病病毒感染者而言，未履行告知义务并不等于恶意传播，有感染的风险也同样并不意味着感染结果的发生。“告知不等于可以预防别人被感染，做好保护措施、长期服用药物，这些才是有效的防治手段。”（430 号）在访谈中我们发现，大部分感染者之所以不愿意履行告知义务并非恶意隐瞒，而是出于对社会接受度的考量以及担心自己隐私泄露或家庭和谐问题。“感染者和正常人相恋需要承受很大的心理压力才能在一起。毕竟现在的大环境，还是有很多人抗拒感染者。”（123 号）因此，对于那些在发生性行为前已经采取防护措施的感染者而言，这就成为其抗辩告知义务履行的很大一部分原因，而对于这个问题法律尚未作出明确规定。另外，诸如感染风险极低的某种性行为方式是否也应当作为告知义务的覆盖范围同样存在较大的讨论空间。

（三）告知义务履行后的风险承担

1. 告知义务背后的多重隐私

性行为以及其背后的亲密关系具有高度的私密性。对于已婚或拥有稳定性伴的艾滋病病毒感染者而言，他们不愿意履行告知义务在很大程度上是基于对感情破裂的恐惧。此外一旦关系破裂，还会导致知情者泄露当事人感染事实，甚至用该信息威胁感染者的情况发生。“我们才认识没多久，还没产生信任，我要保护我的个人信息，万一分手，到时候告诉她了，她泄露了怎么办？而且，我可以保证在和她发生性关系时做好保护措施，保证她不感染。”（257 号）对于知情者侵犯隐私权之可能，《艾滋病防治条例》第 39 条规定了第三人具有保密义务，但并未有对相应法律后果作出惩罚性规定。[1] 但对于已婚的艾滋病病毒感染者而言，鉴于家庭关系的紧密性，配偶之间的告知往往还会延伸到以家庭为中心的全部亲友关系圈，将会对感染者形成极其严重的“打击”。

> 我是在一次小手术中被发现，之后被确诊感染的，知道自己感染之后我就去检查并上药了。当时我妻子是陪我一起去的，但后来她态度转变极大，经常对我恶言相向，甚至让我去死。她甚至告诉了她的闺蜜与朋友，对儿子也说了我的病情。要是知道会这样，我是绝对不会告知的。（378 号）

如果告知义务的相对方没有履行对感染者的保密义务，那么将有可能对艾滋病病毒感染者的生活产生极大影响。尤其在农村，两户家庭的知晓甚至意味

---

〔1〕《艾滋病防治条例》第 39 条第 2 款规定：“未经本人或者其监护人同意，任何单位或者个人不得公开艾滋病病毒感染者、艾滋病病人及其家属的姓名、住址、工作单位、肖像、病史资料以及其他可能推断出其具体身份的信息。”

着整个村子的知晓。在这种情况下,艾滋病病毒感染者的隐私权很难被恢复。“我告诉我前妻之后一年都没有发生任何关系,她也一直没有表态,然后就带着孩子走了。”(56 号)因此如何在设定告知义务的同时对感染者的隐私进行配套保障,立法还需进一步明确。

2. 隐私泄露后的社会排斥可能

在接受我们访谈的感染者中,大部分都提到了确诊感染后很难再寻找到合适的伴侣甚至配偶。通常感染者的交友圈会不断缩小,感染者本身也会变得敏感,不愿意或者害怕交友。“很多情况下是想说不敢说。我有试过告知伴侣,但得到的结果是被排斥,所以也就开始隐藏自己。谁都想告知对方,如果社会不排斥,没有那么的‘谈艾色变’,我相信也就不会有那么多人去隐瞒了。”(141 号)也就是说,因艾滋污名而萦绕在感染者周边的社会排斥是其拒绝履行告知义务的另一主要原因,这种外在的压力甚至使得一些感染者产生厌世情绪。

> 我是发烧了去抽血化验才得知自己感染的,化验后不久医院在没有通知我的情况下打电话告诉了我家里人。我家里人在得知我感染以后就不管我了,我只能自给自足,大学辍学了去打工,现在在当服务员。我的朋友得知我的情况后,有些对我冷冷淡淡的,有些直接不理我了,我就把他们都删除了。现在已经渐渐习惯一个人的生活,不太想再去找伴侣,我也不知道能扛到什么时候。或许等哪天扛不住了,我就离开这个世界,希望把最甜美的笑容留给别人。(148 号)

综上所述,目前社会层面对医学领域艾滋病防治工作的进展了解相当有限。事实上艾滋病病毒感染者通过“鸡尾酒疗法”[1]可以达到病死率的大大下降,各种机会性感染和肿瘤发生率都随之明显降低。艾滋病早就从一种致死性疾病转向慢性病领域,但医学领域“U = U”的判断远没有形成普遍共识。相反,社会层面谈到艾滋病的第一印象往往是“生活不检点的人”才会得的病,通常将

---

[1] 鸡尾酒疗法,原指“高效抗逆转录病毒治疗”(Highly Active Anti - retroviral Therapy,HAART),是通过三种或三种以上的抗病毒药物联合使用来治疗艾滋病。该疗法的应用可以减少单一用药产生的抗药性,最大限度地抑制病毒的复制,使被破坏的机体免疫功能部分甚至全部恢复,从而延缓病程进展,延长患者生命,提高生活质量。该疗法把蛋白酶抑制剂与多种抗病毒的药物混合使用,从而使艾滋病得到有效的控制。

艾滋病病毒感染者假想为恶意传播者。基于以上原因,许多感染者对告知义务存在多重顾虑。“和同为感染者的人交往过,互相知道病情。也和正常人发生过性行为,但是因为出于个人的担忧,怕被人歧视,再加上病载已经检测不到,不具有传染性了,所以就没有告诉对方。”(171 号)通过访谈我们还发现,大部分艾滋病病毒感染者在刚开始确诊时,会有一段心理上的挣扎期。“感染了艾滋病之后,交友圈会缩小,社会上很多人会介意和艾滋病群体交往,会趋利避害,我也会有所顾虑。”(257 号)他们往往不愿意出门,不愿意与人接触,甚至在与人相处时会特别敏感,特别害怕自己的触碰会将病毒传染给其他人。正因如此,对于艾滋病病毒感染者而言,过分强调不加区分的告知义务,尤其是强制告知义务,将会在一定程度上加剧社会排斥现象。“因为我们本来就是个被歧视的人群,所以法律如果很直白地去明示,只会让我们这个群体变得更弱势。”(146 号)法律层面过分强调艾滋病的感染事实而不对 HIV 的传播渠道进行具体分析只会使得艾滋病病毒感染者更加拒绝告知义务的履行,从而形成恶性循环。

五、意见与建议

(一)增强宣传教育,消除“艾滋污名”

一直以来,艾滋病防治工作都是我国公共卫生事业的重要组成部分,其中法律层面告知义务设置的初衷也是希望借此遏制艾滋病的传播。但鉴于社会层面艾滋病知识的教育与宣传仍有待提升,该种告知义务也往往在实践中被异化。

当下“谈艾色变”的现状依然广泛存在,艾滋恐慌有着非常复杂的形成原因。在艾滋病流行的早期阶段,艾滋病宣传教育策略主要采用的是恐吓战术,如“艾滋病是超级癌症”“得病后无药可治”“一旦感染艾滋病就等于宣判了死刑”“艾滋病是坏人、道德品质有问题的人才会得的病”等言论的流传,有意无意的影响社会公众对艾滋病的客观认知。正是由于缺乏对艾滋病知识的正确认识,民众内心通常害怕接触艾滋病病毒感染者,潜意识地“物化”艾滋病病毒感染者,将自身与该种疾病进行人为的“主观隔离”。久而久之,艾滋病病毒感染者在社会层面也就被“边缘化”了。简言之,艾滋污名深刻影响着公众对艾滋病的态度和行为,由此衍生的社会歧视大多是基于道德评判而非科学依据。

拒绝危险行为、做好自身防护才是有效的预防手段。如果想要消除艾滋病病毒感染者告知义务背后的困境，还须进一步在社会层面宣传教育关于艾滋病的相关知识。通过公共卫生各参与主体的合作，进一步加强组织引导，创新工作方法和手段，运用通俗易懂、喜闻乐见的宣传方式，有针对性地开展防艾宣传教育和志愿服务活动，提升社会层面对艾滋病病毒感染者的包容程度。这样无疑能为感染者主动告知营造更有利的社会环境。当然，我们必须认识到，社会层面对艾滋污名的消除并非一个短期能够完成的工作，因此，如何在该目标的引领下解决告知义务的现实困境还需要其他制度性措施的协助。

（二）探究义务指向，采取合理告知

通过调查我们发现，作为一种法律规范的告知义务在实践过程中存在许多外在制约，如“配偶、性伴不同身份下的权利义务该如何界定”“因艾滋病检测初筛及确诊的时间差异，告知时间应当如何区分”“强制告知情形下告知机构与告知方式该如何确定”“偶然性行为的告知是否存在可行空间”“特殊情况下（如U=U）的告知该怎样规定”“未告知前提下的恶意传播应当如何惩治”等。传染病防治作为公共卫生行政管理的重要内容，当然需要国家公权力的适当介入。中央立法层面的《艾滋病防治条例》为我国艾滋病防治工作进行了框架式的搭建，但许多细节化的操作规范仍然需要地方立法的进一步完善。目前我国各地区对《艾滋病防治条例》中关于配偶及性伴告知义务的规定存在较大差别，这对该规范的执行造成了一定困难。根据笔者观察，对比之下《广西壮族自治区艾滋病防治条例》相对较为具体完善。

《广西壮族自治区艾滋病防治条例》第33条 对确诊的艾滋病病毒感染者和艾滋病病人，医疗卫生机构的工作人员应当及时将其感染或者发病的事实告知本人，并进行医学指导；本人为无行为能力人或者限制行为能力人的，应当告知其监护人。

艾滋病病毒感染者和艾滋病病人在得知阳性结果后一个月内应当将感染状况告知配偶或者与其有性关系者，或者委托疾病预防控制机构代为告知其配偶或者与其有性关系者；艾滋病病毒感染者和艾滋病病人不告知或者不委托告知的，疾病预防控制机构有权告知其配偶或者与其有性关系者，并提供医学指导。

此外,联合国艾滋病署、国际艾滋病协会、世界卫生组织等国际权威机构皆为前文提及的“U = U”医学标准背书,致力于将“U = U”概念作为艾滋病防治领域中的重要科学共识,希望通过科学知识的普及使民众认知到有效的抗病毒治疗会阻断病毒的进一步传播。这也无疑有助于减少社会层面对艾滋病病毒感染者的污名现象。而对于艾滋病病毒感染者来说,“U = U”概念的普及更有利于帮助其自身减少内心焦虑,更好地生活和融入社会。鉴于此,我们认为法律层面的规定应当以“U = U”医学概念作为前提,告知义务的设定事实上并不应当以艾滋病的传染风险作为主要考量要素,因为科学使用安全套等防护措施以及在“U = U”的医学前提下艾滋病病毒感染者与他人进行性接触并不一定会导致 HIV 的传播。在总结借鉴全国各地艾滋病防治立法之经验的基础上,我们认为告知义务的法律规定需要从权利义务的层面考虑向“配偶”和“性伴侣”两个方向展开。

1. 性伴视角下告知义务的免除

艾滋病病毒感染者以“性伴侣”为对象的告知义务无论是在法律规范还是在社会实践层面均存在诸多困境。随着社会开放程度的提升,诸如“一夜情”、“卖淫嫖娼”以及所谓“约炮”等非婚性行为已非“新闻”,甚至对于一部分社会群体来说,其性行为的对象是不固定的、偶然的,因此偶然性行为情形下艾滋病病毒感染者的性伴告知就陷入了“实践不能”的尴尬境地。其一,既然是偶然性行为对象,那么感染者对于对方的信息掌握大多是不完全的,除了短暂的生理行为彼此可能并无其余往来,因此感染者在各方面“利益驱动”下很难形成告知的主动意愿;其二,性关系本身就是一种隐私,先不论卫生行政主体的强制介入可能,这背后还存在对艾滋病病毒感染者性关系相对方的隐私侵犯之嫌。

回归到法律层面,非婚“性伴侣”彼此之间并不存在明确的权利义务关系,若要在其身上增设告知义务则唯有疾病传染风险这一个原因维度,但问题是作为一种疾病的 HIV 目前完全可以通过使用安全套等措施予以预防。除却小部分未成年人(这会涉及刑事犯罪问题,后文予以详述),大部分非婚性行为的当事人均属完全民事行为能力人,彼此应当具备基本的风险防范意识并对自身行为负责。换言之,在信息永远无法达致完整的前提下,任何发生非婚性行为的法律主体均应主动承担由此而带来的疾病风险并作出应对。单纯性关系视角下的当事人之连接属于典型的私人空间,社会公共权力应当予以尊重。作为行政主体的卫生管理部门应当更多地将视角放置于对疾病预防的可及度之上。

当然,从道德层面来看我们仍鼓励艾滋病病毒感染者主动告知与其发生性关系者。

2. 配偶权益视角下告知义务的设定

与单纯的“性伴侣”不同,合法婚姻下夫妻之间存在法定的权利义务关系,充分知情乃是当事人缔结婚姻关系的前提,而婚后配偶之间还存在包含忠实义务等在内的一系列配偶权益。首先,当事人双方在缔结婚姻关系时,应当通过告知行为实现信息获取的全面性,以确保当事人双方的知情权,唯有如此双方才能更好地实现婚姻关系的确立从而避免婚姻无效以及被撤销的风险(《民法典》第1053、1054条)。因此,婚前已确诊的艾滋病病毒感染者应当主动告知其“准配偶”自身的感染情况。其次,合法婚姻关系中夫妻之间存在一系列配偶权益,其中狭义的忠实义务指夫妻双方在婚姻存续过程中的两性关系具有排他性,而同居义务指夫或妻在婚姻关系存续期间要求对方共同生活的权利。这些权利义务内容也构成了艾滋病病毒感染者对其配偶存在告知义务的法律基础,即虽然婚姻作为一种社会制度并不会导致疾病的传播,且如上文所述作为疾病的HIV是可以预防的,但基于配偶权益即便是客观上的无性婚姻也依然需要承担法定的权利义务。

3. 告知义务背后的“强制执行”

对于已婚的艾滋病病毒感染者,因配偶权中忠实义务及同居义务的客观存在,应当如实将其感染状态告知配偶。与“性伴侣”不同,夫妻双方原则上不应出现非婚性行为,因此就无法像非婚性伴侣那样要求配偶之间完成自我风险防护。此外,基于传染病防治的需要,疾病预防控制部门应建议配偶方进行HIV抗体检测。而对于那些拒绝告知或者无法确定是否告知的艾滋病病毒感染者,以疾病预防控制部门为代表的行政主体则应当采取间接告知的方式介入。对于告知期限我们建议可以参考“离婚冷静期”设定一个月的“挣扎期”,即已婚艾滋病病毒感染者在确诊后的一个月内应主动向配偶履行告知义务。若感染者在“挣扎期”未告知配偶,相应的行政主体(如疾控中心)则有权采取“强制性”的间接告知。

对于间接告知的具体方式,其他国家的一些优秀经验非常值得学习,如美国一些州(如密歇根州)规定如若艾滋病病毒感染者不履行对性伴的告知义务,特定主体则可以强加积极的告知义务。如医疗照护者或负责HIV抗体检测的相关政府机构有责任告诫其HIV阳性患者的性伴暴露于潜在病毒的高度风险。

或许是为了保障这种告知不必然会破坏性伴之间的亲密关系,相关法律规定:"地方卫生机关在联系时,不可向上述伴侣揭露受艾滋病阳性检测结果或具有HIV抗体之个人的身份;除非得到该个人之授权,或为了保护他人暴露于艾滋病毒或感染艾滋病毒有必要者,方可透露姓名",[1]"当立法机构索取该与HIV或AIDS有关之资讯时,个人在揭露资讯的时候不可提供受艾滋病毒检测或接受艾滋病抗病毒治疗之个人的可辨识个人资讯"。[2] 尽管这样的做法有些"掩耳盗铃"的意味,但相较于生硬的"强制告知"还是能在很大程度上缓解感染者的排斥。

(三)严惩恶意传播,划清"兜底红线"

作为乙类法定传染病的艾滋病目前尚无疫苗及治愈手段,因此基于社会管理秩序,国家相应机关应当严惩恶意传播HIV之行为。对此2017年最高人民法院、最高人民检察院颁布实施的《关于办理组织、强迫、引诱、容留、介绍卖淫刑事案件适用法律若干问题的解释》第12条规定,明知自己感染艾滋病病毒,故意不采取防范措施而与他人发生性关系的,以故意伤害罪定罪处罚。

但需要注意的是,艾滋病病毒感染者不履行告知义务并不等同于恶意传播,因为无论告知与否均不意味着艾滋病病毒感染者主观上存在将病毒传播给配偶或性伴的恶意。从以上调研中可以了解到,艾滋病病毒感染者中许多人也是受害者,并且在得知自己感染之后内心极度恐惧,害怕自己的不慎举措会将病毒传播给与自己亲密交往之人。但他们也是普通人,也会有正常的生理需求,在与他人发生性行为时他们通常都是小心翼翼、万般谨慎,会积极采取保护措施确保不发生意外。因此,简单地在不履行告知义务的感染者身上附加"主观恶意"实有不妥。恶意传播乃是极少数艾滋病病毒感染者因扭曲的心态蓄意将HIV传染给他人,这样的行为不仅侵犯了他人的生命健康权,同时也给社会带来了潜在危险及安全隐患。因此,国家立法中针对恶意传播的兜底性法律规定之出发点是为了划清"兜底红线"——在正向要求艾滋病病毒感染者进行主动告知的同时,反向警示存有主观恶意的感染者,一旦蓄意传播病毒必将受到国家强制力的严惩。

---

〔1〕 Mich. Comp. Laws Serv. §333.5114a(5).
〔2〕 Mich. Comp. Laws Serv. §333.5131(4).

简言之,我们应避免“艾滋污名”的前见,以平常心对待艾滋病病毒感染者,“没有危险的人,只有危险的性行为”。在倡导鼓励艾滋病病毒感染者进行主动告知的同时,以疾控中心间接告知的介入作为相应的法律后果。此外,不宜再增添其他法律责任。当然,倘若特定艾滋病病毒感染者存在恶意传播行为,则该感染者涉及刑事犯罪,必须通过法律武器对其进行严厉制裁。

知识点六　法律关系

一、理论知识点梳理

（一）法律关系的概念和分类

1. 法律关系的概念

法律关系是根据法律规范产生的、以主体之间的权利与义务关系的形式表现出来的特殊的社会关系。首先，法律关系是社会内容与法律形式的统一。法律关系作为一种特殊的社会关系既有以人的意志为转移的意志关系的属性，又有不以人的意志为转移的客观规律制约的属性。其次，法律关系是根据法律规范建立并得到法律保护的关系。最后，法律关系是主体之间的法律上的权利和义务关系。在法律关系中，主体的权利和义务既是现实的、具体的，又是统一的。

2. 法律关系的种类

（1）一般法律关系与具体法律关系

依据法律关系主体是处于抽象状态还是已被具体化，可分为一般法律关系和具体法律关系。一般法律关系也可被称为抽象法律关系，是指抽象法律关系主体或法律角色之间尚处于法律条文的关系状态中，法律关系主体之间的关系以法律设定或法律宣告的方式存在。抽象法律关系概括了法律关系的共性、普遍性，是判断具体法律关系的合理性和实际效力的依据。具体法律关系也可称为现实法律关系，是指法律关系的主体已经具体化，是现实中特定主体之间的法律关系。这种法律关系已经不再是一种法律模式化的形式，而是与现实中具体的个体联系了起来。具体法律关系体现了法律关系的个性、特殊性。对这种法律关系进行研究，有助于我们了解一般法律关系向具体法律关系的转化过程，也有助于我们反过来对一般法律关系的合理性和实际效力进行检测和评价。

(2)绝对法律关系与相对法律关系

根据法律关系的主体是单方确定还是双方确定,可以将法律关系划分为绝对法律关系和相对法律关系。绝对法律关系中主体的一方(权利人)是确定的、具体的;另一方(义务人)则是不确定的,是除权利人之外的所有的人。最典型的绝对法律关系是物权关系。由于绝对法律关系是对现实关系的确认,而不需要义务人积极的行为,所以又被称为确认性的法律关系。相对法律关系的主体,无论是权利人还是义务人,都是确定的。最典型的相对法律关系是债权关系。由于相对法律关系需要义务人积极行为的配合来创设一种新的关系,所以又被称为创设性的法律关系。

(3)调整性法律关系与保护性法律关系

按照法律关系产生的依据是合法行为还是违法行为,以及是否适用法律制裁,可以将法律关系划分为调整性法律关系和保护性法律关系。调整性法律关系是法律主体在合法行为的基础上形成的,不需要适用法律制裁,是主体权利能够正常实现的法律关系,是法的实现的正常形式。保护性法律关系是在主体权利和义务不能正常实现的情况下通过法律制裁而形成的法律关系,是在违法行为的基础上产生的,是法的实现的非正常形式。

调整性法律关系又可被称为第一性法律关系,是法律规范在发挥指引作用的过程中,在人们合法行为的基础上形成的法律关系。而保护性法律关系又可被称为第二性法律关系,是在第一性法律关系受到干扰、破坏的情况下对第一性法律关系起补救、保护作用的法律关系。

(4)平权型法律关系与隶属型法律关系

法律关系按照主体之间的相互地位可以被划分为平权型法律关系和隶属型法律关系。平权型法律关系,又称横向法律关系,即法律关系主体之间地位是平等的,相互之间没有隶属关系。民事法律关系是最典型的平权型法律关系。隶属型法律关系,又称纵向法律关系,即法律关系主体之间存在隶属关系,一方服从于另一方。行政法律关系是最典型的隶属型法律关系。

(二)法律关系的主体和客体

1. 法律关系的主体

(1)法律关系主体的概念

法律关系主体,即法律关系的参加者,是法律关系中权利的享有者和义务的承担者。享有权利的一方被称为权利人,承担义务的一方被称为义务人。

法律关系主体具有法律性和客观性。法律关系的法律性是指法律关系主体是由法律规范所规定的,与法律规范的联系构成了法律关系主体与其他社会形式的社会关系主体的区别。法律关系主体的客观性是指法律规范规定法律关系主体是由一定的社会物质生活条件决定的。

(2)法律关系主体资格:权利能力和行为能力

法律关系主体作为法律关系的参加者,必须具有外在的独立性,其不仅能以自己的名义享有权利和承担义务,而且还具有一定的意志自由。这种意志自由在法律上的表现就是权利能力和行为能力;反之,如果依附于其他主体而没有外在的独立性,则不能成为法律关系的主体。

权利能力指权利主体享有权利和承担义务的能力,它是权利主体在法律活动中享有权利和承担义务的资格,这种资格是由法律规定的。行为能力是指权利主体能够通过自己的行为取得权利和承担义务的能力。行为能力必须以权利能力为前提,无权利能力就谈不上行为能力。

(3)法律关系主体的种类

我国法律关系的主体主要包括以下几类。

一是自然人,即个人主体。在我国,凡是取得中华人民共和国国籍的人都是公民基本权利的享有者和基本义务的承担者,可以和其他公民、社会组织、国家机关以及国家之间发生多种形式的法律关系。二是组织。它包括三类:第一类是国家机关;第二类是政党、社会团体;第三类是企业、事业单位。三是国家。国家作为一个整体,既可以作为国家所有权关系、刑法关系等的主体,又可以成为国际法关系的主体。

2. 法律关系的客体

(1)法律关系客体的概念

法律关系客体,是权利主体的权利和义务所指向的对象。在法学上,一方面,法律关系的客体具有哲学意义上的客体的一般属性,不以主体的意志为转移,具有客观性,是独立于人的意识之外并能为人的意识所感知、为人的行为所支配的客观世界中的各种各样的现象。另一方面,法律关系客体又具有自己的特殊性,能够满足主体的物质利益与精神需要,是满足权利人利益的各种各样的物质和非物质的财富,受到法律规范的确认和保护。法律关系客体的范围受一定生产力发展水平和社会历史条件的制约。

(2)法律关系客体的种类

一是物。它既可以表现为自然物,如森林等自然资源,也可以表现为人的劳动创造物,如建筑物,还可以是财产的一般表现形式——货币以及其他各种有价证券,如支票、汇票等。

二是非物质财富。包括创作活动的产品和其他与人身相联系的非财产性财富。创作活动的成果包括科学著作、文学艺术作品等。其他与人身相联系的非财产性财富包括公民和组织的姓名或名称、名誉、荣誉等。

三是行为和行为结果。法律关系主体的行为,包括作为和不作为。如家庭关系中父母对子女的抚养和子女对父母的赡养等。法律行为的一定结果可以满足权利人的利益和需要,也可以成为法律关系的客体。如按照合同建造的房屋、桥梁等。

(三)法律关系的内容

1. 法律关系内容的概念

法律关系是权利和义务的一种关联形式,权利和义务是法律关系的内容。法律意义上的权利和义务的特点是它们和法律规范的联系。任何法律上的权利和义务必须是法律规范所规定的,得到国家确认和保证的,权利人享受权利依赖于义务人承担义务。另外,它们同时具有社会性,即法律所确定的权利和义务不是任意的,而是受到一定的社会物质生活条件的制约。由一定生产关系和其他社会关系所要求的社会自由和社会责任是法律所规定的权利和义务的基础。

2. 权利和义务的概念

强调物质生活条件对法律关系、权利和义务的制约性,是马克思主义权利和义务观念区别于其他法学流派的最主要的特点。

法律权利反映一定的社会物质生活条件所制约的行为自由,是法律所允许的权利人为了满足自己的利益而采取的、由其他人的法律义务所保证的法律手段。法律义务反映一定的社会物质生活条件所制约的社会责任,是保障法律所规定的义务人应该按照权利人要求从事一定行为或不行为以满足权利人利益的法律手段。

3. 权利和义务的关系

权利和义务是紧密关联、相互对应的。第一,在任何一种法律关系中,权利人享受权利依赖于义务人承担义务，义务人如果不承担义务，权利人不可能享受权利；第二，不能一方只享受权利而不承担义务，另一方只承担义务而不享受权利；第三，权利的行使有一定的界限，不能滥用权利。

（四）法律关系的形成、变更和消灭

1. 法律关系形成、变更和消灭的含义

（1）法律关系形成、变更和消灭的释义

法律关系是根据法律规范产生的、在主体之间形成的权利和义务关系。由于法律事实的出现产生的法律后果包括：①法律关系的形成，即在法律规定的主体间形成具体的权利义务关系；②法律关系的变更，即法律关系主体或权利义务的部分变化；③法律关系的消灭，即法律关系主体间的权利义务消灭。

（2）法律关系形成、变更和消灭的条件

法律关系的形成、变更和消灭的条件包括：①法律规范，即法律关系形成、变更和消灭的法律依据；②法律事实，即出现法律规范所假定出现的那种情况。

2. 法律事实

法律事实是法律规范所规定的、能够引起法律后果，即法律关系形成、变更和消灭的因素。

法律事实可以根据不同标准进行分类。

（1）行为和事件

法律事实依据是否以权利主体的意志为转移，可以被分为行为和事件。

行为是以权利主体的意志为转移、能够引起法律后果的法律事实。事件是不以权利主体的意志为转移的法律事实。事件以是否由人们的行为引起为依据可以被划分为绝对事件和相对事件。绝对事件不是由人们的行为而是由某种自然原因引起的事件，如人的自然死亡等。相对事件是由人们的行为引起的事件，但它的出现在该法律关系中并不以权利主体的意志为转移。例如，因凶杀导致某人的死亡等。相对事件表明，行为与事件之间的界限不是绝对的。

（2）肯定的法律事实和否定的法律事实

按照产生法律后果是否要求某些现象存在，法律事实可被分为肯定的法律事实和否定的法律事实。肯定的法律事实表明法律后果的产生要求有一定的现象出现，如果不存在该现象，就不可能产生该法律后果，如服兵役要求达到一定的年龄等。否定的法律事实表明法律后果的产生要求不存在一定现象，如果

存在该现象,就不可能产生这一法律后果,如婚姻登记的当事人之间不能存在某种亲属关系等。

(3)一次性作用的法律事实和连续性作用的法律事实

按照作用时间的长短,法律事实可被分为一次性作用的法律事实和连续性作用的法律事实(状态)。绝大多数法律事实(行为、事件)都是一次性作用的,即法律规范仅仅在该具体情况下将它与法律后果相联系。状态,是长时间地、连续地或定期地存在并产生法律后果的情况,如国籍、婚姻。状态区别于其他法律事实的特点在于它的长期性和连续性。

(4)单一的法律事实和事实构成

按照产生法律后果所需要法律事实的数量,法律事实可被分为单一的法律事实和由足够法律事实构成的系统,即事实构成。单一的法律事实说明法律后果的产生要求由单一的现象出现。但有些法律关系则必须具备两个或两个以上的法律事实,在这些法律事实之间形成了一个法律事实的系统,即事实构成。

二、情境议题的创设与引导

为使学生通过"形式婚姻是否有效"的特定情境议题,基于不同主体之立场展开讨论、辩论,引出针对所谓"形式婚姻"这一特殊法律关系的概念、内容及产生、变更与消灭等问题,以便更好地理解法律关系相关的理论知识点,具体议题情境创设如下:

甲(男同性恋者)与乙(女同性恋者)通过形式婚姻QQ群相识,认识时间较短即领证结婚,婚后双方未能加强沟通和彼此谅解,婚后短短一个月即开始分居至今,且双方婚后一直未过夫妻生活。你认为甲乙之间的形式婚姻是否有效?为什么?

在学生表达自己观点的过程中,教师通过设问等方式细化情境,就婚姻的概念界定、效力认定以及配偶权利义务之间可能存在的问题进行深入探讨,拓展学生思考的广度与深度,以便较全面地理解形式婚姻这一具体法律关系的特殊性与复杂性。

观点1　支持形式婚姻的有效性,认为"只要符合法律关系的成立与生效条件""没有损害第三人或国家的利益",就不影响其效力;"判断时应以外部意思表示为准,毕竟内心的真实感受难以为外界所感知”。

设问1:针对其概念界定,何为形式婚姻?婚姻是否必须以爱情为目的?

例1:若甲乙均系异性恋者,仅是为了满足父母缔结婚姻的要求,接受了相亲的安排,并进行了结婚登记,是否属于形式婚姻?

例2:若甲是25岁的小伙子,乙是70岁的老太太,他们为了买房过户进行结婚登记,是否属于形式婚姻?

设问2:针对效力认定,如何辨别内心意思与外在表示之间的差别?哪些因素会影响婚姻的效力?形式婚姻是否包含隐婚或事实婚姻?

例1:情境中甲乙婚前是否如实告知对方其为同性恋者的事实,会影响形式婚姻的效力认定吗?

例2:甲乙隐婚,这样的婚姻是否有效?

例3:甲是25岁的小伙子,乙是70岁的老太太,他们为了买房过户进行结婚登记,有同学认为前述这一例子中婚姻并非有效,因为逃避税收义务,损害了国家的利益。如何看待现实生活中的为买房名额或子女入学而离婚的现象?该婚姻解除行为又是否有效?

例4:若甲乙并未登记,但以夫妻名义共同生活多年,符合“事实婚姻”的要件,这样的婚姻是否属于形式婚姻?是否有效?

观点2 认为该形式婚姻是无效或是可撤销的,认为“双方并无缔结婚姻的真实意思表示”。

设问1:针对效力认定,如何看待情感的流动性能够治愈婚姻缔结时意思表示的“瑕疵”?

例1:甲乙虽系形式婚姻QQ群相识,但婚后随着共同生活的时间越来越长,感情越来越好,是否能够“治愈”缔结婚姻时的表示瑕疵?

例2:甲乙婚姻缔结时感情很好,随着生活时间越来越久,感情越来越淡漠,是否转变为形式婚姻?是否会影响婚姻的效力?

设问2:针对形式婚姻中配偶权利义务问题,如何看待形式婚姻中当事人之间的“关系契约”效力?签订“关系契约”是否会影响形式婚姻本身的效力?

例:甲乙婚前签订协议,就双方婚前的情感、财产等作出承诺,还隐性地对婚后承担养老教子等家庭义务及对彼此感情忠贞等内容作出安排,该协议效力如何?

设问 3:若认为甲乙之间的形式婚姻是无效或可撤销的,那么甲乙之间是否享有配偶权?

例 1:甲乙在登记结婚后,双方均在外面找“第三者”,是否侵犯他方的配偶权?

例 2:若甲是 25 岁的小伙子,乙是 70 岁的老太太,他们为了买房过户进行结婚登记,房产过户后没等到离婚,乙老太太去世了,甲小伙能不能继承乙的财产?

情境案例研究

婚姻的“形式”与“实质”

——以形式婚姻与事实婚姻为例的讨论

摘要:“爱情婚姻”这一美好的假设在制度层面体现为男女双方需达成以共同生活为目的的情感合意方能进入法律所承认的婚姻法律关系,然而社会生活中对婚姻的实践会不断突破法律所拟制的模式,社会中不断涌现的“形式婚姻”便是典型例证。尽管法律所拟制的婚姻关系努力地想要维护情感维度的“实质”,但以权利义务为基础的形式内容却永远无法完成对所谓婚姻“实质”的精准贴合。事实上,法律层面的婚姻只是以社会生活惯习为基础而为当事人提供的一种“模板”,当事人选择接受或拒绝这种模板只是会产生权利义务结果上的差异,但这并不能等同于法律对婚姻的“合法性”要求。

关键词:形式婚姻;事实婚姻;情感

中国自五四新文化运动起,主流文化理想将婚姻的建构确立为“爱情婚姻”,即以浪漫爱情和自由恋爱为基础的婚姻。在这种文化理想中,爱情与婚姻的关系构成了主轴,被赋予极高的地位。[1] 而法律如何调整婚姻关系,在很大

---

〔1〕 王文卿:《性 · 爱 · 情——过程中的主体建构》,社会科学文献出版社 2019 年版,第 4 页。

程度上依赖于人们(更准确地说是立法者)如何设计和建构婚姻制度,[1]因此,新中国成立以来婚姻家庭法的发展始终未脱离情感因素的牵绊。与此同时,伴随着结婚登记制度的规范化,在婚姻缔结这一行为上,法律似乎把对情感因素的合意推演到了"男女双方""真实自愿"的意思表示当中。也就是说,在结婚登记这一行政程序中,无论是婚龄、亲缘关系等"实质要件",还是亲自到场等"形式要件",均没有对所谓"情感"进行有针对性的"核查",相反在婚姻解除上则着重强调这种情感因素的重要性(夫妻感情破裂)。也正是在这样一种背景下,那些后来被"证实"没有"情感",但并未欠缺其他婚姻缔结法律要件的"形式婚姻"开始逐步走入人们的视野。对该类婚姻的效力及其背后"夫妻"之间的权利义务分配如何进行规范,就成为一个看似简单却又充满不确定性的复杂法律问题。

在理想状态下我们当然可以假定对包括登记在内的婚姻缔结法律要件足以映射诸如"婚意""共同生活"等婚姻"实质内容",但社会生活中对婚姻的实践往往要超出以上的假设。如学者黄盈盈指出,研究者对于婚姻的想象主要局限于主流人群的主流状况,这种想象力的狭隘界限存在两个元假设:其一,婚姻实际存在或者应该存在大一统的模式;其二,只有主流人群的主要情况才是标准的或者典型的婚姻。[2] 加之婚姻本身不是一个静态的、封闭的系统,而是一个动态的过程,婚姻中的个体之间以及与外界之间的相互影响及其可能带来的结果都是无法预知的。[3] 但与社会学对婚姻样态实践的多维扩展不同,法学意义下对婚姻制度的建构必须建立在某种权利义务模型之基础上,否则当婚姻出现问题(特别是婚姻关系破裂)时,人们将无法通过以公权力为依托的法律途径来保障自己在婚姻实践中的"投入"不被"情感"的流动所湮灭。正因如此,本文试图以"形式婚姻"与"事实婚姻"这两种潜在的"瑕疵婚姻"为例,尝试分析法律婚姻制度建构背后对婚姻之"形式"与"实质"的规范性描述,以及对其效力争议以及纠纷解决的处理途径选择。

---

[1] 康娜:《关系契约视野下的婚姻和婚姻立法》,西南政法大学2008年博士学位论文,第1页。

[2] 黄盈盈:《多样化"婚姻":扩宽社会学研究的想象力》,载《中国青年研究》2014年第11期。

[3] 吴小英:《婚姻的"祛魅"与家庭观的位移》,载《探索与争鸣》2013年第5期。

一、不同语境下形式婚姻的概念界定及效力争议

(一)社会学视域下的形式婚姻

在谈及所谓"形式婚姻"时,论者通常会先进行一个概念界定,认为广义的形式婚姻泛指为了某种目的而与另一人履行法律上的结婚手续,但只是名义上的夫妻身份,而无实质内容;而狭义方面则指男同性恋者与女同性恋者在法律上领取结婚证,希望在法律认可的异性恋婚姻身份中,以婚姻对象彼此间知道其性取向为前提,继续各自同性性爱关系。〔1〕可见我们首先可以将形式婚姻与欺诈、胁迫等瑕疵婚姻类型进行区隔,因为无论是广义还是狭义,本文所要讨论的形式婚姻均指当事人之间不存在婚意层面的欺诈、胁迫,而是达成了明确的"合意"且完成了法定的婚姻缔结手续。〔2〕事实上无论是广义还是狭义,所谓形式婚姻均包含着男女双方基于任何非基于情感的特定目的而合意达成的婚姻模式。而之所以对"形式婚姻"的法律效力等问题产生学理上的争议,根源在于这种婚姻模式突破了人们对婚姻之"爱情内核"的既有想象。社会公众在将婚姻等同于亲密关系的同时往往忽略了其作为一种制度在社会层面的工具性意义,"婚姻毕竟是两性关系制度化的产物,婚姻这个概念本身就蕴含着某种限制和束缚","社会从婚姻制度中取得的最大利益应该是秩序"。〔3〕换言之,形式婚姻的出现本身就是婚姻之形式与实质两个层面的冲突与博弈,特别是在法律领域,对婚姻的制度性调适通常只能将包含亲密关系之情感因素的"婚姻实质"进行某种框架式的描绘(如对夫妻感情破裂的标准设定),而问题是当特定主体为了某些非情感利益而人为地迎合了这种制度模板时,我们又如何对待其在所谓"婚姻实质"层面的缺失?

---

〔1〕宋正馨:《形式婚姻:中国同性恋社群的另类成家》,台湾清华大学2017年硕士学位论文,第3页。

〔2〕需要指出,婚姻缔结中双方当事人究竟要在多大范围及程度上履行告知义务在学界本身就存在争议。如有学者指出,考虑到婚姻关系的本质是人身关系而非财产关系的变动,因此"应告知事项"的范围必须是涉及人身关系的重大事实(如有重大传染疾病、性能力缺失、有过婚史等),而不包括财产关系和非本质的信息(如自称家缠万贯、谎称身居高位、虚构自身职业等)。参见郑知谦:《论欺诈婚姻的法律效果》,载《法学》2019年第3期。笔者在此处强调"合意"而非"欺诈、胁迫"是为了将本文所讨论的形式婚姻与混合性取向婚姻(或称同直婚)做以区分。

〔3〕邓丽:《婚姻法中的个人自由与社会正义——以婚姻契约论为中心》,知识产权出版社2008年版,第20页。

目前社会学界对男女同性恋者所缔结的形式婚姻之研究主要集中在原因层面,比如,强调传统孝文化对婚姻家庭制度的社会建构的同时,当然也不排除部分同性恋者仅是希望借着婚姻的"外形"对外界宣告他/她是一个"正常"的人。[1] 多数学者均认同男女同性恋者缔结形式婚姻的原因很多元,可能是为了父母,可能是为了获取异性婚姻的好处,也可能是为了生育,其乃是多重因素相互交织而成。[2] 此外"假"与"形式"的用法,好像对应出了有某种真与实质的婚姻,但所谓真的婚姻与婚姻的实质似乎无法被清楚地定义。[3]

(二)通谋虚假婚姻的法律效力争议

值得注意的是,在对形式婚姻的讨论中研究者往往自行将上述的广义定义与狭义定义进行分离,特别是在法律意义下婚姻效力的问题上,对于男女同性恋者之形式婚姻的效力几乎看不到任何质疑。对此我们可以将视角转向在法学研究中更具效力争议的另一种形式婚姻,即更为强调婚姻目的层面之利益性的"通谋虚假婚姻"。当然,这种定义上的区分并非绝对,因为结合实例不难发现,男女同性恋者的形式婚姻正因成因多元,当然也就无法排除经济利益因素的存在。[4]

法学领域针对通谋虚假婚姻的效力问题目前存在较大争议,概括而言主要有以下三种观点:第一,无效说。如有学者认为法律规定当中的"意思表示"针对的是双方缔结婚姻关系的意思表示,而不是去领取结婚证的意思表示。[5] 且通谋虚伪的婚姻不符合婚姻制度的本质,在实质上构成了对婚姻制度的挑

---

[1] 赵御辰:《家庭视角下中国同性恋者缔结异性婚姻的伦理探求》,南京师范大学2014年硕士学位论文,第30-31页。

[2] 王颖怡:《合作婚姻初探:男女同志的婚姻动机研究》,载《中国青年研究》2014年第11期。

[3] 宋正馨:《形式婚姻:中国同性恋社群的另类成家》,台湾清华大学2017年硕士学位论文,第3页。

[4] 参见何某与蒋某离婚纠纷案,广西壮族自治区南宁市中级人民法院(2013)南市民一终字第1438号民事判决书。

[5] 张迎秀:《结婚制度研究》,山东大学出版社2009年版,第156-157页。此类观点还可参见修艳玲:《论结婚的意思表示瑕疵》,载《福建公安高等专科学院学报》2005年第6期;夏吟兰主编:《婚姻家庭继承法》,中国政法大学出版社2012年版,第76页;韩富鹏:《论通谋虚伪结婚的法律效力》,载《西部法学评论》2020年第5期。

战。[1] 第二,可撤销说。通谋虚假的婚姻原则无效,但是在一定条件下可以转为有效。"虚假的意思表示原则上不具有结婚合意的效力。但是,结婚后如果已有以夫妻关系同居生活的事实,可认为以前的意思表示的瑕疵已被治愈"[2],但不得对抗善意第三人。第三,有效说。"应以其表示出来的意思为准,因为真实的意思藏之于内心,难于为外界所探知,有效婚姻的效力给当事人带来的法律后果,只能由通谋为虚假的意思表示的双方当事人自己承担"。[3]

即便理论上争议较大,但从《民法典》第1051条文本观察,法律设定"有下列情形之一的,婚姻无效"之规定中并无"其他情形"的兜底性条款,且根据《民法典婚姻家庭编司法解释(一)》第17条第1款(当事人依据《民法典》第1051条规定的三种无效婚姻以外的情形请求确认婚姻无效的,人民法院应当判决驳回当事人的诉讼请求)的规定也可看出至少在现行立法层面并不承认通谋虚假婚姻的无效。因此《民法典》第146条第1款关于"以虚假的意思表示实施的民事法律行为无效"之规定似乎并不能适用于婚姻缔结行为之上。[4] 事实上无论是婚姻缔结还是婚姻解除,个人的意思表示经过行政机关的确认从而增加了其背后的公示效力,因此我们很难了解当事人的缔结婚姻的"真实图谋",也很难基于当事人所表示出的意思(特别是当事人的"真实动机"林林总总、纷繁复杂,并带有特定的时代印记)而对婚姻登记的公示效力进行实质变更。并且对

---

[1] 李昊、王文娜:《婚姻缔结行为的效力瑕疵——兼评民法典婚姻家庭编草案的相关规定》,载《法学研究》2019年第4期。

[2] 杨大文主编:《亲属法》,法律出版社2000年版,第86页。此类观点还可参见高风仙:《亲属法理论与实务》,台北,五南图书出版有限公司2009年版,第40页;陈苇:《亲属法与继承法专论》,法律出版社2009年版,第165页;金眉:《论通谋虚伪结婚的法律效力》,载《政法论坛》2015年第3期;冉克平:《论婚姻缔结中的意思表示瑕疵及其效力》,载《武汉大学学报(哲学社会科学版)》2016年第5期;姜大伟:《论〈民法总则〉对亲属身份行为的调整——兼谈我国〈民法总则〉相关之规定》,载《学术论坛》2017年第5期。

[3] 杨遂全主编:《亲属与继承法论》,四川大学出版社2005年版,第53页。此类观点还可参见[日]栗生武夫:《婚姻法之近代化》,胡长清译,中国政法大学出版社2003年版,第59页;陈棋炎、黄宗乐、郭振恭:《民法亲属新论》(修订9版),台北,三民书局2010年版,第203页。

[4] 对此学界有较大争议,参见史尚宽:《亲属法论》,中国政法大学出版社2000年版,第192页;王利明:《婚姻法修改中的若干问题》,载《法学》2001年第3期;尹田:《民法典总则与民法典立法体系模式》,载《法学研究》2006年第6期;谢鸿飞:《民法典与特别民法关系的建构》,载《中国社会科学》2013年第2期;贺健:《论婚姻法回归民法的基本思路》,载《中外法学》2014年第6期;田韶华:《民法典婚姻家庭编瑕疵婚姻制度的立法建议》,载《苏州大学学报(法学版)》2018年第1期。

当事人缔结婚姻的真实意思的调查是不切实际的,行政机关不能也无法在婚姻登记时对当事人寻求婚姻登记的“真实图谋”进行审查干预。如果要求行政机关对结婚登记这一行政行为中申请人“真实婚意”履行审查义务明显不合理地增添了行政主体的法律责任。此外,这一做法有以行政机关确认过的意思表示(婚姻登记)覆盖当事人真实的意思自治之嫌,如果允许行政机关跨越登记内容进而推定民事主体的意思表示,那才是公权力对公民私人空间的越界干涉。

只是在法律实践中,当那些仅以购房资格、户口迁移等目标为导向的“闪婚”个案呈现时,司法机关也很难不假思索地裁判该种婚姻是否符合行政登记要件而对之进行有效性加持。针对这种意思表示认定的困境,有学者详细梳理了关于“假离婚”的司法判例,并总结出法院在司法适用时所选取的“区分原则”,即意思表示动机与内容区分、身份关系与财产关系区分、公法关系与私法关系区分的裁判原则。[1] 原则上意思表示的理想状态是表意人内心的真实意思与其外部表现一致,但在现实生活中,基于不同的动机,意思与表示分离的情形也是存在的。[2] 但一般情形下,动机不是法律行为的内容,因为其不是意思表示的构成要素。当动机发生错误时,原则上对法律行为的效力不发生影响。这一思路为我们对所谓形式婚姻之效力认定提供了一个非常好的判断标准。

首先,尽管世界范围内对于民事领域意思表示内容推定究竟是应当着重于内心效果意思的意思主义,还是着重于表示上的效果意思的表示主义,抑或根据不同场合的折中判断,[3]这些推定似乎都无法不加分析地适用于婚姻缔结领域。本文认为无论动机为何,都应当承认当事人婚姻缔结的意思表示有效,如若不然许多婚姻都将陷入所谓“爱情婚姻”的道德困境中无法自拔,进而影响到法律意义上对婚姻之真实有效的规范化认定。即便是在同性恋者的形式婚姻视角下,有学者也指出当事人的动机或许存在多个层次,其中不乏与常规婚姻的重叠,如形式婚姻在某种程度上是提高社会地位和物质成就的手段,男性可能会想得到社会的尊重和职业的升迁,而女性可能想要获得财富和物质的积累。[4] 如果再加入当事人内在动机的时间流动性,则对外在意思表示的真实性

---

[1] 蔡立东、刘国栋:《司法逻辑下的“假离婚”》,载《国家检察官学院学报》2017 年第 5 期。

[2] 金眉:《论通谋虚伪结婚的法律效力》,载《政法论坛》2015 年第 3 期。

[3] 梁慧星:《民法总论》,法律出版社 2011 年版,第 174 页。

[4] John(Song Pae)Cho, *The Wedding Banquet Revisited*:“*Contract Marriages*” *Between Korean Gays and Lesbians*, Anthropological Quarterly, Vol. 82:2, p. 401 – 422(2009).

判断更会缺乏标准可循。因此,“在婚姻关系上,即使是最进步的法律,只要当事人在形式上证明是自愿的,也就十分满足了,至于法律幕后的现实生活是怎样的,这种自愿是怎样造成的,关于这些,法律都可以置之不问”。[1]

其次,无论是否将形式婚姻与通谋虚假婚姻等同视之,如果当事人确实事先将婚姻动机(这里仅局限于经济利益方面的动机)进行某种外在表达(如当事人之间的口头或书面协议),那么我们则需要通过引入善意第三人的视角区分衡量这种动机之意思表示的对外效力。只是如果结婚证或者离婚证本身真实有效,行为人也就符合相应的被分配资格,被欺骗者充其量也只可能主张对方存在民事欺诈,自身具有重大误解而申请撤销先前的补助合同。[2] 当然也有学者跨越婚姻法领域而从刑法角度对通谋虚假婚姻进行法律判定,或提出当通谋虚假婚姻符合特定要件时可以诈骗罪进行刑事处罚。[3]

(三)婚姻制度的社会建构导向

需要指出的是,此种分析路径虽然将对婚姻效力的判定抽离出了意思表示之动机与内容的悖论泥潭,但事实上对其隐含在婚意之内的动机部分之效力追究仍然有一定可商榷空间。即当区分了婚姻本身效力与婚姻制度的衍生效力之后,我们是否还需要回过头来考虑这两个问题之间天然的连接性,即婚姻缔结这一行为除情感要素外是否本身就存在某种社会资格甚至是资源分配的准入？比如,当事人尝试通过通谋虚假婚姻所达成的利益目标指向究竟是公权力还是私主体？若是前者的话,我们还需要思考在公权力之下衍生的以婚姻家庭为单位的分配制度究竟是以何种利益作为标准构建的？这种构建本身是否符合婚姻制度在民事法律体系当中的定位。正如有学者所言,从1950年中国首部《婚姻法》颁布以来,异性恋单偶制婚姻就一直是国家所强制的亲密关系模式,资源分配、社会地位和社区控制方面等国家政策也与之配合并提供支持。[4] 换言之,若在社会制度建构的过程中本身就将婚姻状况作为某些社会资源的分配标准,这种制度设置本身就已然超越了婚姻属性当中的身份维度,进而与经

---

[1] 王礼仁:《婚姻诉讼前沿理论与审判实务》,人民法院出版社2009年版,第106页。

[2] 付立庆:《财产损失要件在诈骗认定中的功能及其判断》,载《中国法学》2019年第4期。

[3] 杨智博:《虚假结离婚骗取拆迁款行为的刑民规制》,载《北方法学》2020年第3期。

[4] 金晔路:《上海拉拉:中国都市女同志社群与政治》,廖爱晚译,香港大学出版社2014年版,第52页。

济问题相挂钩。那么此时,当事人试图通过婚姻的缔结或解除而追寻这种社会资源之达成时,我们又如何抛弃制度建构而返身单纯地审视其婚意乃至情感的主观状况?

此外,以上对形式婚姻问题的讨论似乎还仅仅局限在婚姻缔结领域。正如通谋虚假婚姻效力"可撤销"观点所展现的,情感的流动性往往会成为婚姻效力之法律判断的一个极大困境,即立法层面对婚姻之"真情实感"的推定条款在司法层面通常需要聚焦在一个特定的时间阶段。那么如果我们将"形式婚姻"之内涵界定指向婚姻整体存续期间的情感欠缺则更像是在一种社会学视角下的生活观察,而相反如果仅将这一概念凝结在婚姻缔结之上又无法推断其后续的情感演变进程。事实上这种矛盾也在一定程度上成为司法机关对所谓"形式婚姻"认定困境的回避策略。如在一起形式婚姻的纠纷案中,即便当事人双方均承认是"通过形式婚姻 QQ 群认识",但法院似乎更关注后续的夫妻感情建立。如判决中称"蒋某与何某经网络聊天认识,双方认识时间较短即领证结婚,婚后双方未能加强沟通和谅解,婚后短短一个月即开始分居至今,且双方婚后一直未过夫妻生活,双方婚前感情基础薄弱,婚后也未能建立起夫妻感情"。[1] 法院在判决中并未考量当事人双方是"通过形式婚姻 QQ 群"这一事实,这种认识方式从生活角度是能够得出双方当事人的婚姻缔结并非出于情感目的这一结论的。但是在法律层面,只要符合婚姻缔结的"形式要件",对于"真情实感"的缺乏不但不会影响婚姻的起始效力,甚至在婚姻解除时这种问题更是会被时间维度冲刷殆尽。也就是说,如果想要进一步分析婚姻属性上的"形式"与"实质"就不能止步于婚姻缔结的动机与意思表示层面。如何在婚姻解除的争议中反过来看待婚姻存续期间的情感流动(从有到无抑或从无到有)也是探究该问题的一个重要视角。

二、婚姻"实质"内容的推定与假设

(一)事实婚姻的法律效力争议

为了进一步分析以上所讨论的婚姻"实质"问题,我们可以引入另一种与形式婚姻相对的"瑕疵婚姻"——事实婚姻作为参照进行分析。有学者将事实婚

---

[1] 广西壮族自治区南宁市中级人民法院民事判决书,(2013)南市民一终字第1438号。

姻界定为“男女双方具有结婚的合意、以夫妻名义共同生活但未履行法定结婚程序所形成的两性结合”,[1]可见事实婚姻可以被视为一种欠缺婚姻缔结形式要件(行政登记)但又符合婚姻的实质要件的瑕疵婚姻。自新中国成立以来,我国对于事实婚姻的立法态度是呈动态的。从1950年《婚姻法》颁行到1989年《最高人民法院关于人民法院审理未办结婚登记而以夫妻名义同居生活案件的若干意见》,法律上曾无条件承认事实婚姻;此后再到1994年《婚姻登记管理条例》实施,属于有条件承认阶段;再到2001年《婚姻法》实施进入绝对不承认阶段。而自2001年《最高人民法院关于适用〈中华人民共和国婚姻法〉若干问题的解释(一)》(以下简称《婚姻法司法解释(一)》)实施以后,法律又以1994年2月1日为时间界限有条件承认事实婚姻,在该时间界限之前若婚姻双方同居之时具备结婚实质条件的,其婚姻效力等同法律婚姻;而之后的则须补办结婚登记手续。2020年《民法典婚姻家庭编司法解释(一)》依然延续了这一模式。本文不意于讨论事实婚姻所谓“补办登记”的法律困境,[2]不过从立法上的反复可以见得,尽管从宏观意义上法律对婚姻形式要件愈加重视(相反婚姻实质的模糊性增强且对婚姻效力的影响削弱),但究竟如何看待事实婚姻的这种“形式”欠缺以及其背后的“实质”确实很难有统一的答案。

当然,从形式与目的的关系角度,结婚登记的根本目的是在保证当事人的婚姻幸福(私益)基础上维护社会道德秩序和国民伦理(公益)。那么既然事实婚姻仅欠缺登记的形式,但已包含了当事人的私益,法律就应给予价值判断并予以保护。[3] 倾向于认可事实婚姻之法律效力的观点通常会将视角集中在婚姻合意以及外在观感两个角度,呈此类观点的学者对于婚姻合意通常会寻求婚礼仪式以及生育子女等作为行政登记的替代性确认标准,[4]认为内藏于结婚仪

---

[1] 金眉:《论我国事实婚姻制度之完善》,载《南京社会科学》2017年第10期。

[2] 《民法典》第1049条延续了《婚姻法》的规定:“要求结婚的男女双方应当亲自到婚姻登记机关申请结婚登记。符合本法规定的,予以登记,发给结婚证。完成结婚登记,即确立婚姻关系。未办理结婚登记的,应当补办登记。”问题的关键就在于“补办”二字,在《婚姻法》的司法解释以及《婚姻登记条例》等法律文件中对如何看待补办登记后婚姻效力的溯及力以及在离婚诉讼中“先补办再离婚”的实践困境存在非常明显的逻辑混乱,对此可参见焦淑敏:《婚姻法立法与适用困境成因的法哲学判断》,载《盛京法律评论》2016年第2期。

[3] 吕春娟:《婚姻立法更应彰显以人为本的理念——从事实婚姻和结婚登记瑕疵的处理谈起》,载《国家行政学院学报》2013年第2期。

[4] 但淑华:《我国事实婚姻制度之重构》,载《中华女子学院学报》2013年第2期。

式中的公开性奠定了它在法律上的公示性。[1] 而对于外在观感一般则强调当事人以夫妻名义共同生活这一"婚姻呈现"。

事实上对于如何展现婚姻合意的替代标准之于事实婚姻并没有过多的讨论意义,因为理论上对事实婚姻效力问题的讨论必然建立在一个前提之上,即该种婚姻缺乏法律所承认的缔结之形式要件。如果将诸如婚礼在内的仪式性程序融入婚姻缔结之形式要件的承认范畴之内,则不再是单纯对事实婚姻的判定问题,而会上升为对结婚登记制度之形式要件的重构。而正如上文中对形式婚姻的讨论所显示的,无论立法者多么努力地要将婚姻的实质要素融入婚姻缔结的形式要件当中,就社会实践层面而言,最后始终都会存在以其他功利性目的为导向的婚姻样态。因此对事实婚姻的效力分析最终还是要回归到第二个层面,也就是如何判定"以夫妻名义共同生活"。[2] 在刑法领域重婚罪的司法解释中也可以从侧面反映这一问题,1994 年《最高人民法院关于〈婚姻登记管理条例〉施行后发生的以夫妻名义非法同居的重婚案件是否以重婚罪定罪处罚的批复》中指出,"有配偶的人与他人以夫妻名义同居生活的,或者明知他人有配偶而与之以夫妻名义同居生活的,仍应按重婚罪定罪处罚"。这一规定实际上从反向为我们提供了法律建构中"实质婚姻"的应有之义——"以夫妻名义共同生活"。尽管这一司法解释目前已经被废除,且刑法与婚姻法基于不同的立场而在事实婚姻的认定结果上有所不同,[3]但这却刚好迎合了婚姻法学界对事实婚姻之效力争议的根本问题,即婚姻的本质是否是男女双方以夫妻名义对共

---

[1] 金眉:《事实婚姻考察——兼论结婚仪式的现代法律价值》,载《华东政法大学学报》2011 年第 1 期;金眉:《论我国事实婚姻制度之完善》,载《南京社会科学》2017 年第 10 期。

[2] 如有学者还曾将事实婚姻与准婚姻关系(非婚同居,未婚男女不办理结婚登记手续而同居的两性结合的事实状态,因当事人不具夫妻名义公开同居而区别于事实婚姻)进行分离,认为准婚姻关系的性质是亚婚姻的事实状态而非婚姻形式,而事实婚姻双方当事人尽管欠缺程序要件的满足,但完全具备缔结婚姻的实质要件,当事人之间的关系属于婚姻关系。详见吴春娟:《无效婚姻制度之法理与实务研究》,经济科学出版社 2014 年版,第 30 - 31 页。这种区分方式明显是为了突出事实婚姻概念背后的外在观感(社会理性群体所承认的夫妻名义)要素。可参见何丽新:《论事实婚姻与非婚同居的二元化规制》,载《比较法研究》2009 年第 2 期。

[3] 张洪波:《事实婚姻的立法冲突及解决》,载《法学论坛》2009 年第 1 期。

同生活的追求。[1]

吊诡的是，在事实婚姻讨论中通常被认为是婚姻实质的“以夫妻名义共同生活”，在另一种“瑕疵婚姻”即形式婚姻中，却正是当事人通过“表演”所致力的目标。“形婚的当事人们有目的地利用婚姻这个仪式在外人面前演戏，以便让自己在融入社会集体的同时又能遵从个人的主观意愿行事”。[2] 也就是说，无论法律如何尝试通过各种外在观感的推定去完成婚姻实质的提炼认定，但只要是借由形式要件去描述实质内容的，这些形式要件永远会存在对实质的偏离可能。这也是一些研究形式婚姻的社会学者不止步于所谓的“以夫妻名义共同生活”，而进一步将婚姻的实质提炼为“情感”的原因所在。社会学者认为这类婚姻“虽然从形式上而言符合制度和法律，但从内容而言却没有现代婚姻所需的实质”。[3]

（二）跨学科背景下婚姻“实质”的认知偏差

那么这里所谓的“实质”究竟是什么呢？按照“爱情婚姻”的理念，现代婚姻建构中的情感维度固然是最为重要的基础因素之一，在许多对婚姻的伦理学讨论中通常都会对此存在过于理想性的描述，如“夫妻期待两性间真诚、无私的爱情；期待在温馨浪漫的爱情中感受婚姻生活的幸福；期待在相互理解、信任、体贴、关怀中，更好地发现自我、完善自我，获得实现自我价值的机会”。[4] 这种对婚姻之情感维度的理想化期待固然会对婚姻的制度化构型起到某种引导作用，但即使在社会学层面，这也绝不意味着爱情应当成为婚姻的充分条件。因为在将感情作为婚姻的基础的同时，也必须考虑情感因素的主观性与物质对

---

[1] 美国家事法也将“以夫妻名义共同生活”纳入事实婚姻（common law marriage）效力的基本判定标准。在美国少数的承认事实婚姻的州中，大多数都要求伴侣需要有对外有表示为夫妻的行为，这种行为通常就体现为“以夫妻名义共同居住”。如得克萨斯州的婚姻法典要求事实婚姻（该州称为 informal marriage）的“男方和女方需要达成结婚的共识，在达成该共识后双方需要以夫妻的名义共同居住，并且向他人表示两人已经结婚”，详见 Tex. Fam. Code § 2.401。类似的规定也存在于犹他州、新罕布什尔州、艾奥瓦州，依次参见 Utah Code Ann. § 30-1-4.5；RSA 457：39；Iowa Code § 252A.3。

[2] Juan Miguel Ortega Quesada：《中国同性恋者的形式婚姻——从个人与社会的角度》，厦门大学 2018 年硕士学位论文，第 84 页。

[3] 富晓星、张可诚：《在隐性“婚”与制度婚的边界游走：中国男同性恋群体的婚姻形态》，载《华南师范大学学报（社会科学版）》2013 年第 6 期。

[4] 闫玉：《当代中国婚姻伦理的演变与合理导向研究》，吉林文史出版社 2009 年版，第 136 页。

感情的决定作用。[1] 如我国学者在研究中指出社会观念、社会制度安排、社会结构、社会阶层以及地域和文化对择偶行为的影响。[2] 甚至在某种程度上，制式化的婚姻法规范本身就排斥了某些情感因素的优先可能，如2007年一对青梅竹马的表兄妹在家长的许可下请求登记婚姻被拒，在女方进行绝育手术以证明不会影响子孙健康后仍然被拒，后上诉至法院也被予以驳回。[3] 这种对客观上婚姻禁止条件的刚性执行本身就是对主观情感因素的标准化否定。换言之，无论规范化的法律如何努力去在婚姻制度中增强情感色彩的基调，事实上权利义务的设定本身就是对情感的冰冷回应。毕竟爱情本身代表着某种对规范性进行肆无忌惮之跨越的“美”，而作为规范性表征的婚姻则更加偏重于权利与义务的具体限定。[4]

从这个角度可以看出，法律试图通过各种各样的制度来凸显婚姻当中的情感因素，但最终往往只能呈现出既定的制式化“情感模板”，而当现实中的婚姻关系不再符合这些既定的“情感模板”时，原本那些“真爱至上”的情感因素便成为了消解婚姻制度的“害群之马”。因此婚姻制度更多的时候并非为了保障“爱情”，而是要维护由此衍生出的那些被模式化的利益。用更简单的话说就是，婚姻制度并不要求当事人在缔结婚姻时证明互相“有感情”，然而在解除婚姻时却要求其证明“已无感情”。因此我们可以认为法律强行地为婚姻制度增添了一抹情感色彩，且这种情感色彩可能并非个人在婚姻缔结时的一种意思表达，而是基于一种婚姻制度的添附。一旦男女双方通过满足婚姻缔结的法律要件而走入婚姻关系中，他们便同步产生了基于婚姻制度所拟制的那种“情感模板”（夫妻感情融洽，并未破裂）。[5] 原本作为一种主观性个人意思表示的“真实自愿”在制度塑造的层面被一步步地构建成为一种固化的特定样态，那么当“事实婚姻”缺乏这种特定的形式化表达（结婚登记）时，对其属性上的婚姻效力推定（无论是以夫妻名义共同生活还是真情实感）势必难以达成形式意义上

---

〔1〕 王丽萍：《婚姻家庭法律制度研究》，山东人民出版社2004年版，第36页。

〔2〕 梁颖：《近40年我国初婚夫妇婚姻匹配模式变化》，载《中国社会科学报》2018年7月4日第1485期。

〔3〕 余梦成：《亲上加亲，可以重现》，载高其才主编：《当代中国婚姻家庭习惯法》，法律出版社2012年版，第84页。

〔4〕 [德]尼古拉斯·卢曼：《作为激情的爱情：关于亲密性编码》，范劲译，华东师范大学出版社2019年版，第93页。

〔5〕 段知壮：《性别重置与婚姻关系的重构》，载《社会发展研究》2021年第2期。

的标准构建,因而这种不符合“法律拟制”的“婚姻实践样态”自然而然地在法律视角下就难以无差别地适用婚姻制度背后的权利义务体系。

此外,法律对婚姻的构建和期望从本质上是不同于社会层面的。法律可以通过规范夫妻双方的权利义务来使得其所拟制的“情感模板”更接近社会期待,但法律不能将爱情作为婚姻的必要条件,因为法律对婚姻的保护和规制不能只考虑私益,同时也要考虑公共利益。一些有爱情的亲密关系可能会伤害公益,甚至会违背民法的基本原则。如上述案例中的表兄妹的结合,虽然当事人之间有真情,并且一方当事人放弃了自己的生育能力,企图从优生学的角度为婚姻关系进行背书,但也因为违背社会的公序良俗而不能获得法律的支持和保护。此外也应当注意,法律对公益的保护是动态而非固定的,对于公益的认识也并非总是统一的,社会和文化的发展与变化也必然导致公益的变化。因此,即使法律有滞后性,其也需要在这一变化的过程中进行调整。一方面是法律做不到对感情进行有温度回应,另一方面法律在保护公益以及尊崇民法基本原则的情况下,只能对特定的私益进行否定。

三、权利义务体系下对婚姻“实质”的“形式”化建构

(一)法学视角下婚姻的“合法性”判定

回到问题的关键所在,即法律期望的婚姻是什么?虽然法律是对权利义务关系的调整,但法律通过对婚姻权利义务的调整究竟是希望达到什么样的目的?如果在形式婚姻抑或事实婚姻的过程中并不存在任何法律的权利义务争议,那么或许其有社会学领域感兴趣的原因以及实践,在法学研究的意义上会大打折扣。社会学定义婚姻侧重的是存在状态与发展的必然条件;人类学界定婚姻侧重的是婚姻在人类发展过程中赖以存续的因素;法学定义婚姻是从制度与规范方面约束人们的行为。[1] 事实上一些法学学者也开始意识到这种学科差异,进而提出“合法性”并不是婚姻的本质属性。[2] 这里的“合法”可以从两个层次进行说明:一是结婚的法律要求这一准入门槛;二是婚姻存续过程中当事人之间权利义务的实体规范。第一个层面的“合法”强调如果当事人想要获得婚姻制度背后那些镶嵌于夫妻关系中的权利义务,那么其必须符合婚姻制度

---

〔1〕 刘引玲:《论婚姻的法律学涵义》,载《河北科技大学学报(社会科学版)》2014年第3期。
〔2〕 方文晖:《婚姻概念质疑》,载《南京大学法律评论》1996年第2期。

中法定的条件方可准入。也就是说,相对于婚姻确立的当事人之间的特殊身份关系以及依此身份关系所确定的当事人之间的权利和义务,对于当事人取得这一特殊身份关系的行为予以法律规范,应当是一种通识,即结婚行为必须是依法进行的。而第二个层面的"合法"在某种程度上包含前者,且其背后的意涵似乎更为宏观,即此处的"合法"已然超越规范层面而进入到了价值领域。但至少在婚姻的价值建构方面,无论法律如何发挥自我想象,其永远无法完美复制出基于亲密关系而衍生的那一系列情感利益。法律视角下可以操作的只是通过各种各样的权利义务模式尽可能地逼近"婚姻实质"的假设,并保证当婚姻破裂时,当事人并不会因当初只追求"情感"而丧失了在利益层面的法律兜底。换言之,婚姻准入的"合法"并不等于婚姻必须以"合法"为核心内涵,因为婚姻表明的是当事人之间现存的一种身份关系形态,是当事人选择的一种生活形态。[1]通过这样一条逻辑线索我们可以将在学术讨论中经常混同的婚姻缔结与婚姻两者之间的关系略加梳理。婚姻缔结乃是婚姻配套制度中的先决条件,如果当事人想步入法律所创设的婚姻法律关系中,那么首先就需要符合法律所拟制的准入条件。与之相应,当事人一旦选择了该种法律模板,也就必然会受制于具有国家强制力的夫妻配偶权体系。正如有学者玩笑式地提及,"如果那些正在缔结婚姻的男女们有机会仔细看看婚姻契约上的规定,并考虑过那些约束他们自己的权利义务的话,会有多少人无条件地接受那些条款。"[2]反之,当事人当然也会或主动或被动地跨越法律的框架而去选择社会实践意义下的"婚姻实质"(如事实婚姻或同性婚姻),此时这种被拓展界限的"婚姻"只要不触犯"伤害原则"(如重婚)则并不存在合法与否的区别。法律对婚姻的准入门槛的"合法性"要求不能够当然地将这种要求扩大到婚姻存续期间。这种有婚姻实质但无形式的关系与法律认可的婚姻的差异只存在于其不再受到法律所拟制的夫妻权利义务框架,而将依附于其他法律关系模式(如同居关系等)。简言之,形式意义下的合法性并不影响"婚姻"(情感实质)的构成或成立,只是影响已成立婚姻(在法律权利义务上)的效力。[3]

---

〔1〕 焦淑敏:《婚姻法立法与适用困境成因的法哲学判断》,载《盛京法律评论》2016年第2期。

〔2〕 Weitzman, *To Love, Honor, and Obey? Traditional Legal Marriage and Alternative Family Forms*, Family Coordinator, Vol. 24:4, p. 531–548 (1975).

〔3〕 余延满:《试论近、现代法上婚姻的本质属性——关于婚姻概念的反思》,载《法学评论》2002年第3期。

以往对包括婚姻缔结与解除在内的身份行为之效力判断往往囿于“事实先在性”的框架。所谓“事实先在性”（或称“事实先行性”）系指法律之事实业已先行存在，而法规嗣后才予以追认。该理论认为，身份法关系与财产法关系最大之不同之处在于“事实先在性”之有无，身份行为具有“宣言（确认）性”之特征。在婚姻关系领域，结婚行为也不过是对自然成长的婚姻关系加以法律上的宣示（确认）而已；而离婚并不是由当事人双方合意行为或法院判决所创设，而实际上仅仅是对于已经破坏之婚姻关系加以宣示（确认）而已。[1] 该理论范式对法律意义下婚姻效力的判定造成了非常深远的影响，如在对事实婚姻的讨论中许多学者更加强调当事人的“婚意”以及“以夫妻名义共同生活”等外在观感等问题，进而突破单一的行政登记作为婚姻成立且生效的衡量标准。但问题是无论我们如何努力地尝试描述婚姻的“实质”，在法律适用的领域仍然需要明确且可操作的统一性标准作为婚姻效力的判断依据。正因如此，司法实践中往往只能以法律所拟制的“形式”要件去推断婚姻的法律效力。“以结婚与协议离婚为例，前者以男女双方的合意与登记为要件，即使男女双方不存在夫妻共同生活事实也不影响结婚的效力；后者以夫妻双方的离婚合意与登记为条件，即使男女双方仍然存在夫妻共同生活事实亦不影响离婚协议的效力。”[2]

（二）婚姻制度的立法来源

正是在这样一种困境下，有学者尝试用另一种路径来理解“事实先在性”，认为“事实先在性”不能否认身份行为的“创设性”，更不能否认身份行为的意思表示属性。对“事实先在性”的理解应该从更宏观的视角展开，即该理论要求法律尊重人伦秩序之“身份事实”，对特定社会、特定民族约定俗称的、自然的、本质的人伦秩序规则给予肯认或确认。它表明法律对身份法的介入，不是依据政策便利、经济效益等价值理念而“制定”身份法，而是充分尊重社会的人伦秩序而“认可”既定的身份关系规则，是法律对人伦秩序的绝对尊重。[3] 如有学者就曾指出，夫妻财产共有制在伦理上与夫妻关系的特征较为吻合，使夫妻经

---

〔1〕 中川善之助『新訂親族法』（青林書院，1965 年）24 頁。

〔2〕 冉克平：《论意思自治在亲属身份行为中的表达及其维度》，载《比较法研究》2020 年第 6 期。

〔3〕 张作华：《亲属身份行为性质的民法解析》，载《武汉大学学报（哲学社会科学版）》2012 年第 1 期。

济生活与身份生活趋同一致,也有利于鼓励夫妻同甘共苦……[1]简言之,“事实先在性”指涉的乃是立法层面对婚姻制度的建构必须依托于社会层面对婚姻的认知与实践,而非单纯针对在此制度框架下的特定法律行为及其意思表示。因此这种构建也是一个动态的过程,因为社会的变化和人们对其他婚姻模式的探索也会不断挑战已有的法律对婚姻的构建。法律制度在以权利义务设定的模式构建着婚姻的同时,其本身也在立法层面受到时代背景下对婚姻关系认知的建构。这两者作为个人选择与公共选择之间的“互换性的参与”[2]原本应当是一种相辅相成的关系。但问题是后者较之前者具有更宏观的价值属性,而出于各种外在原因,前者又无法涵盖当下社会中所有的现存“婚姻”状态的可能。正因如此,不同语境下本应该浑然一体的“婚姻”开始出现裂缝,人们或者尝试通过符合法律制度下“婚姻形式”而完成其他途径无法达成的“婚姻效果”;或者有意或无意地摆脱法律对婚姻的强行建构,进而追求社会生活意义下的“婚姻本质”。

以男女同性恋者所缔结的“形式婚姻”为例进行分析,从某种意义上看,所谓的“形式婚姻”无非人们开始有意识地跨越作为一种目的的婚姻,进而单向地尝试利用婚姻的对外效力来实现这一制度的工具性价值面向,甚至隐藏当事人背后可能正在悄悄实践着的“真实婚姻”(同性婚姻)。但问题是法律制度所建构的婚姻具有强烈的异性恋根基,那么因形式婚姻当事人对“婚姻”的期待并不完全相同,就会导致形式婚姻中很容易出现冲突与矛盾。[3] 法律所建构的婚姻仍然存在强大的社会学意涵,即便是寻求突破常规婚姻的形式婚姻仍然无法摆脱文化意义上的“事实先在性”。也就是说,我们应当从宏观角度去理解事实先在性,从而为法律上的“婚姻模板”更符合“社会惯习”创造便利,但这不意味着微观上任何一个法定的婚姻都符合因“事实先在性”而产生臆想的实质要件(真情实感)。简言之,不可否认社会构建了婚姻模板,但不能因此就说现实生活中的所有婚姻都符合这种建构的模板。更为重要的是,除却这些文化建构,对于

---

〔1〕 薛宁兰:《我国法定夫妻财产制的社会性别分析》,载夏吟兰、龙翼飞主编:《和谐社会中婚姻家庭关系的法律重构》,中国政法大学出版社 2007 年版,第 175 - 176 页。

〔2〕 季卫东:《关系契约论的启示》,载[美]麦克尼尔:《新社会契约论》,雷喜宁、潘勤译,中国政法大学出版社 1994 年版,第 10 页。

〔3〕 陈亚亚:《围城中的拉拉:女同性恋给传统婚姻制度带来的挑战》,载《中国性研究》(第 2 辑),高雄,万有出版社 2008 年版。

法律制度下配偶间的权利义务当事人也要"照单全收"。比如有学者根据研究指出,一旦有了孩子,形式婚姻就不纯粹了,形式婚姻的双方毕竟是孩子的父母,他们之间也就不可能再只是单纯的合作、互助关系了。有了孩子以后,要考虑孩子的成长环境、抚养费用以及教育问题等,且夫妻双方也多了一份对家庭的责任,形式婚姻也实际化了。[1]

(三)婚姻法律关系的权义"模板"

稍加总结,面对婚姻的规范性描述困境,我们可以从两个维度来看待作为一种制度的婚姻。首先,从属性的角度出发我们可以将婚姻分解为实质与形式两个层面,其中实质层面是法律基于社会建构而对婚姻进行的理念塑造,如以情感为基础的亲密关系、共同生活之目的等;而形式层面则是法律基于社会互动中所需求的仪式表达,如以结婚登记为代表的公示环节。

其次,从权利义务的角度出发我们还可以将婚姻分解为横纵两个方向,横向为对外与对内两个方面,"婚姻既是一个亲密的,私人性的纽带,也是一项社会公共制度"。[2] 其中,对外方面主要指法律制度之于婚姻作为一个基本社会单位而进行的资格准入或对外利益赋予;而对内方面则主要指包括同居义务在内的配偶权益。纵向为身份与财产两个方面,其中身份方面的权利义务与对内方面基本吻合,但还包括家事代理权等对外效力;而财产方面则体现为夫妻财产共同所有制以及家务劳动的财产补偿等。

虽然以上两个维度均存在其各自明显的倾向性,但在某种意义上我们也可以说,法律意义下的婚姻无论是实质还是形式要件,均要通过对权利义务的设定而完成婚姻的制度化建构。因此无论是对内、对外,还是身份、财产的权利义务规定,事实上我们都可以将其理解成婚姻属性的规范化落地。也就是说,当我们基于属性之分类而进行诸如"形式婚姻"之表达时,似乎忽略了权利义务层面的整体性,而人为地在对"形式婚姻"的权利义务体系(对内对外、身份财产)进行了二元的切分。比如,婚姻当事人自认为彼此之间合意完成了对配偶权的

---

[1] 杨柳青:《中国式的"完美"——同性恋群体形式婚姻初探》,湖南师范大学 2009 年硕士学位论文,第 58 页。

[2] Juan Miguel Ortega Quesada:《中国同性恋者的形式婚姻——从个人与社会的角度》,厦门大学 2018 年硕士学位论文,第 16 页。

自由处分(如不承担配偶权益中的同居义务与忠实义务等),而仅将视角集中在基于婚姻关系而衍生的一系列外部社会准入及资源分配。可是“不管计划得再怎么天衣无缝,形婚的夫妇常常会陷入诸多矛盾和冲突中,这些冲突源于和父母以及亲戚间的财务和情感往来,例如双方会争论探亲的费用以及照顾老人的责任”。[1] 所以从这个角度来看,至少在法律意义上我们不应也不能去判断某一特定婚姻关系的“实质欠缺”。对于这类婚姻的效力问题的判断关键应当在于这一婚姻关系中的当事人是否有符合权利义务层面的规范性要求,只要婚姻双方当事人具备婚姻实质要件并履行了法律所要求的婚姻的形式要件,则应为有效。国家无权要求当事人以某种方式去实际组织婚姻家庭生活,如要求当事人在一定期限内维持婚姻的存续或要求当事人生育子女,并以此作为婚姻有效的条件;要求当事人证明其爱情的真实性或要求其先认识和了解再结婚,并以此作为缔结婚姻的基础,因为这些要求都有违宪干预之嫌。[2]

当然,对于夫妻间财产关系上的权利义务,当事人往往可以通过其他形式去补充甚至突破婚姻制度中的既定框架,如在同性恋者结成的形式婚姻中就有大量的当事人通过签订协议的方式对财产、债务以及住房等问题进行预先安排,甚至会进行公证。[3] 但在身份关系上的权利义务会随着婚姻的缔结而自动附加在当事人身上,“法律上以大量不可选择的强行性规范试图将人们的婚姻家庭生活引入公共秩序、善良风俗的轨道,这些规范因其具有扶弱济贫的公益属性而被法律加以定性”。[4] 因此笔者赞同把法律意义上的婚姻理解成为一种格式化的“关系契约”,[5]不仅包括婚前的情感、财产等承诺,还隐性地假定了婚后承担养老教子等家庭义务及对彼此感情忠贞等。[6] 正是行为人的表意

---

〔1〕 Tiantian Zheng, *Tongzhi Living:Men Attracted to Men in Postsocialist China*, University of Minnesota Press, 2015, p. 186.

〔2〕 See William J. O' Donnell & David A. Jones, *The Law of Marriage and Martial Alternatives*, Lexington Books, 1992.

〔3〕 田宇:《同性恋群体假性定位家庭成员的互动模式研究》,华中师范大学 2018 年硕士学位论文,第 26 - 29 页。

〔4〕 马忆南:《婚姻家庭法领域的个人自由与国家干预》,载《文化纵横》2011 年第 1 期。

〔5〕 由美国学者麦克尼尔提出的关系契约理论认为,“所谓契约,不过是有关规划将来交换的过程的当事人之间的各种关系”,该理论后续在婚姻家庭法中受到了极大关注。[美]麦克尼尔:《新社会契约论》,雷喜宁、潘勤译,中国政法大学出版社 1994 年版,第 4 页。

〔6〕 牛天秀:《以平等为旨归的家庭契约关系分析——一种不完全契约的解释》,载《江海学刊》2018 年第 2 期。

行为,他们才进入到这种“格式化”的法律关系。虽然亲属身份关系源于人伦秩序,但身份关系一旦被法律秩序化,婚姻家庭法就属于法律规范而非道德规范。[1] 无论当事人最初的“婚意”为何,此时其均不可超越法律所拟定的制度框架。需要注意的是,这种模式化的规范内容虽然在很大程度上只能遵循法律规定,不具备可选择性,但是婚姻的法律效果的发生仍源自当事人的合意。[2] 简言之,社会实践层面的“婚姻实质”并不需要法律赋予其“合法性”,相反法律只能通过形式上的权利义务创设而尽可能地贴合“婚姻实质”。与此同时,当事人可以基于自身合意而选择进入法律在权利义务层面所创设的“婚姻模板”,当然也可以在法律之外寻找其他形式的“婚姻实质”,只是当事人在选择后则不可以用所谓的“实质”去突破法律意义下权利义务的形式框架。

---

〔1〕 冉克平:《论意思自治在亲属身份行为中的表达及其维度》,载《比较法研究》2020年第6期。

〔2〕 李昊、王文娜:《婚姻缔结行为的效力瑕疵——兼评民法典婚姻家庭编草案的相关规定》,载《法学研究》2019年第4期。

知识点七　法律行为的结构

一、理论知识点梳理

法律行为结构表现了法律行为有效构成的一般法律要件，可以分解为三大要件，即法律行为的主体、法律行为的内在方面和法律行为的外在方面。

（一）法律行为的主体

分析一个行为是否为法律行为或是哪一类法律行为，首先需要考察行为的实施者是否为法律行为主体或是哪一类法律行为主体。法律行为主体是法律行为的实施者，任何法律行为都是由法律行为主体实施的行为。

法律行为主体由法律规定，但它也受到社会物质生活条件的制约。理解这一基本属性及制约性应注意以下方面：第一，法律行为主体是人；第二，不同历史时期、不同国家的法律对法律行为主体的确定，是受社会物质生活条件及文化条件制约的；第三，法律对法律行为主体的确定体现着立法者的主观选择和对法律调整技术的运用；第四，法律行为主体与法律关系主体有一定区别。

（二）法律行为的内在方面

法律行为的内在方面，指的是法律行为的意志方面的内容或因素，根据其对行为发生的影响不同，这些因素可以分解为行为认知与控制能力、行为动机和行为目的三个基本方面。

1. 行为认知与控制能力

行为认知是指行为主体对行为本身和行为意义的了解。它的内容是知识性的，即知道自己做什么、如何做、将产生什么样的后果等。任何法律行为都是以一定认知因素为基础的，认知状况是法律确定行为是否为法律行为以及是何种法律行为的重要因素。一般来说，无认知的行为不被法律认定为法律行为，或不被认定为有效的法律行为,但法律会根据需要选择安排或不安排法律后果。法律对认知的确认是以社会当时能知和当知的条件为标准的,也就是说,关于行为的认知,法律有自己的一般标准而非当事人个人的标准。

控制能力所说明的是行为主体的行为受自己意志支配的状况。控制能力体现在两方面:一方面是行为主体的意志能支配自己的行为而不受自身其他因素的制约。另一方面是自身意志不受他人强制,具有自主性、独立性。法律通常根据社会活动主体行为控制能力的一般状况确认其法律行为能力(或责任能力)状况,并根据具体情况在法的适用中予以确定。

2. 行为动机

人们的行为都是由动机推动的。动机是推动人们作出某种行为的内在心理动力。法律对动机的考量,主要体现在某些民事法律行为的效力确定上和刑事犯罪的情节认定上。

3. 行为目的

目的是行为主体作出某种行为时在主观上所追求的目标或后果。在法律行为中,目的的意义表现在以下几方面:第一,目的决定了行为后果的内容和行为的法律效力。这种情况主要表现在具体的表意行为当中,目的确定了法律后果,目的构成了法律后果的内容。第二,目的构成法律行为的核心内容,决定法律行为的功能方向。这种情况主要表现在抽象的表意行为中。第三,目的状况作为事实因素之一决定法律行为的性质。这种情况出现在事实行为中,即行为的法律后果并不是行为主体追求的目的,而是法律根据行为特点赋予的。

(三)法律行为的外在方面

法律行为的外在方面是法律行为的客观表现,是可以观察到的人们活动的状况,受法律行为的内在方面支配,是法律行为内在方面的外部表现。在法律行为的结构中,之所以外在方面具有决定意义,是因为:其一,只有通过外在方面的活动,人的主观意志才能影响外界,才能真正产生现实意义;其二,只有通过外在方面,人们才能了解行为人的主观意愿;其三,法律确定行为是否为法律行为以及对法律行为进行分类,首先是以行为的外在方面为根据的。根据行为的一般过程和法律调整特点,法律行为的外在方面可分为行为构成和行为结果两个部分。

1. 行为构成

行为构成指以一定的行动、手段和过程表现出来的行为状态。

(1)行动

行动指行为主体由身体所作出的影响外界的动作。行动的形式以其外观来看有作为和不作为两种。以行动是否以其物理的力量影响对象来看,行动影响外界的方式可分为两种:一种是以物理力量直接作用于对象影响外界的,如交付货物、收取货款等;另一种是通过其表达意志影响外界的,如要约、承诺等。

(2)手段

手段指行为主体为达致行为目的而采取的行为方法及所借助之工具。

(3)过程

行为过程指一个完整形态的行为从发生到结束的步骤及时间顺序。

2. 行为结果

行为结果是行为所产生的对自然或社会的影响,是行为造成的自然或社会的某种变化。在法律调整中,法律将行为结果纳入行为构成的要素时,其考量的因素和作用的机制包含以下四个方面:第一,行为与结果的因果关系;第二,结果与行为的内在方面的关系;第三,法律根据行为与结果的关联以及结果的社会影响状况,对行为赋予肯定的或否定的法律后果;第四,法律将行为结果与法律后果设为一体,以引导行为。

二、情境议题的创设与引导

为使学生通过"是否应该禁止在公共场所乞讨"的情境议题,基于不同主体之立场展开讨论、辩论,引出法律行为的结构等相关问题,以便更好理解"乞讨"这一具体法律行为的界定、保护及限制等问题,具体议题情境创设如下:

某人因腿脚残疾,失去工作能力,终年在天桥过道里以卖唱乞讨为生。你认为是否应该禁止在公共场所乞讨?为什么?

在学生表达自己观点的过程中,教师通过设问等方式细化情境,就乞讨行为的主体、目的、手段等问题进行深入探讨,拓展学生思考的广度与深度,以便更为全面地理解"乞讨"作为具体法律行为的本质及其规制方向和意义。

观点1 认为不应禁止在公共场所乞讨,认为诸如"基于贫困""为了生存之目的”“提供对价服务”的人可以在公共场合乞讨。

设问1：针对“基于贫困”，实施乞讨行为的主体一定是基于贫困吗？

例：若某人白天在学校教书上课，下班后去广场上摆个碗行乞，是他的休闲娱乐活动之一，这属于乞讨吗？

设问2：针对“为了生存之目的”，如何判断乞讨者主观上的行为目的？

例：一个人如果无法获得基本生活保障，不是应当通过国家救济制度来解决基本生存问题吗？无法获得救济难道不是国家对公民基本权利的义务缺失吗？我们为何要允许他去乞讨，而不去完善国家的救济制度呢？

设问3：针对“提供对价服务”，提供对价服务的乞讨还算乞讨吗（如卖艺乞讨）？

例：大排档卖唱歌手有偿点歌服务、抖音博主接受打赏以及街头表演与卖唱乞讨有何区别？

观点2　支持禁止在公共场合乞讨，认为“在公共场合乞讨可能会打扰到别人”“可能遇到乞讨者通过欺骗博取同情”等问题。

设问1：针对乞讨行为可能会打扰到他人，何为“打扰”？

例1：如情境中乞讨者并未以死缠烂打的方式进行乞讨，而只是安静地坐着行乞，是否可以？街头发放广告传单的行为是否应该被禁止？

例2：如认为不能在公共场合乞讨，那是否应允许公共场合跳广场舞？

设问2：针对乞讨发生的地点，如何界定“公共场合”？

例：某学生在朋友圈发布标题为“孩子好想喝可乐，救救孩子吧”的微信收款码，这是否属于在公共场合乞讨？

设问3：针对乞讨行为，如何区分乞讨与求助？

例：某人生了重病，无钱医治，家人通过水滴筹试图寻求帮助，是否属于乞讨？

设问4：针对“伪装惨状”乞讨博同情的问题，如何区分乞讨行为背后的欺诈因素？

例：本出于可怜乞讨者腿脚残疾才愿意赠予，结果最后发现是佯装残疾，应禁止的究竟是“欺诈”还是“乞讨”？

观点 3 认为不应禁止在公共场合乞讨,但原则上应将乞讨手段的正当性、乞讨时间与地点等要素纳入考量。

设问 1:针对乞讨方式,如何辨别乞讨的恶意程度之差别?

例 1:如情境中乞讨者以死缠烂打的方式进行乞讨,其行为方式是否具有正当性?

例 2:如乞讨者组织乞丐团伙或者迫使未成年人乞讨,其行为方式又是否具有正当性?

设问 2:针对乞讨时间与地点的限制,如何看待北京、南京等多个城市制定流浪乞讨行为的相关规定,在繁华街道、车站出入口等地划定"禁讨区"?你认为这种做法是否是对乞讨的一种过度限制?

例 1:在商城正门口或某市市政府门口进行乞讨,是否可以?

例 2:乞讨就是要引起人的注意,所以就要去人流量大的地方,谁会跑到深山远林去乞讨呢?乞讨是否必然与公共场合相关?

情境案例研究

乞讨行为的界定与规制研究

摘要:学界现有对乞讨问题的研究多将其与社会救助制度相结合,但从法律视角来看,乞讨行为的主体并不限于贫困人群,原因也不一定是生活所迫,所采取的方式手段更是多种多样。尽管作为人身自由的一种延伸,乞讨行为不应当受到国家公权力的过度干涉,但其内含的对乞讨者自身人格尊严减损之属性确实需要从社会价值的层面予以引导治理。此外对于未成年人乞讨行为的规制乃是基于乞讨行为主体适格与否的一种判定,未成年人保护制度从根本上阻却了其从事乞讨行为的合理性。

关键词:乞讨行为;人身自由;未成年人乞讨;社会救助

自 2003 年国务院颁布《城市生活无着的流浪乞讨人员救助管理办法》以来,学界产出了大量对于乞讨行为的讨论,但很多已有研究并没有细分乞讨问题背后“主体——目的——行为——手段”这一逻辑线条，而往往在标准模糊的前提下对乞讨进行差别各异的分类。事实上贫困人口（主体）、生存/致富（目的）、和平/越轨（手段）与乞讨行为之间并不存在绝对的联系。作为一种法律行为的乞讨，原则上可以由任何主体作出，也可以是基于多重目的，更可能通过合法抑或非法的手段进行。因此，如何回归到乞讨行为本身对其进行属性界定及法律规制就成为理解及治理乞讨问题/现象的前提所在。

一、乞讨行为的属性界定

（一）乞讨一定基于贫困吗？

许多学者通常会将乞讨行为的主体描述为那些“无依无靠又无劳动能力的以及因生活变故等”，或者说是以讨取食品、钱物为生计的人。[1] “所谓的行乞权无非指处于贫困无度而不得已被迫向社会或他人乞讨而获得生存的权利。”[2]这种观点认为正是贫困使乞丐得以产生并在文明社会的发展历程中长期延续，[3]我们可以将其简化为“乞讨一定与贫困相关”，这显然禁不起推敲。虽然笔者并不否认贫困乃是造成乞讨行为出现的主要甚至根本原因，但与此同时我们也无法忽视社会当中许多并非处于贫困状态的人也在连续或偶然地做出乞讨行为。也就是说，乞讨的“动机、环境等众多因素呈现出差异性”。[4] 比如，有学者提出利益驱动论，认为乞丐职业化的趋势越来越显著，很多人凭借这个“职业”脱贫致富，甚至腰缠万贯。[5] 再如，中国的史籍中不乏以沿街乞讨为乐事的官宦子弟，[6]当下也有人以乞讨为乐，“向往一种悠闲、轻松的生活”或者只不过把乞讨当作体验艰难生活的一种方式。[7] 一些调研则显示，乞讨人员

---

〔1〕 杨雅华：《乞讨的法学思考：以流浪乞讨的救助与规制为中心》，法律出版社2012年版，第18－19页。

〔2〕 农夫：《行乞权：穷人的道德权利》，载《法制日报》2004年2月5日，第7版。

〔3〕 周德钧：《乞丐的历史》，中国文史出版社2005年版，第11页。

〔4〕 杨雅华：《乞讨的法学思考：以流浪乞讨的救助与规制为中心》，法律出版社2012年版，第58页。

〔5〕 李景平、尚虎平、肖群鹰：《城市乞丐：问题与对策》，载《西北师大学报（社会科学版）》2005年第1期。

〔6〕 曲彦斌：《中国乞丐史》，九州出版社2007年版，第52页。

〔7〕 林彦：《乞讨行为规制与乞讨权诉讼：美国的经验及对中国的启示》，法律出版社2011年版，第13页。

接受过救助的比例很高,但其后很多仍会再次出来乞讨。[1] 反之,贫穷是乞讨的主要原因,但贫穷也并不必然导致乞讨行为的产生。[2] 特别是大多数学者通常采取了生存性乞讨行为和职业性乞讨行为的分类,那么如果从概念界定上将乞讨限定于贫困的话,那些为谋取某种利益,或为致富,或为改善生活的"职业性乞讨行为"本身已经被排除在乞讨行为之外了。

或许正是因为这种误会,学界现有的很多研究都人为地将乞讨行为与社会救助制度进行了捆绑,然而事实上社会救助的对象是那些处于贫困状态的"人",而非由此可能衍生出来的乞讨行为。正如我国《城市生活无着的流浪乞讨人员救助管理办法实施细则》第 2 条所规定的,"《救助管理办法》规定的'城市生活无着的流浪乞讨人员'是指因自身无力解决食宿,无亲友投靠,又不享受城市最低生活保障或者农村五保供养,正在城市流浪乞讨度日的人员。虽有流浪乞讨行为,但不具备前款规定情形的,不属于救助对象"。也正因如此,有学者准确地指出"救助领域所发生的妨碍社会管理秩序的行为形成了新的行政法律关系",[3] 也即基于扶贫济困而形成的在行政主体与城市生活无着落的流浪乞讨人员之间的行政给付法律关系与基于违法乞讨行为而可能衍生行政处罚法律关系之间并不重合。换言之,当我们将乞讨行为从贫困这一大背景中提炼而出时,社会救助已然不再具备相应的法律意义(其本质上所要解决的是贫困问题,而非乞讨行为),因此这里我们也就可以暂时得出在乞讨行为法律界定上的第一个结论,即作为法律行为的乞讨与贫困之间并不存在必然的因果联系,任何社会主体都可能且可以做出乞讨行为。

(二)如果提供对价服务了还算乞讨吗?

针对这一问题最突出的事例即通常所说的"卖艺乞讨"。如有学者指出,"他们并不纯粹以艺立命,卖艺为要,求乞其次,而是以艺为矢,以乞为的,技艺只是乞讨的工具,乞讨是最重要的,所以技艺不高,更无所谓精湛,称之为'挟技

---

[1] 孙志祥:《救助管理制度研究:转型期流浪乞讨现象的剖析与应对》,中国社会出版社 2011 年版,第 70 页。

[2] 杨雅华:《乞讨的法学思考:以流浪乞讨的救助与规制为中心》,法律出版社 2012 年版,第 43 页。

[3] 梁洪霞:《城市流浪乞讨人员行政救助制度研究》,法律出版社 2014 年版,第 19 页。

乞食'者更妥"。[1] 这一思路更多地着眼于当事人本身的主观意图究竟是"卖艺"还是"乞讨"。尽管这种观点非常精准地描述出了一些实践现象，但法律行为的客观属性毕竟不会仅随着当事人的主观意愿而产生随机的变化，且在个例中当事人本身的意愿究竟为何也难以客观量化，更不用说"技艺精湛"与否的多元判断标准了。对此我们可以先进行一些限定，如对于那些完全不接受"打赏"的街头艺人而言，其无论是演奏还是歌唱甚至杂耍等行为均可界定为"表演"而与"乞讨"无关。此外还有一些街头艺人虽然不接受打赏，但在表演的同时会售卖自己的音乐专辑等周边产品，尽管一些路人会给出远远高于定价的金额，但这本质上仍然属于包含"商品"在内的自主买卖行为。可见只有其他那些主动接受"打赏"的街头表演才会进入到是否属于乞讨的讨论当中。那么接受"打赏"的表演究竟是否属于乞讨？对此我们可以进行一些比较分析，如参考当下广泛流行的直播求打赏行为。

学界目前对于"直播"比较主流的说法是将其认定为一种"表演工作"，只不过与传统的视听节目不同，直播是由主播和观众合作完成的一种沉浸式共同体验。[2] 这种联合表演及其互动性塑造了主播与观众之间的独特关系，即作为微名人的主播在生产人格亲密，本质上是将自己的情感陪伴作为商品进行交换。[3] 显然乞讨并不存在这样一种逻辑，或许有人会提出乞讨者营造出的(即便是虚假的)"悲惨"与"苦难"是否也在一定程度上满足了施舍者的同情与爱心，进而产生了情感上的满足感？这也是下文笔者将重点论述的，乞讨行为背后隐含了某种程度上人格尊严的减损。但需要注意的是，这里的尊严减损与获取赠予并不是一种交换关系。事实上正如上文有学者表述的那样，普通人通过常理就可以判断一个街头表演者究竟是在"卖艺"还是"乞讨"，因为前者的当事人是试图用自己的"表演"来交换观众的经济支持，而后者的表演则侧重于通过这样一种形式强化自己的"弱者形象"(如卖艺乞讨者通常会选择破烂的着装与充满悲情色彩的歌曲)。那么像诸如点歌之类的以对价形式换取收益的表演行为就均应被排除在乞讨之外。再如一些讨论中将诸如看相、算命、测字等街

[1] 陈微：《当代中国流浪乞讨救助制度研究》，社会科学文献出版社2007年版，第71页。

[2] 董晨宇、丁依然、叶蓁：《制造亲密：中国网络秀场直播中的商品化关系及其不稳定性》，载《福建师范大学学报(哲学社会科学版)》2021年第3期。

[3] Xiaoxing Zhang, Xiang Yu & Lei Hao, *Virtual Gifting on China's Live Streaming Platforms: Hijacking the Onlie Gift Economy*, Chinese Journal of Communication, Vol. 12:3, p. 340 – 355(2019).

边现象也视为乞讨,[1]这也明显不符合本文对乞讨的界定。诚如有学者所言,乞讨的本质特征是乞求别人施舍钱物给予物质上的帮助,[2]因此这里我们就可以得出对于乞讨行为性质的第二个结论,即乞讨是无对价支付(包括服务)地请求赠予,即便乞讨者采取了某种艺术表演的形式,但该种表演只是在强化其乞讨者的形象。当然,除这种理论上的分析外,直播中的打赏往往需要通过赠送虚拟礼物(这一行为将经济资本转变为象征资本)来进行,这可能也是其与直接索要钱物的乞讨行为的主要区别之一。

需要指出的是,此时我们对乞讨"无对价地请求赠予"的界定还可能会与"募捐"这一概念产生交叉,毕竟募捐求助者在某种程度上也会力图更全面地展示自己(可能是暂时的)的弱者形象,如现在社会上使用较为广泛的"水滴筹"等网络平台上的募捐求助行为又能否被认定为乞讨?当然,相信多数人基于直觉就会给出一个否定的答案,问题是两者的区别在哪?正如有学者表示,"慈善募捐代表一种更高的社会价值,而乞讨除了对公共道德的破坏之外不值得一提。"[3]对此,笔者将在对乞讨行为第三个要素,即关于社会道德与人格尊严的讨论中进行分析。

(三)乞讨会减损人格尊严吗?

许多学者在研究中都强调了乞讨行为本身的"示弱"属性,即乞讨者会凸显自己贫穷、疾病、灾难等"非人道的生存状况",[4]"远离社会主流生活以苦难遭遇的叙述或表演为手段而换取施舍的行为",[5]"通过种种方式将乞丐自身的弱者形象、苦难经历、悲惨际遇传达给世人,借以调动人们的同情,进而获得人们的施舍"。[6] 我们当然可以说"乞丐"这一社会身份本身包含了"弱者形象",

---

[1] 陈微:《当代中国流浪乞讨救助制度研究》,社会科学文献出版社2007年版,第108页。

[2] 杨雅华:《乞讨的法学思考:以流浪乞讨的救助与规制为中心》,法律出版社2012年版,第21页。

[3] 林彦:《乞讨行为规制与乞讨权诉讼:美国的经验及对中国的启示》,法律出版社2011年版,第79页。

[4] 肖艳辉、王保庆:《"乞讨权"的法理分析——从人权和自由的角度》,载《湖南师范大学社会科学学报》2005年第1期。

[5] 杨雅华:《乞讨的法学思考:以流浪乞讨的救助与规制为中心》,法律出版社2012年版,第17页。

[6] 周德钧:《乞丐的历史》,中国文史出版社2005年版,第55页。

但如上文提及的，当我们将作为主体的乞丐与作为行为的乞讨分离之后，乞讨行为本身是否必然包含“示弱”则还需要进一步的分析。这里也可以借用两则笔者在生活中观察到的现象来进行举例。其一，有一段时间，在笔者授课的学生之间突然兴起了一阵“朋友圈求打赏”的有趣现象，很多学生在微信朋友圈发布自己的收款二维码（有的将收款金额设置为2—5元不等，有的则金额不限），配文通常是“救救孩子吧，天热想喝可乐”之类的逗趣言论；其二，有一次笔者在一家餐厅用餐，其间一桌客人可能是因为一道菜肴不合口味，几乎没怎么吃便离开了。这时邻桌的两位客人主动向店员询问是否可以将这盘菜肴给他们吃（这两位客人本身有正常点菜用餐），对此店员并未拒绝。如果用上文我们对乞讨行为之本质，即无对价地请求赠予作为标准衡量，以上两则事例无疑都符合条件，那么问题来了，以上两则现象可以被界定为乞讨行为吗？相信大多数的人同样从直觉出发就会对此进行否认：如果这也算乞讨，那么我们日常生活中几乎任何请求赠予的行为都将从属于这一概念了，这明显与我们的认知有异。

问题究竟出在哪里呢？有学者早就指出，乞讨行为一般并不支付对价或定向服务，但其“所付出的唯一成本就是面子或自我道德谴责”。[1] 尽管对是否要限制乞讨以及在何种程度上进行限制存在广泛争议，但绝大多数的学者还是倾向在社会价值层面将乞讨视为“不劳而获和好逸恶劳”，[2] 甚至是“肮脏、丑陋与罪恶交织的弥散性群体，是与文明相悖的亚文化群落”。[3] 换言之，即便乞讨者进行乞讨行为的出发点会因其个体因素而呈现较大差异，但自古以来乞讨行为从来都不是一种为社会道德或国家法律所倡导的行为。[4] 当然，不同学者在论述乞讨行为的道德属性时可能会存在程度上的偏差，如学者曲广娣认为，“流浪乞讨行为由于社会价值的缺失而呈现出一种反社会倾向”，“表现了社会化不充分的特点”。[5] 而学者陈微则持谨慎态度，将其称为“无道德人格的反映”，这里的无道德介于道德与反道德之间，虽然不完全违反社会规范，但对

---

〔1〕 陈微：《当代中国流浪乞讨救助制度研究》，社会科学文献出版社2007年版，第74页。

〔2〕 杨雅华：《乞讨的法学思考：以流浪乞讨的救助与规制为中心》，法律出版社2012年版，第37页。

〔3〕 陈微：《当代中国流浪乞讨救助制度研究》，社会科学文献出版社2007年版，第26页。

〔4〕 王保庆：《中国乞丐调查：我国城区乞讨群体现状与对策研究》，人民出版社2008年版，第254页。

〔5〕 曲广娣：《流浪乞讨何以成为可能——对流浪乞讨现象的法社会学考察》，载《北方法学》2008年第1期。

完善人类良知无益,因此从本质上还是体现为乞讨者没有所谓的"生存尊严"。[1] 可见,即便从社会评价层面不能歧视性地认为乞讨者"低人一等",但从学理上我们还是可以推论乞讨行为本身涵摄了对主体人格尊严或主动或被动地有限减损。此外乞讨的另一个重要属性即公开性也加强了这种尊严的外显性,即便是无对价或服务地请求赠予,但若这种请求被局限在特定主体之间,我们对其更通畅的表达乃是有指向性地"求助"而非乞讨。

需要指出的是,这里对乞讨行为进行"尊严减损"的设定乃是一种外在的评价。不可否认在一些调研当中乞讨者本身"并不以乞讨为耻",他们中的很多人将自己的乞讨行为视为正常的劳动,是他们的谋生手段和生存方式……这种自我照顾的归因使他们在内心当中为自己的羞耻的行为加以合理化的解释。[2] 那么我们又该如何看待当事人的这种主观色彩对于行为定性的影响呢?发生于2004年的一个案例提供了非常难得的视角。

> 乞讨者黄某,2月14日在广州白云机场路公交站下,在车门口向刚到站下车的贺某行乞,行色匆匆的贺某在将衣袋里的10多元硬币和纸钞施与黄某时,其中有的钱扔在了黄某的脸上,黄某觉得人格受到污辱,并"用粗言骂贺某",两人因而扭打起来。乞者黄某在要求对方赔偿尊严损失费200元未果的情况下,打算请律师到法院告贺某。[3]

正如部分民众对该则新闻的评论,"乞丐向人行乞是一种放弃其尊严的方式,但并不代表乞丐就没有尊严","尽管理论上说,或者是人们希望乞者的人格尊严也是完整、平等的。但在现实中,其尊严在行乞谋生的过程中已有所失……如果谁非要说乞讨是一个能够保全尊严的事,这恐怕也是自欺欺人"。[4] 也就是说,当事人在进行乞讨这一行为时,其已在某种程度上或主动

---

〔1〕 陈微:《当代中国流浪乞讨救助制度研究》,社会科学文献出版社2007年版,第68页。

〔2〕 管健:《城市职业乞丐现象透析》,载《社会》2004年第6期。

〔3〕 《旅客施舍散钞扔上乞丐脸 乞丐不满欲告施主侵权》,载新浪网,https://news.sina.com.cn/s/2004-02-15/16481807065s.shtml。

〔4〕 《匆忙施舍散钞扔上乞丐脸 面子票子哪个重要》,载搜狐网,http://news.sohu.com/2004/02/20/35/news219143537.shtml。

或被动地减损了自己的人格尊严。这乃是乞讨行为的内在属性之一，事实上也正是国家基于对公民人格尊严之基本权利负有保障义务，进而能够对该种行为进行法律治理的原因所在（否则作为一种单纯的民事行为似乎并无独立讨论的必要）。但与此同时，当事人在乞讨行为中隐含的尊严减损却不能延展到其作为一个法律主体的其他领域当中。这也是上文之所以反复强调对于乞讨而言主体与行为之间区隔的落脚点之一。延续这样一种"约定俗成"的思路，作为社会主体的我们才能相对准确地区分出诸如街头卖艺等行为是否属于乞讨。一些对乞讨进行治理的研究也表明，除从社会救助等扶贫济困角度进行追根溯源外，"重新找回自尊自信是终止流浪、回归正常生活的前提"，[1]"当人得到尊重后由此产生的自尊感将是意想不到的，这恰恰是救助的实质"。[2]

通过以上三个设问我们基本上可以厘清乞讨行为的法律定性，即公民通过在一定程度上减损自身人格尊严的方式，无对价地请求不特定对象赠予财物的行为。需要进一步分析的是，如果我们把乞讨视为一种具体的法律行为，认为其有可能产生一种类似于赠予合同要约的法律效力的话，其所依附的法律规范为何？以及作为一种特定的行为模式，其是否受到限制？相应的限制内容又是什么？

二、对乞讨行为的保护与限制

在讨论对乞讨行为的规制之前我们要首先区分行为及其方式、手段之间的区隔，在刑法当中也被称为目的行为与手段行为。一些学者会基于方式、手段的"恶性"程度不同而将乞讨分为一般乞讨行为和特殊乞讨行为（也有学者将之称为非侵犯性乞讨和侵犯性乞讨，其所涵摄的内容大体一致）。[3] 其中，一般惯常的和平行乞方式诸如展示残疾、哀泣哭讨、卖艺求乞等尚处于社会公众容忍和接受的限度之内，而那些组织乞丐团伙、挟持儿童作为乞讨工具、控制和胁迫残疾未成年人和流浪儿童进行乞讨、以乞讨为掩护组织偷盗抢劫等则属于违

---

〔1〕《华盛顿为无家可归者办报　让流浪者有尊严地活着》，载《新闻论坛》2011 年第 2 期。

〔2〕陈微：《当代中国流浪乞讨救助制度研究》，社会科学文献出版社 2007 年版，第 184 页。

〔3〕林彦：《乞讨行为规制与乞讨权诉讼：美国的经验及对中国的启示》，法律出版社 2011 年版，第 15 页。

法的特殊乞讨行为。[1] 也有学者对特殊乞讨行为进行进一步的细化,将其分为越轨的乞讨行为和违法的乞讨行为,其中前者主要指那些死缠烂打、纠缠或强行讨要,占据地盘,伪装残疾乞讨等;而后者则表现为组织乞丐团队,幕后指挥、教唆、胁迫他人乞讨以及组织偷盗抢劫等。当然,与违法行乞者相比,越轨乞讨也具有违反社会准则、违反公共制度及违法倾向,因此要集中打击违法行乞者,可对越轨行乞者起到"控制性救助"的目的。[2] 毫无疑问,对以上的特殊乞讨行为当然需要按照其方式、手段的违法程度依据《中华人民共和国治安管理处罚法》进行行政处罚,甚至依据《中华人民共和国刑法》进行刑事责任追究,但需要注意的是此类的处罚指向乃是乞讨行为背后那些违反法律规定的具体方式手段,因此并没有涉及对乞讨行为本身的规制导向。

那么对于乞讨行为本身又该如何看待呢?对此笔者比较认可杨雅华的观点,即乞讨"是不受强制的个人选择的自由"。[3] 首先笔者同意在我国现行的法律制度中并不存在所谓的"乞讨权",诸如"依据公民的物质保障权,社会保障权及生命权可以推出'乞讨权'这种获得社会救济权利的正当性"[4]的观点无疑误判了宪法权利的义务指向。基于贫困衍生的乞讨现象本身就督促着国家更好地完善社会保障制度,又怎会从中推演出颇具"逃避责任"意味的"乞讨权"呢?当然,一些否认"乞讨权"的观点本身也存在问题,如有学者认为不存在乞讨权是因为"公民没有向他人请求赠予的权利"。[5] 这种判断混淆了宪法中公民基本权利与民事权利之间的区别,平等主体之间缺乏赠予义务并不意味着国家对此也无须保持不干涉的消极态度。因此,"乞讨者虽然有请求他人予以施舍的自由,但被请求者既可以统一请求亦可以拒绝请求"[6]只能证明不存在民法意义上的乞讨权。

---

〔1〕 杨雅华:《乞讨的法学思考:以流浪乞讨的救助与规制为中心》,法律出版社 2012 年版,第 23 页。

〔2〕 陈微:《当代中国流浪乞讨救助制度研究》,社会科学文献出版社 2007 年版,第 156-159 页。

〔3〕 杨雅华:《乞讨的法学思考:以流浪乞讨的救助与规制为中心》,法律出版社 2012 年版,第 62 页。

〔4〕 詹绪波:《流浪乞讨人员治理争议问题研究》。转引自杨雅华:《乞讨的法学思考:以流浪乞讨的救助与规制为中心》,法律出版社 2012 年版,第 44 页。

〔5〕 《新闻评论:"行乞权"有宪法和法律的依据》,载 https://news.sina.cn/sa/2003-12-22/detail-ikknscsi2078556.d.html?from=wap。

〔6〕 郑春燕:《"乞讨权"存在吗?》,载《法制日报》2004 年 3 月 18 日。

那么是否可以将乞讨行为界定为一种宪法上公民的基本权利呢？诸如习惯权利的观点对此有一定的启示意义。有学者认为乞讨“在本质上已成为一项习惯权利，或说是一种法外权利”，[1]“无论一个公民基于何种理由，他完全有权利选择流浪乞讨并有权拒绝政府的救助”。[2] 可见此类观点主要强调一般乞讨行为不受国家强制干涉的消极自由属性。当然，有学者指出无论是道德权利还是习惯权利，其都是以正当性为基础的，“权利关系的出现，有赖于人们根据一定的价值判断去普遍认可和接受某种行为方式，对权利的尊重和认可反映在某种普遍存在的价值观点中”。[3] 按照庞德的观点，当一项主张或要求“可能为共同体的并为道德舆论所支持，这时我们称它为‘道德权利’”，[4]而乞讨则不具有这种性质。只不过这种观点太过于强调乞讨的结果维度，似乎唯有通过乞讨获得了施舍和给予才能视之为“权利”，而“仅限于不干涉的义务似乎并不足以保证乞讨目的的实现”。[5] 事实上，这种观点没有意识到乞讨的行为完成与目的实现之间是可以分离的。换言之，从消极自由的角度来看，国家的义务只是不干涉乞讨行为的完成，而非保证乞讨目的即获取利益的实现。

美国对乞讨行为的定性具有一定的参考意义，1976 年因违反加利福尼亚州禁乞法律而被捕的阿尔莫先生首先提出乞讨是一种言论自由，虽然阿尔莫败诉了，但加利福尼亚州上诉法院似乎并没有完全否认乞讨中存在的言语因素。[6] 而 1984 年佛罗里达州的一个上诉法院宣布杰克逊维尔市一部完全禁止在公共场所行乞的法律因侵犯了言论自由而违宪，[7]同年科罗拉多州的联邦地区巡回法院也做出了类似判决。[8] 此后 1990 年纽约市的一个联邦地区法院确认乞讨

---

[1] 林喆：《乞讨行为与“行乞权”》，载《法制日报》2003 年 12 月 18 日。

[2] 陈念东：《“乞讨权”属于“法外权利”》，载《深圳法制报》2004 年 5 月 28 日，第 4 版。

[3] 杨雅华：《乞讨的法学思考：以流浪乞讨的救助与规制为中心》，法律出版社 2012 年版，第 52 页。

[4] [美]庞德：《通过法律的社会控制》，沈宗灵译，商务印书馆 1984 年版，第 42－45 页。

[5] 杨雅华：《乞讨的法学思考：以流浪乞讨的救助与规制为中心》，法律出版社 2012 年版，第 55 页。

[6] Ulmer v. The Municipal Court for the Oakland – Piedmont Judicial District of Alameda County, 55 Cal. App. 3d 263 (1976).

[7] C. C. B v. Florida, 458 So. 2d 47 (1984).

[8] ACOEN v. City and County of Denver, 1984 U. S. Dist. Lexis 20981 (1984).

是一种言论自由,[1] 1993 年联邦第二巡回法院再次确认乞讨的言论自由价值。[2] 自此将乞讨放置于言论自由分析框架中的司法模式基本形成,只不过乞讨是不是一种受保护的言论仍存在较大争议。需要指出的是,作为一项政治权利的言论自由通常指那些关乎政治与社会问题的相关思想和见解的表达,而"绝大多数的乞讨者并不是为了传递社会或政治信息而乞讨","我们从所有乞讨行为中能够普遍发现的信息就是乞丐想从其所接近的人那里获得钱财"。[3] 这种观点的冲突与上文我们强调的宪法权利与民事权利之间的界限模糊有明显的重合,只不过美国司法机关对乞讨行为的讨论大多是在"禁讨"的法律法规是否违宪的大背景下展开的。那么即便我们不愿激进地将乞讨视为一种公共言论,至少也可以基于"法无禁止即自由"而将其看作一种不应被国家及他人随意干涉的人身自由或行动自由,[4] 毕竟"法律规则无法穷尽人类所有现在和将来的行为"。[5]

当然,即便将乞讨行为视为人身自由的一种延伸,按照基本权利理论其仍然可能会因国家利益、社会秩序以及他人权利而受到一定的限制,其中最主要的限制内容就是乞讨的时间与地点。例如,自 2003 年以来,北京、南京、深圳、苏州等多个城市分别制定了针对流浪乞讨行为的相关规定,其中最具代表性的便是"禁讨区"的划定,如繁华街道、车站出入口等。这种规定是否具有合理性同样引起了广泛的讨论,毕竟乞讨者只有在城市人流聚集、商业集中的繁华区域才可能实现乞讨之所得及实现所得的最大化。[6] 对此有学者根据美国相关的司法判例指出,"在各种各样的通过公共场所表达的'言论'中,乞讨是唯一被禁止的表达形式","尽管乞讨行为所附带的消极成分能够使政府规制正当化,

---

〔1〕 Young v. New York City Transit Authority, 729 F. Supp. 341(1990).

〔2〕 Loper v. New York Police Department, 999 F. 2d 699(1993).

〔3〕 Young v. New York City Transit Authority, 903 F. 2d 146(2d Cir. 1990).

〔4〕 方乐:《法社会学视角下的"乞讨权"》,载《政治与法律》2004 年第 4 期;龙晟:《"乞讨权"宪法迷思的破解》,载《广西大学学报(哲学社会科学版)》2008 年第 4 期。

〔5〕 朱继萍:《"法律权利"的规范形态及意义——兼议"乞讨权"》,载《宁波大学学报(人文科学版)》2007 年第 1 期。

〔6〕 杨雅华:《乞讨的法学思考:以流浪乞讨的救助与规制为中心》,法律出版社 2012 年版,第 191 页。

但是,将规制的矛头专门指向这种行为则走得太过了”。[1] 如上文所言,对于乞讨行为之违法方式、手段的惩治并不能直接推导出对乞讨行为本身进行规制的合理性。从这个层面来看,乞讨行为所应受到的制约并不是在于其本身,而是基于特定时间场合对所有类似公开涉他行为的应然约束。这就好比我们绝不会接受“大妈”们工作日在政府机关门口或学校操场跳广场舞,或者商贩贸然冲进办公室甚至住宅中发放传单广告一样。但对于乞讨行为而言,除此之外其内含对自身人格尊严的减损还提供了其他可治理的空间。正如有学者指出对流浪乞讨的治理转向应“从关心、关怀、关爱走向‘尊严’共识、‘尊严’行为及‘尊严’效果”,[2] 毕竟“法律的目的就在于维护私人生活中的某些道德准则,而不考虑行为是否危害他人甚至是自己”。[3] 这无疑要比“论证及保证中心城区不因为流浪乞讨而过于有碍观瞻”[4] 更具说服力,因为对于那些并非源于贫困的乞讨行为的批评无非也都集中在“纵容其好吃懒做,助长懒惰之风”[5] 的社会道德导向上。

这里还应提及1982年由詹姆斯·威尔逊与乔治·克林两位社会学家提出的“破窗理论”,该理论认为如果一个社区一直容忍像侵犯性乞讨和卖淫这样的扰乱秩序行为的话,潜在的不法分子就会被这种漠视和不作为鼓励,并实施更严重的危害社会行为和犯罪。相反,如果整个社区能够防微杜渐,及时制止扰乱社会秩序的行为,潜在的不法分子就会被震慑而放弃犯罪的念头。[6] 该理论对美国之于乞讨行为的法律规制起到了很大的影响,不过需要注意的是,“破窗理论”中谈及的乃是那些采取了违法手段的“侵犯性乞讨”。尽管如此,这种观点还是为治理乞讨行为进行了较为坚实的合理性论证。问题的关键可能在于这种治理的空间似乎并不容易延展到法律禁止的程度。这就好比我们很难通

---

〔1〕 林彦:《乞讨行为规制与乞讨权诉讼:美国的经验及对中国的启示》,法律出版社2011年版,第68页。

〔2〕 王松:《从关爱到权益保护:新时代流浪乞讨治理转向》,载《湖南行政学院学报》2020年第2期。

〔3〕 [英]罗杰·科特威尔:《法律社会学导论》,潘大松等译,华夏出版社1989年版,第62页。

〔4〕 王保庆:《中国乞丐调查:我国城区乞讨群体现状与对策研究》,人民出版社2008年版,第87页。

〔5〕 梁茂春:《美国城市限制流浪乞讨的措施及其启示》,载《北京行政学院学报》2011年第3期。

〔6〕 James Q. Wilson & George L. Kelling, *Broken Windows: The Police and Neighborhood Safety*, The Atlantic, p. 29 – 38(1982).

过法律去禁止一个人做出诸如因惧怕而主动下跪的行为,即便这也在一定程度上造成了人格尊严的受损。不过当乞讨的公开性与其内含的尊严减损相结合,至少从社会治理的层面,其受到干预的空间无疑是更大了。只是从这个意义来看,对于那些并未产生违法情况的乞讨行为而言,治理的方向更多地应当集中在劝导而非规制上。如杭州等城市就发动志愿者或相关部门工作人员组成“流浪乞讨人员劝导队”,定期或不定期地开展宣传、劝导工作。[1] 当然,除面向乞讨者之外,这里所谓的治理对象也包含施舍方,如号召市民不要盲目向流浪乞讨者施舍财物,可以采取给予食物、衣服等方式施舍,也可以进行盘问待确认无疑后捐赠,或者鼓励市民通过法定的捐赠途径进行捐赠。[2]

此外除去那些采取了明确违法手段的乞讨行为外,部分研究倾向于从乞讨者的主观维度去进行差异化规制。比如,对于“好逸恶劳型”的乞讨,“他们运用异于普通流浪乞讨人员的欺骗性的手段博取公众同情,借以骗取高额收入”,“极大挑战了公众的同情心和社会责任感”,[3]我们也可以将之称为“误导型乞讨”。当然,此种类型的乞讨从民法角度来看无疑违反了诚实信用原则,因此似乎可以从《民法典》第146条的规定对此进行处理,“行为人与相对人以虚假的意思表示实施的民事法律行为无效。以虚假的意思表示隐藏的民事法律行为的效力,依照有关法律规定处理”,而更为严重的情形则可以处以刑法所规制的诈骗罪。

三、未成年人乞讨问题

通过上文的分析,我们大致可以把乞讨行为界定为基于宪法中公民人身自由而衍生的,通过在一定程度上减损自身人格尊严的方式,无对价地请求不特定对象赠予财物的民事行为。也正是源于其消极自由的属性,原则上国家不能随意干涉乞讨行为的发生,除非该行为在方式、手段上触犯了相应的法律禁止性规定。但鉴于其减损人格尊严的表现不符合社会道德导向,因此国家可以对其进行劝导式的治理。此外正如我们在文章开篇就强调的,乞讨行为与其主体

---

[1] 《杭州成立劝导乞讨者队伍 旅游点为重点工作区域》,载搜狐网,http://news.sohu.com/2003/12/24/90/news217369047.shtml。

[2] 梁洪霞:《城市流浪乞讨人员行政救助制度研究》,法律出版社2014年版,第200-201页。

[3] 孙志祥:《救助管理制度研究:转型期流浪乞讨现象的剖析与应对》,中国社会出版社2011年版,第70页。

之间存在区隔，任何一个社会主体（无论是否基于贫困）均可能且可以作出乞讨行为，但这并不代表着法律层面我们无法对乞讨行为的主体进行一定的限制，这其中最具有代表性的问题即未成年人乞讨。

有关流浪乞讨儿童的特殊规定主要是基于未成年人属于限制行为能力人，从而给予特殊照顾或特殊管理，[1]毕竟如前文所述，乞讨行为本身内含着对自身人格尊严的一种客观减损，而作为限制行为能力人乃至无行为能力人的未成年人，显然还无法对此种因素进行适格的认知与处分。但可能是源自"同情品的供给与需求的市场"，[2]未成年人乞讨往往会获得更多的经济收益。因此自2003年以来国务院及相关部门围绕未成年人流浪乞讨等问题颁布了多项规范性文件，如2006年民政部发布的《流浪未成年人救助保护机构基本规范》、2011年发布的《国务院办公厅关于加强和改进流浪未成年人救助保护工作的意见》等。[3] 特别是在2009年两会期间，全国政协委员濮存昕提交了一份提案引发了一场是否可以强制性救助流浪乞讨儿童的争议。其中支持的观点主要包括流浪乞讨不利于儿童成长，未成年人的心智发展水平尚无法正确认知乞讨行为且有可能拒绝劝导，未成年人极有可能因他人的强制与胁迫而乞讨等；而反对的观点主要有强制救助可能会偏离保护未成年人的目的，强制手段会给未成年人带来身心伤害等。[4] 对此也有学者提出国家实施强制性行为针对的是违法行为，但儿童流浪乞讨不是违法行为，甚至可以说是一种自由，因此应选择保护性救助的思路，即从防止儿童不被他人伤害的角度出发。[5] 笔者认为，此处仍然可以延续前文提及的乞讨行为与主体相区隔的思路，即法律层面当然可以限制乃至禁止未成年人进行乞讨行为，但绝不能因此而对未成年人的其他人身自由进行限制。

当然，若未成年人是因被拐卖、胁迫、引诱或欺骗而被动乞讨，已然属于违法犯罪范畴，自然需要国家公权力的干预。此外对于未成年人乞讨不能脱离监护问题的讨论，若因监护人未能正确履行抚养义务而导致儿童乞讨，这必然要

---

〔1〕 梁洪霞：《城市流浪乞讨人员行政救助制度研究》，法律出版社2014年版，第208页。

〔2〕 赵骏、李井奎：《禁止儿童乞讨的法经济学分析》，载《法制与社会发展》2012年第1期。

〔3〕 参见梁洪霞：《城市流浪乞讨人员行政救助制度研究》，法律出版社2014年版，第209－211页。

〔4〕 《政协委员濮存昕：对流浪儿童实施强制救助》，载新浪网，https://news.sina.com.cn/c/2009－03－13/172717403219.shtml。

〔5〕 梁洪霞：《城市流浪乞讨人员行政救助制度研究》，法律出版社2014年版，第239页。

追究监护人的法律责任。若父母是基于真实贫困而被迫选择带着子女一起乞讨且符合社会救助标准,则应由国家通过社会保障制度进行解决。问题的关键或许在于那些为了牟利,非基于贫困的父母同样带着子女一同乞讨的情况。按照上文的观点,成年人无论是否处于贫困状态均可选择进行乞讨行为,这是其自由选择,国家可以从社会道德层面进行劝导,若不涉及违反法律禁止性规定则无权阻止。但鉴于未成年人尚无成熟的认知与表达能力,此时成年人要求甚至是利用(包含"出租")其从事减损人格尊严的乞讨行为在某种意义上即可视为"胁迫",因为这必然使得未成年人丧失正常接受教育的机会,致使其无法发展出独立自主的人格尊严及价值观体系。那么若父母屡教不改则已经不适合担任监护人,就可以依照法律规定程序撤销其监护人资格。[1] 当然,对于未成年人而言,单纯地禁止其进行乞讨行为只能"治标"。正如有学者强调的,如果在没有为他们提供一个更合适的生活、生存平台时,急匆匆地把他们从城市中"赶出去""送回家",或者简单地设置"禁乞"门槛,实际上不亚于把他们重新推入乞讨的"火坑",甚至有可能把他们"逼上梁山",从事其他违法犯罪活动。[2] 因此"治本"仍需回到社会救助制度上来,对此一些地区也探索出了较具特色的救助模式,如"郑州模式"以救助保护流浪少年儿童中心为依托,以"全天候街头救助点"为纽带,以"类家庭"和"家庭寄养"为途径,以"技能培训"为手段,以达到救助一名流浪儿童,回归主流社会健康人的目的。[3]

稍加总结,尽管乞讨是一种古今中外均有存在的社会现象,对其的治理也并非单纯的法律问题,但从法律的维度我们还是需要尽可能地提炼出其作为一种法律行为的属性。完善社会救助制度固然能够从根本上减少流浪乞讨现象,但这并不能跟乞讨行为进行不加前提限定的捆绑。事实上如何在承认乞讨行为是公民一种自由选择的前提下加强社会道德的倡导才是应对乞讨现象的应然之路。

(本文曾发表于焦宝乾主编:《浙大法律评论》第 9 卷,浙江大学出版社 2023 年版,收录时有修改)

---

〔1〕 梁洪霞:《城市流浪乞讨人员行政救助制度研究》,法律出版社 2014 年版,第 237 页。

〔2〕 路学仁:《保护性治理:基于未成年人乞讨现象的思考》,载《青少年犯罪问题》2012 年第 5 期。

〔3〕 刘继同等:《"郑州模式"的制度创新、基本经验与未来发展方向》,载《青少年犯罪问题》2007 年第 2 期。

知识点八　法律责任的构成要件与认定

一、理论知识点梳理

(一)法律责任的构成要件

法律责任的构成要件是行为人承担法律责任必须具备的基本条件,也是国家机关认定和追究行为人的法律责任时必须考量的基本因素。总体来说,法律责任的构成要件通常包括下列五个方面。

1. 责任主体

责任主体是指违反法定或约定的义务,并具有责任能力因而必须承担法律责任的人,包括自然人、法人和国家。

对于自然人而言,所谓责任能力,是指行为人能够正常地认知和控制自己的行为,因而能够对自己的行为承担责任的能力。行为人有无责任能力主要是根据行为人的年龄和精神状态来判断的。对于法人而言,其责任能力不像自然人那样需要考量年龄和精神状态,而是从其成立时起便具备。国家在一些情况下也是责任主体。

在多数情形下,责任主体应当是行为主体,即违反法定或约定义务的行为人。在某些情形下,责任主体可能不是行为主体。如儿童实施了侵权行为(行为主体为儿童),但因儿童为无民事行为能力人,所以赔偿责任应由儿童的监护人承担(责任主体为儿童的监护人)。

2. 违法或违约行为

违法或违约行为是法律责任的核心构成要件。违法或违约行为包括作为和不作为两类。作为是指当法律或合同禁止行为人作出一定行为时,行为人违反法律规定或合同约定作出了该种行为。不作为是指当法律或合同要求行为人作出一定行为时,行为人拒不作出该种行为。

3. 主观过错

主观过错是指行为人实施违法或违约行为时的主观心理状态。主观过错包括故意和过失两类。故意是指明知自己的行为会发生危害社会、损害他人的结果,希望或放任这种结果发生的心理状态。过失是指应当预见自己的行为可能发生危害社会、损害他人的结果,因为疏忽大意而没有预见,或者已经预见而轻信能够避免,以致发生这种结果的心理状态。

在现代法律责任体系中,也出现了一种特殊的法律责任,即无过错责任。这种法律责任不需要考量行为人的主观心理状态,只要存在法律规定的情形就应当承担相应的法律责任,如产品责任等。

4. 损害结果

损害结果是指违法行为或违约行为对他人的合法权益或社会利益所造成的损失和伤害。损害结果既包括既得利益的损害,又包括预期利益的丧失。损害结果必须具有确定性,表明损害事实在客观上能够认定。一般要根据法律、社会普遍认识、公平观念,并结合社会影响、环境等因素认定损害结果。

就多数法律责任而言,损害结果的存在是不可或缺的构成要件。但是并非所有法律责任的构成都要求有损害结果的存在。某些法律责任的构成并不要求有损害结果的存在,如生产、销售有毒有害食品罪。

5. 因果关系

法律责任的构成,不仅要求具备上述四个构成要件,而且要求这些构成要件之间具有因果关系。这些构成要件之间的因果关系主要包括两类:一类是行为人的行为与损害结果之间的因果关系,即特定的损害结果是不是由行为人的行为引起的;另一类是行为人的心理活动和外在行为之间的因果关系,即行为人的外在行为是不是其主观意识支配下的行为结果。

(二)法律责任的分类

根据不同的标准,对法律责任可以作不同的分类。

1. 自然人责任、法人责任与国家责任

按照承担责任的主体的不同,可以把法律责任分为自然人责任、法人责任与国家责任。

2. 过错责任与无过错责任

根据法律责任的承担是否以过错为前提条件,可以把法律责任分为过错责任与无过错责任。以当事人有过错为前提条件的法律责任属于过错责任。在现代法律责任体系中,过错责任是占主导地位的法律责任形式。不以当事人有过错为前提条件的法律责任属于无过错责任。无过错责任是法律为了弥补过错责任的不足而创设的法律责任。

3. 独立责任、连带责任与替代责任

根据法律责任是由行为人本人承担还是由与行为人相关联的第三人承担,可以把法律责任分为独立责任、连带责任与替代责任。独立责任是指行为人本人承担其行为引起的法律责任,即谁实施了违法行为或违约行为,谁就应当对自己的行为负责,并承担相应的法律责任。连带责任是指与行为人相关联的第三人要对行为人的行为承担一定的法律责任。替代责任是指与行为人相关联的第三人代替行为人承担法律责任的情形,如监护人对被监护人的侵权行为承担民事责任。

4. 民事责任、行政责任、刑事责任与违宪责任

根据法律责任的性质的不同,可以把法律责任分为民事责任、行政责任、刑事责任与违宪责任四种。民事责任是指民事主体因违反法律规定或合同约定而依法承担的法律责任。民事责任是现代社会常见的法律责任,主要表现为补偿性的财产责任,其承担者是具有民事责任能力的自然人和法人。行政责任是指行为人因违反行政法的规定而应当承担的法律责任。刑事责任是指行为人因实施刑法所规定的犯罪行为而应当承担的法律责任。在所有法律责任中,刑事责任涉及剥夺行为人的人身自由甚至生命权,因而是一种最严厉的法律责任。违宪责任是指行为主体因违反宪法而应当承担的法律责任。任何主体违宪,都必须依法承担责任。

(三)法律责任的认定与归结

1. 法律责任认定与归结的概念

法律责任认定与归结是国家机关或其授权的组织依照法定职权和程序对违法或违约行为引起的法律责任,进行判断、追究以及减缓或免除的活动。它是一个复杂的法律事实分析和法律价值判断的过程。

作为法律实施行为,法律责任的认定与归结只能由法律规定的专门国家机关作出,而且必须遵循法律所规定的程序。

2. 法律责任认定与归结的原则

法律责任的认定与归结必须遵守公认的原则，不能随意进行。根据现代法律精神和我国法律规定，认定与归结法律责任一般应遵循以下原则。

(1)责任法定原则

责任法定原则包含以下三项基本要求：其一，法律责任的种类和形式应当由法律加以明文规定，任何机关或个人都不得在法律的明文规定之外随意创设法律责任；其二，各类违法行为的法律责任应当由法律预先加以规定，国家机关应当依照法律的事先规定认定和追究违法者的法律责任；其三，法律责任的减轻或免除事由、幅度应当由法律预先加以规定，国家机关应当依据法律的事先规定减轻或免除违法者的法律责任。

(2)因果关系原则

在认定当事人有无法律责任时，必须确认因果关系之有无。因果关系主要包括两类：一类是行为人的行为与损害结果之间的因果关系；另一类是行为人的心理活动和外在行为之间的因果关系。

(3)责任相当原则

责任相当原则是指法律责任与违法行为相适应，其基本含义是法律责任的种类、轻重应与违法行为的种类、轻重相适应。

(4)责任公正原则

在归责问题上，公正原则的要求是多方面的，至少包括下列几项具体的原则：其一，有责必究原则；其二，责任平等原则；其三，责任自负原则。

二、情境议题的创设与引导

为使学生通过“家庭暴力应承担何种责任”这一情境议题，基于不同主体之立场展开讨论、辩论，引出法律责任的分类与构成要件等问题，以便更好地理解影响法律责任认定的要素，具体议题情境创设如下：

甲(男)乙(女)结婚多年，甲因为脾气火爆，常年对乙实施殴打、辱骂等行为，乙不堪忍受，遂以家庭暴力为由向法院起诉要求离婚。你认为家庭暴力行为是否应该承担法律责任？若是，应该承担何种责任？为什么？

在学生表达自己观点的过程中，教师通过设问等方式细化情境，就家庭暴力的概念界定、损害程度认定、法律责任的类别等问题进行深入探讨，拓展学生思考的广度与深度,以便较全面地理解“家庭暴力”的行为认定与法律责任。

观点 1　支持家庭暴力需要担责,认为夫妻之间无论是肉体层面的伤害还是精神层面的伤害,都要承担责任,需根据家庭暴力行为导致的伤害程度进一步去确定责任类型。

设问 1:关于家庭暴力的主体关系,只有发生在夫妻之间的暴力行为才算家庭暴力吗?

例 1:父母为教育打骂孩子,是否属于家庭暴力?

例 2:甲乙曾系同居多年的男女朋友关系,但已分手三个月。甲一直对分手心有不甘,在得知乙很快有了新男友后,某日趁乙不备,进入其屋内对其进行辱骂与殴打,是否属于家庭暴力?

设问 2:关于家庭暴力行为的结果要件,如何认定损害结果?

例 1:甲打了乙,乙仅受了点皮外伤与致使乙眼睛失明,两者对责任的认定有影响吗?

例 2:甲乙互殴,双方都受伤了,如何承担责任? 可否互相折抵?

设问 3:关于家庭暴力行为的结果要件,如冷暴力等精神伤害算不算家庭暴力?

例 1:如乙一直拒绝与甲发生性生活,是否属于冷暴力? 甲对乙漠不关心、不闻不问,是否属于冷暴力?

例 2:18 岁的中学生,因为叛逆不听爸妈的话,夜不归宿,是否属于冷暴力? 若第二天其回家后,其妈妈打了他一巴掌,其妈妈是否需要承担责任?

设问 4:关于家庭暴力行为的结果要件,若认为冷暴力这类精神伤害很难界定或难以衡量,那你如何看待精神损害赔偿的认定?

观点 2　支持家庭暴力需要担责,认为夫妻之间主要是通过离婚的方式来承担民事责任。

设问 1:关于家庭暴力的责任类型,因家庭暴力产生的民事赔偿,那么在不离婚的前提下如何看待夫妻共同财产制对责任承担的影响?

例:若乙并不想离婚,是否可以及如何获得因家庭暴力产生的赔偿?

设问 2:关于家庭暴力的责任类型,如果因家庭暴力产生的民事责任需要以离婚作为前提条件,那会不会和其他责任产生交叉影响?

例:由于乙曾经有出轨行为,甲常年辱骂殴打乙,如何看待双方法律责任之间的交叉?

设问 3:关于家庭暴力的担责条件,家庭暴力承担责任是否需要以公安等公权力机关的认定为前提?

观点 3 支持家庭暴力需要担责,认为可以通过向法院申请人身安全保护令来限制家庭暴力的发生。

设问 1:人身安全保护令是有期限的,期限届满后,会不会导致当事人怀恨在心,从而变本加厉地进行家庭暴力?

设问 2:若法院核准了人身安全保护令,但家庭暴力者只有一处居所,无处可去,如何处理?

情境案例研究

家庭暴力认定标准的法律规制分析

摘要:自《反家庭暴力法》出台以来,随着人身安全保护令的适用,一部分原本处于隐秘角落的家庭暴力事件得到有效遏制,受害人的利益得以维护,显示出其积极的成效。但由于《反家庭暴力法》中有关家庭暴力的认定标准较为笼统,导致在家庭暴力案件的实务处理中,所涉主体均存在各自的"难言之隐",使规制效果大打折扣。笔者拟以148 篇人身安全保护令民事裁定书为范本,从当事人内部与第三方机构外部两个视角试图去解构家庭暴力认定难的始末缘由,并提出相应完善对策,以期对家庭暴力的防治有所助益。

关键词:家庭暴力;人身安全保护令;认定标准

一、家庭暴力概念界定的学理争议

"家庭暴力"这一概念在我国最早是于 1995 年在联合国世界妇女第四次代表大会上以外来术语的形式提出的,至此拉开了国内反家庭暴力的倡导、研究和立法等工作的序幕。经过20多年的探索,2015年《反家庭暴力法》的出台,首次明确了家庭暴力的概念、增设了人身安全保护令的适用,为反家庭暴力法治化提供了明确的依据。2020年《民法典》的出台又进一步强调家庭要承担树立优良家风的职责,反对家庭暴力自然成为其中必不可少的一个基础环节。

《反家庭暴力法》第2条首次以法律的形式对"家庭暴力"的概念进行释义,即"本法所称家庭暴力,是指家庭成员之间以殴打、捆绑、残害、限制人身自由以及经常性谩骂、恐吓等方式实施的身体、精神等侵害行为。"该条款主要是从主体关系与行为类型两个层面确立了家庭暴力的界定标准。从主体关系上看,该条定义主要将家庭暴力限制在家庭成员之间,但实际上该法第37条还将家庭成员以外共同生活的人也纳入保护范畴。[1] 后又通过《最高人民法院关于办理人身安全保护令案件适用法律若干问题的规定》(以下简称《最高院规定》)第4条对共同生活的具体人物身份予以细化。[2] 夏吟兰等学者主张对主体保护范围进一步扩大,还要包含特定情形下的非家庭成员之间,无须刻意强调"共同生活"之要件,如"前配偶、前情侣"等主体。具体而言,根据国外立法例,在定义主体关系时,应采用"特定的亲密关系之人"为宜,而不应过分强调"共同居住生活"。[3] 这一点在我国司法实践中也得到了印证。在中国裁判文书网上2021年的148篇有关家庭暴力的人身安全保护令民事裁定书中,121篇属于夫妻关系,13篇属于其他家庭关系(绝大多数涉及亲子关系),3篇属于明确男女朋友关系或同居关系,还有11篇因裁定书中未明确而无法判定。可见,在司法实务中法官更关注家庭暴力的实质,即申请人是否的确存在家庭暴力的实际迫害及现实危险。因此,至少在司法实践中存在对家庭暴力主体关系作扩大解释之现实可能,即对已不再共同生活的非家庭成员做出倾斜性的保护。

相较之下,学界有关该定义在行为类型上限制的讨论则更为激烈。反家庭暴力法条文本义是通过典型行为之列举,着重将家庭暴力限制在显性的身体侵害和精神侵害层面。同样,以2021年的148篇人身安全保护令的民事裁定书

---

〔1〕《反家庭暴力法》第37条规定:"家庭成员以外共同生活的人之间实施的暴力行为,参照本法规定执行。"

〔2〕《最高院规定》第4条规定:"反家庭暴力法第三十七条规定的'家庭成员以外共同生活的人'一般包括共同生活的儿媳、女婿、公婆、岳父母以及其他有监护、抚养、寄养等关系的人。"

〔3〕参见夏吟兰:《家庭暴力防治法制度性建构研究》,中国社会科学出版社2011年版,第608－685页。

为例，就行为表征而言无一例外都集中在显性暴力上，且绝大多数都有较为严重且频繁的身体侵害，仅涉及精神侵害的案件寥寥无几。但随着对家庭暴力问题研究的日益深入，不少学者认为应将隐性的家庭暴力也纳入规制范畴并尝试提出完善对策，如冷暴力、性暴力、经济暴力（经济控制）以及近年来越来越多的心理压迫（Pick－up Artist，PUA）。与显性暴力相比，隐性的家庭暴力具有行为上不作为、后果上更隐蔽、危害上更持久等特征，虽未对受害人的人身安全造成实质性/紧迫性的伤害，但随着时间与效果叠加会对其人格尊严带来内生破坏性的贬损，从而造成较大的心理伤害。比如海南省妇联在调查中发现，家庭暴力除身体暴力外，冷暴力占到45％。〔1〕 笔者以为，从个人的身心健康与权利实现之角度，隐性暴力理应纳入家庭暴力的规制范围，《最高院规定》第3条也认可了这一观点，〔2〕但现实难题是缺乏可操作的客观界定标准。受传统礼教学说的影响，我国家庭暴力多属于亲密关系内部的“家务事”，通常羞于为外人所知悉，但凡需要求助于外部，一般具有较大的潜在危险性，就像岌岌可危即将爆炸的气球，然而即使面对这样的显性暴力案件，在民事领域也时常因证据不达标等无法得到认定，更不用说隐性暴力案件。也有学者从刑法规制的视角指出实务界在面对家庭暴力问题时普遍抱有谨慎的态度，认为公权力在介入家庭暴力犯罪问题时容易过于小心，无形中提高了家庭空间内部的入罪门槛。〔3〕

二、家庭暴力认定的实证研究

在传统的家庭法理念中，家庭暴力引发的无论是刑事责任还是民事责任均需以损害结果为判断前提而时常处于失灵状态。〔4〕《反家庭暴力法》第四章专门增设人身安全保护令这一新式民事救济措施，其中，第27条明确将申请人身安全保护令的条件放开至“有遭受家庭暴力或者面临家庭暴力现实危险的情形”，让受害人能够根据以往的情感体验与生活经验来判断暴力的事前预警，从

---

〔1〕《海南省妇联调查：家庭暴力中“冷暴力”占45％》，载新浪网，https://news.sina.com.cn/s/2005－03－09/18215314010s.shtml。

〔2〕《最高院规定》第3条规定：“家庭成员之间以冻饿或者经常性侮辱、诽谤、威胁、跟踪、骚扰等方式实施的身体或者精神侵害行为，应当认定为反家庭暴力法第二条规定的‘家庭暴力’。”

〔3〕母磊：《刑法规制家庭暴力犯罪困局探析——以丈夫家暴为视角》，载《华中科技大学学报（社会科学版）》2021年第3期。

〔4〕李瀚琰：《人身安全保护令对传统婚姻法理念的突破：观察〈反家庭暴力法〉》，载《重庆社会科学》2018年第1期。

而阻却家庭暴力导致难以挽回的结果。要探究家庭暴力在司法实践中的认定标准,本应选取离婚纠纷这一大类为样本。但现实情况是,尽管在传统的离婚案件中也有许多涉及家庭暴力问题,但从法官以结案为主导的思维来看,该类案件中通常将重点更多地放在孩子抚养权和婚姻财产分割上,家庭暴力问题无可避免地被忽视。[1] 部分学者的研究结论也能证明此种倾向,目前我国人身安全保护令申请率较低,离婚案件判离数量高达 264.3 万件,人身安全保护令核发却只有 5749 份。[2] 因此,为使得研究更有具象性、时代性与针对性,笔者拟以家庭暴力为由申请人身安全保护令的民事裁定书为样本,选取 2021 年 1 月至 10 月的裁判文书作为研究对象。笔者于 2021 年 10 月底在中国裁判文书网上以"人身安全保护令""家庭暴力""裁定书"三个关键词进行搜索,得到 1232 个结果,符合本研究对象的共 148 例。[3] 其中支持受害人申请的案件占比为 84.46%,包括申请延期[4]和部分支持的情形;不予准许或驳回申请的案件占比为 13.51%;自愿撤诉的案件占比为 2.03%。

从主体关系上看,超过 90% 的家庭暴力案件发生在夫妻关系(82%)与亲子关系(9%)之间,其中有极少数案件涉及女方家庭暴力男方的情形。[5] 综观各级法院支持受害人诉求之案件,大致可以归纳为以下三类:一是具有显性的身体侵害且有客观的证据予以支持。"显性"的判别需要从家庭暴力行为的主观恶性、发生频率、严重程度等方面进行尺度衡量。"证据"的取舍则更倚重出警记录、接警单详情、医疗诊断证明等第三方的证据,[6]相较之下当事人双方的证词与聊天截图证明力较低。并且在有前类证据的支持下,若双方证词冲突,法院还会从施暴人克制自己行为的能力,行为的恶劣程度,对子女成长和双方

〔1〕 贺欣、肖惠娜:《司法为何淡化家庭暴力》,载《中国法律评论》2019 年第 4 期。

〔2〕 张海、陈爱武:《她们的人身安全保护令缘何被法院裁定驳回——基于裁定书的扎根理论研究》,载《河北法学》2021 年第 4 期。

〔3〕 笔者于 2021 年 10 月 28 日按照三个关键词进行搜索,符合本研究对象的结果共 153 个,除去 5 个重复的结果后,共 148 个。

〔4〕 其中有 3 件案件是申请延期,被申请人在人身安全保护令有效期间仍有威胁申请人安全的行为或现实危险。

〔5〕 夫妻关系中女方家庭暴力男方的有 2 例,亲子关系中也存在女方携子女殴打男方之情形,如北京市石景山区人民法院民事保护令,(2021)京 0107 民保令 2 号。

〔6〕 重庆市铜梁区人民法院民事保护令,(2021)渝 0151 民保令 1 号。

关系缓和的影响等方面对“是否存在现实危险”进行综合判断，最终予以支持。[1] 二是具有显性的精神侵害且有充分证据予以支持，其中自然也包含与身体侵害共存之情形。该类案件一般需要伴随有歹毒恶劣言语威胁（如杀害）或暴力工具行为威胁（如持刀），并在客观上除当事人自述外还需微信或短信聊天截图、证人证言、谈话录音、医疗诊断证明等证据加以辅助，才更容易得到支持。[2] 三是得到村（居）委会、妇联等社会组织支持下的申请。如（2021）甘1027民保令1号一案，便是由当地妇联与受害人作为共同申请人提出申请，最终成功得到支持。随着人身安全保护令的实施，法院对其适用逐渐呈现申请主体扩大化、行为方式复杂化以及证据类型多样化的趋势。

反观裁决结果为驳回申请或不予准许的这类案件，家庭暴力认定的主要障碍可以归因为三方面。首先，行为不适格。《反家庭暴力法》第27条明确只有一方“有遭受家庭暴力或者面临家庭暴力的现实危险”时才能申请人身安全保护令。“有遭受家庭暴力”多是针对家庭暴力行为和损害结果已然发生之情形，而此时针对“家庭暴力行为”的认定标准，法院的理性判准与当事人的朴素认识之间可能存在较大分歧。在司法实务中，大多要求家庭暴力行为具有持续性与经常性，单次、轻微、无明确故意的伤害（如抓伤、撬门锁、无端谩骂等），即使有出警记录、医疗诊断记录等客观证据予以佐证，也不足以充分认定该行为为家庭暴力。[3] 而“面临家庭暴力的现实危险”则更侧重于对未来侵害风险的事前防范，法院通常需运用自由裁量权进行认定，会显得更为谨慎，若申请之情形不符合紧迫性与必要性，则很可能被驳回，如人身安全保护令初次签发后施暴者没有进一步的家庭暴力行为等情形。[4] 同时，性别、年龄、过错等因素也会一并

[1] 北京市朝阳区人民法院民事保护令，(2021)京0105民保令12号；北京市朝阳区人民法院民事保护令，(2021)京0105民保令17号。

[2] 广东省中山市第一人民法院民事保护令，(2021)粤2071民保令18号；福建省沙县人民法院民事保护令，(2021)闽0427民保令1号；福建省龙岩市永定区人民法院民事保护令，(2021)闽0803民保令2号。

[3] 四川省成都市锦江区人民法院民事保护令，(2021)川0104民保令4号；北京市通州区人民法院民事保护令，(2021)京0112民保令3号；天津市河北区人民法院民事保护令，(2021)津0105民保令1号。

[4] 北京市昌平区人民法院民事保护令，(2021)京0114民保令14号；重庆市渝北区人民法院民事保护令，(2021)渝0112民保令2号；广西壮族自治区梧州市长洲区人民法院民事保护令，(2021)桂0405民保令1号。

纳入考量。[1] 其次，证据不充分。这一点在仅涉及如砸东西、精神恐吓、言语威胁等显性的精神侵害案件中尤为明显，由于只有双方当事人的供述，缺少聊天截图、录音等客观证据的支持，除少数案件考量到女性和老年人利益予以支持之外，[2]施暴者通常会以并非出自故意、没有实际致害行为、避免再犯的言语保证等方式试图洗白，因此均很难得到认定。甚至在个别案件中已有口头威胁的证词和短信证据，但因无其他证据加持而被视为"孤证"未得到支持。此外，证据的关联性也是重要考量因素，如仅有就医证明，缺乏证明伤口是家庭暴力所为；伤害结果是被第三人殴打所致，与家庭暴力行为无关；单次报警但未及时验伤等情形，[3]均因缺乏证据而被驳回。最后，诉求不合理。《反家庭暴力法》第29条规定人身安全保护令可以涵盖四项不同的具体措施，应视具体情形，依需求对症下药。[4] 实务中，部分当事人出于恐惧而寻求"过度保护"，便会提起超出所面临家庭暴力实际风险的诉求内容。[5]

三、认定家庭暴力的困境分析

如前所述，家庭暴力概念界定的学理争议主要集中于行为主体与行为类型两个维度，对此司法实务中会选择截然不同的方式予以回应。在行为主体方面，司法实务中的立场与学理层面的观点基本趋同，无一例外都更偏好外扩的趋势，意欲将未共同居住的非家庭成员也纳入进来。而在行为类型方面，实务层面显然表现得更为保守，不仅未将性暴力、经济暴力、冷暴力等隐性暴力形式予以"官方"认可，甚至连显性暴力形式的认定标准与证据要求也严格设定，从

---

[1] 北京市丰台区人民法院民事保护令，(2021)京0106民保令5号；北京市通州区人民法院民事保护令，(2021)京0112民保令1号。

[2] 重庆市北碚区人民法院民事保护令，(2021)渝0109民保令4号；北京市通州区人民法院民事保护令，(2021)京0112民保令1号。

[3] 吉林省柳河县人民法院民事保护令，(2021)吉0524民保令1号；甘肃省通渭县民事保护令，(2021)甘1121民保令1号；福建省南平市延平区人民法院民事保护令，(2021)闽0702民保令1号。

[4] 《反家庭暴力法》第29条规定："人身安全保护令可以包括下列措施：(一)禁止被申请人实施家庭暴力；(二)禁止被申请人骚扰、跟踪、接触申请人及其相关近亲属；(三)责令被申请人迁出申请人住所；(四)保护申请人人身安全的其他措施。"

[5] 天津市河北区人民法院民事保护令，(2021)津0105民保令2号；北京市石景山区人民法院民事保护令，(2021)京0107民保令1号；广东省东莞市第二人民法院民事保护令，(2021)粤1972民保令1号。

而使得认定结果与受害人期待之间产生了较大的形式落差。表象上家庭暴力认定难的困境，或许应通过剖析其认定标准在应然与实然状态下的差异成因，结合主体各自身份的利益诉求和内在动因进行综合考量。

（一）内部家庭权力差距悬殊

家庭暴力发生在亲密关系之间，具有与生俱来的隐蔽性。站在受害人的角度，欠缺让“家务事”浮出水面的能动性。绝大多数家庭暴力案件受害者都是女性，按照美国心理学家雷诺尔·沃柯提出的“受暴妇女综合征”理论，部分女性在面对暴力时会产生习得性无助，从而受控于施害方，不敢或不愿对外求助。而通过外部渠道积极自救的女性受害者，相较于普通家庭，大多与施暴者之间的家庭权力差异不对等更为明显，迫于经济压力、情感期待、子女因素及外部渠道低效而难以脱离，况且如果通过诉讼之外的途径如家事调解去处理家庭暴力问题，往往会成为继续受暴的牺牲品。[1] 即使是做好鱼死网破的准备，意欲通过诉讼途径解决，仍然面临证据意识欠缺、举证责任错位等证明困难。根据《中华人民共和国民事诉讼法》第 67 条之规定，家庭暴力案件的举证责任应遵循“谁主张，谁举证”的一般原则，但家庭暴力隐蔽性导致往往缺乏直接目击证人，加之受害人证据意识欠缺等因素使得申请人在最重要的举证环节败下阵来。[2]

而站在施暴者的角度，采取以“爱”之名将暴力合法化的谋略性。《最高人民法院、最高人民检察院关于办理寻衅滋事刑事案件适用法律若干问题的解释》出于对亲密关系的身份考虑，将家庭纠纷所引发的暴力行为从寻衅滋事罪的规制范围内悉数排除，向社会传达了一个恶劣的信号，即规范世界与现实世界的界限是含混不清的，施暴者很可能通过道德托词而使自己逃脱刑罚。[3] 即使是面对民事救济措施，施暴者依然有相似的应对之策，如在某些仅有言语威胁，推搡行为等程度较轻微的家庭纠纷中，施暴者通常会以“一时冲动所为”“并非出自故意”“已诚恳道歉并保证不再犯获得谅解”等方式试图加以辩解，从而

---

〔1〕 邬欣言：《离婚调解：谁之正义？——女性主义视角下的检讨与启示》，载《山东女子学院学报》2021 年第 4 期。

〔2〕 张海、陈爱武：《她们的人身安全保护令缘何被法院裁定驳回——基于裁定书的扎根理论研究》，载《河北法学》2021 年第 4 期。

〔3〕 母磊：《刑法规制家庭暴力犯罪困局探析——以丈夫家暴为视角》，载《华中科技大学学报（社会科学版）》2021 年第 3 期。

成为民事救济的阻却事由。[1]

（二）外部救济渠道有意淡化

《反家庭暴力法》第三章规定家庭暴力行为的处置，构建起以居（村）委会、公安机关、法院为主的一整套外部救济渠道，形成了较完备的家庭暴力处理机制闭环。然而，在实际处理家庭暴力问题中，相关机构因各自难言之隐而发挥作用有限，更倾向弱化家庭暴力的性质，甚至回避家庭暴力的认定。

居（村）委会通常站在接收家庭暴力事件的第一线。《反家庭暴力法》第13条与第17条规定，居（村）委会有帮助受害人处理家庭暴力的义务，主要以接受咨询、组织调解、监督查访等为履行内容。然而因其手中并无实权，其在处理家庭暴力问题上的威慑力与终结度效果微乎其微。特别是针对家庭暴力调解，"尽管调解的目标是利他主义和家庭团结，但是实际的结构却常常是使得登记制度的通知与施暴者的控制延续"，[2]"甚至有相当经验的调解员也无法纠正这种家庭结构权力的不对等"。[3]

相较之下，公安机关干预家庭暴力的影响与作用则大得多，其不仅有权调查取证、组织调解、依法出具告诫书或给予治安管理处罚，同时其出具的出警记录、询问笔录、治安调解协议书、告诫书等也是家庭暴力案件认定时重要的证据来源。故家庭暴力案件对于公安机关在行政处理阶段的证据固定和认定存在非常严重的依赖。调研显示，有部分公安民警对干预家庭暴力存在畏难情绪，不愿介入家庭内部矛盾，同时出于维护家庭和谐之目的，在处置过程中往往采取以和为贵，息事宁人的态度，不仅不能有效地解决问题，反而让受害人继续身陷囹圄，诱发更大的社会问题。[4] 但有时公安机关未能有效界定存在家庭暴力，也与受害人自身有关。部分受害人报警的目的并非制裁配偶，而仅是制止正在发生的家庭暴力。考量到未来婚姻生活的可持续性，部分受害人认为对配

---

[1] 广东省东莞市第二人民法院民事保护令，(2021)粤1972民保令2号。

[2] Frances Olsen, E., *The Family and the Market: A Study of Ideology and Legal Reform*, Harvard Law Review, Vol. 96, p. 1497 – 1578 (1983).

[3] Barbara J. Hart, *Gentle Jeopardy: The Further Endangerment of Battered Women and Children in Custody Mediation*, Conflict Resolution Quarterly, Vol. 7:4, p. 317 – 330 (2010).

[4] 沈可心、曾范敬：《疫情视角下的公安机关家庭暴力干预——以浙江省S地区为例》，载《山西大同大学学报（社会科学版）》2021年第3期。

偶予以行政处罚会带来负面影响,尤其是对下一代升学、就业,导致部分受害人不敢轻易报警,或报警后不同意立案处罚,甚至告诫书都不允许出具,导致证据不充分从而难以定性家庭暴力。[1]

法院在处理家庭暴力问题上则更显被动,无论是离婚诉讼还是人身安全保护令的申请,考虑到结案的成效法院通常会兼顾双方利益之平衡,家庭暴力因素因而会被淡化。在上文关于人身安全保护令的实证分析中,笔者发现绝大多数人身安全保护令的申请都是在离婚诉讼期间一并提出的。与调查认定家庭暴力相比,法官更倾向在自由裁量时选择忽视家庭暴力问题的存在。具体而言,若在离婚诉讼中通过沟通调解,尚有挽回的余地,法官在判决不准予离婚的基础上,考虑到双方未来生活的和谐,大多认为没有必要调查家庭暴力。只有在证据充分的前提下,才会同意人身安全保护令的申请。但若决定判离,则会考虑到男女双方在家庭暴力问题上的利益得失平衡,在支持女方离婚、抚养权等诉求的同时,也要安抚男方甘愿接受这样的结果不要上诉,因此在这种情况下,法官一般不愿意认定家庭暴力或支持人身安全保护令的申请。法官的这种做法被部分学者视为"为达成有成效的妥协而采取的平衡术"。[2] 也有学者认为,在判离后女方提出的"家庭暴力"问题已不属于《反家庭暴力法》保护的范围,因此法官无须对此做出回应。[3] 这一观点未免失之偏颇,无论是从立法原意还是司法实践的角度看,家庭暴力早已跳脱家庭关系成员的限制,呈现扩大化的趋势。

就自身的角度而言,法官做出这样的选择也无可厚非,考虑到经手案件的结案率与上诉率关乎自身业绩考核,法官缺乏积极动力去调查家庭暴力。在具体个案中,法官不重视受害者陈述,也很少关注其他有利证据,更鲜有动力去收集证据,即使受害人针对一次殴打导致脸庞青肿、轻伤未造成严重后果、不认可公安的家庭暴力警告信等行为已提供了大量证据,法官也不愿意认定家庭暴

[1] 张海、陈爱武:《她们的人身安全保护令缘何被法院裁定驳回——基于裁定书的扎根理论研究》,载《河北法学》2021 年第 4 期。

[2] 贺欣、肖惠娜:《司法为何淡化家庭暴力》,载《中国法律评论》2019 年第 4 期。

[3] 张海、陈爱武:《她们的人身安全保护令缘何被法院裁定驳回——基于裁定书的扎根理论研究》,载《河北法学》2021 年第 4 期。

力。[1] 学者巫若枝描述的若干个案例都反映出，在调解离婚的案件中，即使法院面对确凿事实（伤痕照片、出警报告），家庭暴力问题也被忽略，而在进行财产分割和子女抚养的考量上，也并未如《民法典》之规定对家庭暴力情形中的无过错方有所倾斜。[2] 即使在成功判离的案例中，基于考虑当事人利益的平衡，针对家庭暴力问题，法官也没有判予任何金钱补偿，如果一方已获得抚养权，甚至不能再要求抚养费。[3] 鉴于法官在判断家庭暴力问题上拥有自由裁量权，其收集证据的技巧和意愿对保障家庭暴力受害者至关重要。[4] 然而，这种看似利益兼顾、一团和气的"中立平衡术"只是表面上暂缓了冲突，从实际效果来看，其只是拖延了冲突的发生时间，最后往往只会激化家庭暴力升级，甚至在个别案件中形成恶性循环。家庭权力结构的不平等会进一步激化，男方对女方的复仇会通过下一轮家庭暴力重现，当然女方为在下一次诉讼中占据证据优势也可能会使矛盾加剧。

四、完善家庭暴力认定的解决之径

针对立法规制与司法实证的两个层面的比对，家庭暴力的认定标准不尽统一。这无疑在"家庭暴力"成为恶性事件浮出水面需要外部机构介入干预时，给予法院更多自由裁量的空间，加之当事人与第三方机构站在各自立场均有难言之隐，无疑为证据的收集雪上加霜，从而无形中增加家庭暴力行为的定性难度。笔者以为，可以从以下四个方面予以改进。一是进一步厘清立法上"家庭暴力"的界定标准。在适用主体上，结合现实需求可以考虑将其适当扩张至"家庭成员以外存在亲密关系的非共同生活之人"，如前情侣、前配偶等；而在适用行为上，若要将性暴力、经济暴力、心理压迫、冷暴力等隐性的暴力行为纳入规制范围，理应有客观明确、具有可操作性的界定标准，如有学者提出细化精神伤残鉴定，将精神损害按程度划分伤残等级指导法官处理冷暴力问题。[5] 二是进一步

---

〔1〕 张剑源：《家庭暴力为何难以被认定？——以涉家暴离婚案件为中心的实证研究》，载《山东大学学报（哲学社会科学版）》2018 年第 4 期。

〔2〕 巫若枝：《当代中国家事法制实践研究——以华南 R 县为例》，中国人民大学出版社 2007 年版，第 277－281 页。

〔3〕 贺欣、肖惠娜：《司法为何淡化家庭暴力》，载《中国法律评论》2019 年第 4 期。

〔4〕 Xin He & Kwai Hang Ng, *In the Name of Harmony: The Erasure of Domestic Violence in China's Judicial Mediation*, International Journal of Law, Policy and the Family, p. 97－115 (2013).

〔5〕 王岳丽：《浅析家庭冷暴力的法律规制》，载《祖国》2019 年第 13 期。

提升当事人反家庭暴力的维权意识,尤其是针对亲密关系中的弱势一方。“家和万事兴”的逻辑应该建立在家庭成员互相尊重,而不是互相伤害的基础之上。无论是居(村)委会、公安机关在调解家庭暴力纠纷时,还是法院在处理家庭暴力案件时,要纳入代际差异的视角,尊重女性自我决断的能力,除告知受害人维权渠道之外,还应告知其相关法律依据与证据要求,以便受害人在面对未来家庭暴力问题时能够有所应对。[1] 例如,越来越多的法院在人身安全保护令的民事裁定书后附有遭遇家庭暴力的解决办法以及相关法律条文的提示。[2] 三是进一步发挥外部机构处置家庭暴力问题的联动优势。首先,将家庭暴力问题的处置情况科学纳入各部门绩效考评体系,增加其干预的内在动力;其次,畅通家庭暴力案件的多方定期沟通机制,尤其是针对有家庭暴力史施暴者的监督,曾陷入家庭暴力受害人的回访,人身安全保护令的执行等情况,争取把家庭暴力问题预防在前段;最后,创新家庭暴力案件化解的工作机制,增强全社会参与的使命责任。例如,浙江省J市妇联与公安局首创“社会谅解”环节引入家庭暴力案件的治理,认为家庭暴力行为不仅给家庭成员造成伤害,也会产生相应的社会伤害(社会行政成本),因此同样要获得社会谅解。按照家庭暴力风险评估进行红黄蓝(高中低)分级管理,蓝色低风险开具告诫书;黄色中风险需要经过社会谅解程序,由派出所开具家庭暴力警情通报表,施暴者自愿接受社会教育后到街道妇工委报道,通过参与社会公益活动(包括法律考试、培训学习、志愿服务、心理援助等)获得积分,分数达到要求(80分及以上)后由街道办事处开具社会谅解书,据此可向派出所申请不作出拘留处罚决定。红色高风险将增添2—3项必需的保护措施保障受害人安全,防止民转刑案件的发生。[3] 四是进一步明确诉讼案件中家庭暴力的证据认定规则。尽管根据《涉及家庭暴力婚姻案件审理指南》(以下简称《指南》)第40条“原告有受伤害证据时,举证责任应

---

〔1〕 王曦影、董晓珺等:《性别、代际与家庭暴力的幸存者:一项基于两代受暴妇女的生命史研究》,载《上海大学学报(社会科学版)》2019年第4期。

〔2〕 “遭遇家庭暴力时,请于第一时间拨打110报警或者向所在单位、居(村)民委员会、妇女联合会等单位投诉、反应或者求助并注意保留相关证据。”参见广东省中山市第一人民法院民事保护令,(2021)粤2071民保令18号;山东省寿光市人民法院民事保护令,(2021)鲁0783民保令1号;安徽省天长市人民法院民事保护令,(2021)皖1181民保令1号;江苏省苏州市吴江区人民法院民事保护令,(2021)苏0509民保令5号。

〔3〕 姚改改、江丽:《金华首创“社会谅解” 增加施暴者“出拳”成本》,载《中国妇女报》2020年12月16日,第B1版。

转移给被告”和第41条“受害人陈述更优”的规定，似乎做出了更有利于受害人的举证责任规定，但《指南》是由最高人民法院下属的中国应用法学研究所颁布的指引性文件，并非司法解释，法官无须遵守，有些法官甚至透露不允许在判决书中引用。[1] 可见，家庭暴力的举证责任在实务中更多地压在受害人身上，区分身体侵害和精神侵害不同的证据要求，使得证据之间可以相互印证，也能为法官在对家庭暴力问题进行自由裁量时提供较为统一的证据。《最高院规定》第6条第1款也进一步降低了申请人的举证难度，将证明标准从高度可能性调整至较大可能性。[2]

可见，家庭暴力的认定标准不仅在理论层面仍存在探讨的空间，而且观点的交锋映射到司法实务层面也无法全然涵盖自洽。这无疑给第三方机构在对家庭暴力定性时带来更多的顾虑，也使得自由裁量实则存在更大的余地。而在面对家庭暴力时，无论是当事人还是第三方机构都会基于各自立场进行考量，从而在证据的收集、行为的定性、权力的行使、干预的动力、诉求的平衡等方面作出取舍，无形间提升了家庭暴力的认定难度。本文认为应在立法上进一步明确家庭暴力的界定标准，在司法上进一步给予证据认定的明确指引，社会层面进一步探索当事人内部与居（村）委会、妇联、公安机关、人民法院等外部第三方机构之间良性长效的反家庭暴力工作机制。

---

〔1〕 石春雷：《德国表见证明理论在家庭暴力民事诉讼中的适用》，载《大连理工大学学报（社会科学版）》2018年第6期。

〔2〕 《最高院规定》第6条第1款规定：“人身安全保护令案件中，人民法院根据相关证据，认为申请人遭受家庭暴力或者面临家庭暴力现实危险的事实存在较大可能性的，可以依法作出人身安全保护令。”

知识点九　立法体制与程序

一、理论知识点梳理

（一）中国的立法体制

1. 统一而又分层次的立法体制

（1）立法体制概述

立法体制主要是指对立法权限进行划分的制度，涉及哪些国家机关，具有什么性质、多大范围的立法权限，以及享有不同性质、不同范围的立法权限的各国家机关之间是一种什么样的关系。立法权限划分包括两个方面：一是中央与地方之间立法权限的划分，二是中央各国家机关之间立法权限的划分。划分立法权限的原则，一般都是由宪法规定的。

就中央与地方之间的立法权限划分看，立法体制大致可以分为三类：一是一级立法体制，即立法权由中央统一行使，地方不享有立法权。二是两级立法体制，即立法权由中央和地方共同行使。三是一元两级立法体制，即立法权主要掌握在中央；同时，在保证国家法制统一的前提下，允许地方有一定的立法权。

（2）我国现行统一而又分层次的立法体制

我国是统一的、单一制的多民族国家，各地方经济、社会发展很不平衡。与这一国情相适应，在最高国家权力机关集中行使立法权的前提下，为了使法律既能通行全国又能适应各地方千差万别的不同情况，我国确立了统一而又分层次的立法体制，具体包括以下内容。

一是全国人大及其常委会行使国家立法权，制定法律。

二是国务院根据宪法和法律制定行政法规。

三是国家监察委员会根据宪法和法律制定监察法规。

四是省、自治区、直辖市人大及其常委会在不同宪法、法律、行政法规相抵触的前提下,可以制定地方性法规。

五是除自治区人大及其常委会可以制定地方性法规外,民族自治地方(自治区、自治州、自治县)的人大有权依照当地民族的政治、经济和文化的特点,制定自治条例和单行条例,对法律、行政法规的规定作出变通规定。

六是经济特区所在地的省、市的人大及其常委会根据全国人大的授权决定,制定法规,在经济特区范围内施行。

七是国务院各部门可以根据法律和国务院的行政法规、决定、命令,在本部门的权限范围内制定规章。省级人民政府可以根据法律和国务院的行政法规、地方性法规制定规章。设区的市的人民政府,可以根据法律、行政法规和本省、自治区、直辖市的地方性法规,制定规章。

此外,根据“一国两制”的方针,我国香港、澳门特别行政区基本法规定,香港和澳门两个特别行政区的立法机关有权制定法律,但须报全国人大常委会备案。

2. 立法权限的划分

立法权限是立法机关行使立法权的界限范围。一般来说,立法权是相对于行政权、司法权而言的国家权力,是指有权立法的机关制定、修改、补充、解释或废止法律规范的权力。根据我国的国情并借鉴国外的有益经验,我国立法权限划分采取的做法是,明确列举全国人大及其常委会的专属立法权,同时对其他立法主体的立法权限范围作出原则性规定。

(二)中国的立法程序

立法程序是指有关国家机关制定、修改和废止法律和其他规范性文件的步骤和方式。立法程序对于正确开展立法活动至关重要。在我国,全国人大及其常委会的立法程序主要分为四个阶段:提出法案、立法审议、表决法案、公布法案。

1. 法律案提出

在我国,依据宪法和有关法律规定,有权向全国人大及其常委会提出法律案的主体包括两个方面:一是国务院、中央军事委员会、最高人民法院、最高人民检察院、全国人民代表大会各专门委员会可以向全国人大及其常委会提出法律案;全国人民代表大会主席团、全国人大常委会可以向全国人大提出法律案,委员长会议可以向全国人大常委会提出法律案。二是一个代表团或30名以上的代表联名可以向全国人大提出法律案,10名以上全国人大常委会组成人员联名可以向全国人大常委会提出法律案。

2. 法律案审议

法律案的审议程序,是立法程序的主体部分,是立法程序中最重要的阶段。依据宪法和有关法律规定,列入全国人大会议议程的法律案,大会全体会议听取提案人关于法律草案的说明后,由代表团审议,并由有关专门委员会进行审议。由于全国人大会议时间较短,法律案在列入全国人大会议议程前,一般都是先由全国人大常委会进行审议、修改,再由全国人大常委会提请全国人大审议。

(1)全国人大常委会审议法律案的方式

根据《全国人民代表大会常务委员会议事规则》的规定,常委会审议法律案一般采取全体会议、分组会议、联组会议的方式。

(2)审议制度

根据《中华人民共和国立法法》(以下简称《立法法》),我国审议法律案实行三审制。即凡列入常委会会议议程的法律案,一般要经三次常委会会议审议后再交付常委会全体会议表决。

(3)专门委员会审议与统一审议制度

《立法法》规定,列入常委会会议议程的法律案,由宪法和法律委员会或有关专门委员会进行审议。到目前为止,全国人大共设有十个专门委员会,它们在全国人大及其常委会的领导下,研究、审议、拟定有关议案,开展立法、监督等经常性工作。我国的具体做法是,向全国人大常委会提出的法律案经常委会会议初次审议后,交由专门委员会审议。我国专门委员会审议法律案的分工是,宪法和法律委员会负责统一审议,有关的专门委员会就有关法律进行审议。

3. 法律案表决

按照我国《立法法》规定,全国人大常委会就审议的法律草案的部分条款进行表决,对多部法律中涉及同类事项的个别条款进行修改,一并提出法律案的,经委员长会议决定,既可以合并表决,也可以分别表决。

我国法律案表决遵循多数原则。法律案经全国人大或全国人大常委会审议后,分别由全国人大会议主席团或委员长会议决定提交全体会议表决,以全体代表或常委会组成人员的过半数通过。对于宪法修正案草案的表决,由全国人大会议以全体代表2/3以上的多数通过,表决结果由会议主持人当场宣布。

4. 法律公布

法律案经立法机关表决通过后便成为法律,但法律的生效还应经过法律的公布程序。依据宪法和有关法律规定,全国人大及其常委会通过的法律,由国家主席以主席令予以公布。签署公布法律的主席令一般应当具备三项内容:一是制定机关,指全国人大或全国人大常委会;二是通过日期,指全国人大或全国人大常委会表决通过法律的日期;三是施行日期,指法律生效时间。与法律的公布不同,全国人大通过的宪法修正案则由大会主席团发布公告予以公布。

二、情境议题的创设与引导

为使学生通过"辩论模式是否有助于立法民主"这一情境议题,基于不同主体之立场展开讨论、辩论,引出立法的体制与程序相关问题,以便更好地理解地方立法民主性之重要意义,具体议题情境创设如下:

在地方立法审议程序中,你认为辩论模式是否值得提倡,以体现地方立法的民主性?为什么?

在学生表达自己观点的过程中,教师通过设问等方式细化情境,就立法辩论的参与主体、表达方式、立法内容、辩论结果等问题进行深入探讨,拓展学生思考的广度与深度,以便较全面地理解地方立法的程序及民主性之必要。

观点1　支持立法辩论应该被提倡,认为主体能够发表自己的意见。

设问1:针对参与主体,在预设立场的前提下,如何来选择能够代表正反双方参与辩论的适格主体?

设问2:针对表达方式,既然是立法辩论,那么如何看待只能有正反两方针锋相对的观点?

例:立法辩论与立法公开征求意见两种民众参与方式有何不同?

设问3:针对立法内容,立法一定是非此即彼么?只能在两个截然相反的方案中进行取舍吗?

设问4:针对辩论结果,立法必须按照胜方立场推进下去吗?

观点2　不支持提倡立法辩论,认为立法辩论多以会议形式召开,其时间短、立场过度集中,而公开征求意见等方式相较之下可以更好地体现地方立法之民主性。

设问 1:针对立法辩论时间短,难道不能分多轮多次开展,使得意见表达得更充分吗?

设问 2:针对立场过度集中,立法辩论起码能够代表两种主要观点,而相较之下,立法公开征求意见则显得过于泛泛,你如何看待这种观点?

情境案例研究

地方立法进程中公众参与问题研究

摘要:民主价值在法律制定活动当中的重要意义已无须过多论证,特别是作为与公众切身利益联系相对更为紧密的地方立法,如何更好地将民主价值落实于其中一直都是讨论的重点。与此同时,作为专业性极强的立法活动,民主性的体现并不等同于立法主体的多元纷争,而是需要通过特定的程序以恰当的方式将公众的意见进行汇集,进而为立法主体最终的法律制定提供充分的民主支撑。因此,无论是立法准备、立法程序还是立法评估各个阶段,地方立法都应当通过更加明确的程序性规定以保障公众参与的程度与效力,唯有如此,才能真正地实现地方立法的科学性与民主性。

关键词:地方立法;公众参与;标准导向

随着民主法治观念在现代国家治理中的逐步深化,公民参与已然成为现代公民社会民主政治的基本问题,并成为有效贯彻公民权利,制约公共权力和实现公众决策科学化、民主化的必然选择和基本途径。但正如有学者指出,中国目前地方立法中的公众参与制度的规范性和可执行力都较弱,尚处于从“无参与”到“象征性”参与的较低层次。[1] 特别是地方立法进程当中公众的具体参与模式仍然停留在各个地方自发性的探索阶段,不同的社会主体在不同的地方

〔1〕 姚小林:《论地方立法中的公众参与效力》,载《法治研究》2013 年第 10 期。

立法进程当中究竟以什么样的方式参与,以及这种参与的效力(公众参与的规范效力与实际效果等)如何仍然存有很大的讨论空间。而如何通过公民意见汇集与博弈等民主价值的落地方式,进而完成公民权利对国家权力的实践塑造则是一切法律运行的逻辑前提。鉴于此,本文即试图结合地方立法进程当中的不同阶段,尝试分析公众参与的可能模式(参与式民主抑或民主式参与)以及这些制度建构背后存在的问题及相应解决方案。

一、立法准备阶段的立项参与

(一)法律规制视角下"社会关系"的重要性选择

现代立法过程中的立法准备,一般指在提出法案前所进行的有关立法活动,是为正式立法准备条件、奠定基础的活动。[1] 相比正式立法阶段和立法完善阶段,立法机关在立法准备阶段行使立法权的方式在于讨论、酝酿、甄别不同的社会关系,从纷繁复杂的现实生活中找到有必要用法来调整的社会关系。[2] 从这个意义上来看,立法规划或立法计划,特别是那些"预备项目"虽然并不等同于立法案的提交,但仍然涉及哪些被有权机关"认定"为重要的"社会关系",进而有可能上升为立法规制的范畴。正因为"立法规划实质上在正式立法程序之前已经对立法中的权力、利益的优先权进行了初步和预设性的分配",[3] 立法规划或立法计划在指导性意义之外也增添了些许指令性的色彩。换句话说,在国家重视立法机关对立法活动统一安排的模式下,"立法规划和立法计划编制活动自然构成立法供给环节的必要前置程序"。[4]

根据一些学者的观察,尽管人大各专门委员会、政府有关部门、下一级人大常务委员会、大专院校、科研院所都可以提出立项的建议,但实际上进入立项的主要是政府部门的提议。尽管在实践当中也有社会公众的立法意见最终被纳入立法规划,但这多表现为政府部门提议且最终被纳入立法规划的项目,与社会公众立法建议提出的立法项目产生了"竞合"现象,人大代表意见、社会公众

---

〔1〕 周旺生主编:《立法学》,法律出版社 1998 年版,第 160－161 页。

〔2〕 阎锐:《地方立法参与主体研究》,上海人民出版社 2014 年版,第 49 页。

〔3〕 李雅琴:《立法规划的标准及程序控制》,载《天津法学》2010 年第 2 期。

〔4〕 姚小林:《地方立法立项的经济分析》,载《广东商学院学报》2010 年第 6 期。

意见更多的功能在于"强化"对政府部门提出的立项建议立法必要性、紧迫性论证。[1] 特别是在实践操作过程中由于广大公众并没有一个合法有效的途径将立法意图和目的传递给起草者,[2] 且面对庞杂的立法建议,有些地方只注重向社会公开征集立法项目意见公告与收集建议,却忽略了向提出立法项目意见的公众公开反馈征集结果以及采纳情况并因此受到公众质疑。[3] 上述这些情况的出现都使得《立法法》第56条关于公开征集立法项目建议的规定难以落实。

(二)立法计划"决定一元"与"建议多元"之间的主体衔接

可见,虽然立法规划或立法计划的最终作出仍然需要由法定机关进行,但问题的关键是如何保证在立项环节的多方参与以及对立法机关综合选择的制度性指引。一方面,过度地强调立法议案的多元提出并不必然地衍生社会立法需求的客观性,甚至可能会导致立法资源的过度消耗;另一方面,行政机关在立法议案方面的巨大影响又可能会架空社会层面的立法参与以及立法机关在议案选择过程中的主体意义。因此,依笔者管见,结合宏观政策而进行的社会立法建议稿模式不失为一种有效的立法意见征集路径。简单来说,社会立法建议稿模式即由立法主体公布立法的政策引导,而社会组织或特定公民[4]可以在该宏观政策的指引下自行撰写立法建议稿,且在撰写过程中由撰写主体根据自身情况再向社会公众进行意见收集以修缮自己的建议稿,最终以社会集体的形式向立法机关呈交以建议稿为形式的完整立法立项建议。这种模式的优势在于:首先,我国大多数社会公众事实上并不了解特定立法主体的具体权限,更不具备提出立法项目建议的专业背景知识,这些都不利于社会公众提出高质量的立法项目建议。[5] 而现阶段公众若想参与地方立法的提案只能将一些治理地

---

[1] 阎锐:《地方立法参与主体研究》,上海人民出版社2014年版,第65-66页。

[2] 黎晓武、李政:《论公众对地方立法的全方位参与》,载《南昌大学学报(人文社会科学版)》2010年第1期。

[3] 郭清梅:《公开征集立法项目建议的国内外比较研究》,载《西安交通大学学报(社会科学版)》2017年第6期。

[4] 有学者在研究中将这类特定主体界定为立法助理,在本文中因笔者倾向于强调此类"协助性中介主体"的自发性,因此没有选择使用此概念,但需要指出两者之间有许多共通之处。

[5] 郭清梅:《公开征集立法项目建议的国内外比较研究》,载《西安交通大学学报(社会科学版)》2017年第6期。

方的想法和愿望以建议或者意见的方式通过地方人大代表的途径予以实现,[1] 但问题是就目前我国情况而言,公众与人大代表的联系并不如人们想象中那么密切。在具体的工作中,这种人数较少的间接民主制对于曲解甚至违反民意并没有天然的免疫力。[2] 以上这些问题甚至有可能在实践层面将所谓的“公众”消解为某种“想象中的共同体”。那么由代表特定利益团体的社会组织或专业人士进行汇总进而提出立法建议,一方面能够融合纷繁庞杂的无范围议题;另一方面能够在知识层面增强立法提案主体与社会公众的对话可能。这在一定程度上也有助于缓解公众参与立法之科学性与民主性之间的潜在价值冲突。

其次,法的草案虽然只有有权的主体才能提出,但除特别重大的以外,其他部分既可以由有立法提案权的主体起草,也可以由没有立法提案权的主体起草。[3] 因此,在实践中无论是法规还是规章的起草主体往往并不固定,当然其中比较常见的是地方人大以及相应政府部门,但无论是两者中的哪一主体均存在一定的起草困境,如人大在自主起草法规时就可能因为难以“满足”政府部门期望在法规中实现的意图从而招致政府部门的消极配合,进而出现在后续立法过程中乃至政府部门在制定法规操作细则中对法律文本的变相异化。而政府部门进行的法案起草又可能因其在起草过程中无法排除的自我利益牵涉进而造成行政权对立法权在立法程序之初就形成的潜在侵袭。也正是在以上这些矛盾的基础上,以科研机构或社会组织为代表的法案起草开始逐渐走入人们的视野,尽管有实务工作者批评这种方式:在立法的特定阶段和一定时期内,立法机关实质上是缺位的,可能促生其自身的“懒政”。[4] 但事实上有尽可能多元化的主体在立法程序之初就加入到法案的起草过程中不但不见得会减少立法机关的工作负担,反而会强化立法机关在对不同草案的对比评判后提出更为全面的法定草案之工作内容。因为这里所谓法案起草的主体多元并不是立法程序阶段所谓的提案主体多元,提案主体的确定性并不必然排斥该主体在确定具体提案时可以从尽可能多的草案版本中去综合评断最为客观公允的法律草案。也就是说,无论是否经过委托,草案版本的多元化都会在某种程度上有助于有

---

[1] 黎晓武、李政:《论公众对地方立法的全方位参与》,载《南昌大学学报(人文社会科学版)》2010年第1期。

[2] 汤唯、毕可志:《地方立法的民主化与科学化构想》,北京大学出版社2006年版,第417页。

[3] 阎锐:《地方立法参与主体研究》,上海人民出版社2014年版,第56页。

[4] 赵立新、姜清波:《立法项目向社会“发包”应慎行》,载《吉林人大工作》2007年第3期。

提案权的主体能够从更为广泛的视角观察最终所提出的草案版本的科学性，毕竟立法的领域和内容涉及社会生活的方方面面，“不可能在军事技术、成本核算、政治策略、通货膨胀、城市交通或医疗卫生等所有领域里都成为名副其实的专家”。[1]

可见，立法建议的多元提出并不意味着议题方面无范围的纷繁庞杂，而是在如何将政策进行落地实践选择中的多方参与，特别是在法律与政策之间的衔接过程中，如何通过提升前期公众参与热情直接影响后续立法之确定性的社会接受程度。此外，这种围绕宏观政策多元议题也在某种程度上限制了行政部门对政策执行过程中可能产生的理解错位，甚至在政策执行过程中出现的对公民权利产生反向侵犯的不利后果。也就是说，通过立法规划或立法计划的公众参与事实上保证了社会公众对从立法到执法过程的全方位监督。

二、立法审议阶段的公开辩论

（一）当下立法审议阶段存在的现实问题

一般而言，立法程序通常被分为四个阶段，包括提出法案、立法审议、表决法案和公布法案，而立法进程除了包含立法程序之外还涉及此前的立法准备阶段以及后续的立法评估完善阶段。延续上文中所提到立法准备阶段的立项参与，作为立法程序中第一步的提案是特定有权机关基于前文所言不同主体的起草案（立法建议）而以自己的名义向立法机关提出法律草案的活动，接下来就是立法主体按照法定的审议程序对法律草案进行具体审议，一个相对完善的立法审议过程可以准确地发现立法争议，并通过相关利益群体的充分参与来避免“民主的暴政”。但我国立法审议行为通常难以聚焦并形成交涉，审议往往是泛泛而谈、侃侃而言，没有主题，言之无物成为常态，这在地方立法审议中尤为突出。[2] 也就是说，立法审议阶段的公众参与多停留在一种立法机关主导下的、自上而下的制度安排，公众参与的范围、方式缺少刚性规定，加之中国没有发达

〔1〕［美］加布里埃尔·阿尔蒙德等：《比较政治学：体系、过程和政策》，曹沛霖等译，上海译文出版社1987年版，第191页。

〔2〕丁国峰、代桂明：《论地方立法审议程序制度的构建和完善——以设区的市的立法审议为视角》，载《学术探索》2017年第4期。

的市民社会，使现阶段中国立法公众参与呈现“表层化”倾向，[1]更何况，社会大众在对自己不了解的问题上，往往沦为“沉默的大多数”。[2]

但需要明确，在一些针对特定对象或特定问题的立法程序中，相关利益方的参与程度无疑对立法结果的倾向性会产生实质的影响。正因如此，我国目前在地方立法听证制度上日趋完善，即“立法机关为了收集、获取可靠的立法信息和资料，就立法的必要性和法规案内容的可行性等问题举行听证会，邀请和接受与法规案有利害关系的组织和公民、有关专家学者、实际工作者等到会陈述意见，以便为立法决策提供参考依据的制度”。[3] 但是，由立法机关主导的利益方选定很有可能在意见形成之初即已经存在某种选择性的价值前见，加之社会层面在立法程序中的意见提出并没有制度性的回应机制，这进一步导致立法机关在审议法案的过程中存在吸收社会意见的“选择性”。那么在立法结果的角度，当社会公众的意见得不到明确的反馈后，除了那些“事不关己”的非利益相关方，甚至一些具有明确关联性的立法受众也可能会对立法的参与丧失热情，进而可能会转向在执法过程中通过一些非制度化的途径进行消极抵抗。从更为广义的角度来说，这种立法审议过程中的公众参与缺失，一方面会使相关代表在接下来的表决阶段无法掌握全面且系统性的相关信息从而做出“盲从性”的主观表达；另一方面则可能导致行政管理方与作为相对人的社会公众对立法的规则意义产生具有抵触性的态度冲突，进而为执法阶段的顺利展开埋下隐患。

(二)立法辩论模式的可能性探索

正是在这样一种背景下，审议阶段的立法辩论模式曾一度引起人们对地方立法制度的构建讨论(如《深圳市人民代表大会常务委员会议事规则》第30条)。一般来说，地方立法审议的重点明确是保障审议效率与质量提高的有效措施，其有助于形成审议的焦点或者重大问题，避免重复审议，提高立法草案审

---

〔1〕 阎锐：《地方立法参与主体研究》，上海人民出版社2014年版，第82页。

〔2〕 余致力：《民意与公共政策：表达方式的厘清与因果关系的探究》，载《中国行政评论》2000年第9期。

〔3〕 崔伟、邓永明：《关于地方立法程序的几个问题》，载《晋阳学刊》1998年第6期。

议的效率,进而保障审议质量。[1] 正如有学者提及,立法事务往往体现为各方动机与利益的博弈,这种冲突并不会因为特定主体的有意隐藏而消解于无形,且这种博弈如果不能依托于可论证的说理活动,就势必演变成不可调和的冲突抑或委曲求全的妥协,科学性也就无从谈起,[2]因此立法辩论可以为不同利益诉求提供充分表达、公平博弈的平台,[3]进而将后续有可能出现的社会利益冲突对抗阶段性前移。事实上法案审议在本质上就应当是一种博弈的过程,以辩论为形式的博弈恰恰能够将立法过程当中的核心焦点进行全面的呈现,而立法机关的任务则是在看得到的利益冲突面前找到一个兼顾各方利益的平衡点。

但与此同时也需要注意到,虽然从理论上我们可以推断那些经由利益相关方公开辩论后的表决可能有助于权力机关从更为全面的角度去进行立法判定,但诸如参与辩论的人员选拔机制如何保障辩论人员的代表性(参与的精准性)以及外部民众因信息不足而有可能导致的意见盲从都有可能从反面抵消立法辩论制度设置的初衷。更为重要的是我们如何论证立法辩论相较之诸如专家论证、社会调查等其他公众参与模式,更能够体现相关当事人的利益诉求、更能够节约立法成本以实现法律效果等,均很难有明确的定论。因此,在笔者看来,在立法审议阶段的辩论机制设置可能还需要从辩论程序本身对于立法的参考性角度入手。首先作为更加强调民主价值的立法,对于实质正义的维护始终需要通过程序正义的途径以实现,那么在专家论证、社会调查之外,辩论作为一种与利益相关方联系更为密切的公众参与模式,相比之下就能够从更为直接的意义上通过利益冲突的实质交锋增加法律所涉及主体在后续法律运行过程中的认同感与参与感,进而从法律制定之初就奠定公民在守法活动中对法律的尊重与信仰。此外,只要我们明确作为一种立法程序的辩论对于接下来的立法表决乃是一种参考性的作用,那么权力机关当然就可以从后续的立法程序中对前期可能发生的精英立法与大众立法之间的冲突进行兜底性的权益衡量。因为作为参考性程序的辩论之目的并非要达成一种非胜即负的结果,而是要通过更加全面多元的角度去理解在立法过程中可能出现的潜在矛盾,进而通过立法的方

---

[1] 丁国峰、代桂明:《论地方立法审议程序制度的构建和完善——以设区的市的立法审议为视角》,载《学术探索》2017 年第 4 期。

[2] 夏正林等:《地方立法评估制度研究》,法律出版社 2017 年版,第 99 页。

[3] 刘晨熙:《探索作为公众参与的立法辩论》,载《人大研究》2016 年第 1 期。

式在有限的社会资源中寻求可能的利益协调。换言之,选择具有代表性的利益冲突群体进行辩论可以避免立法审议阶段在信息收集方面的“避重就轻”,有助于立法机关在参考性层面的全局把握。

三、立法评估阶段的标准导向

按照立法评估对应的不同立法阶段,学界通常将其分为立法前评估(立项评估)、立法中评估(主要体现为对审议程序及效果的评估)以及立法后评估(法律实施后产生的绩效)。而其中立法后评估最为学界所关注,一般认为,立法后评估是指评估主体按照一定的标准和程序、运用科学的方法和技术对现行有效的法律、法规、规章的文本质量、实施效果作出定性和定量的分析和评价,[1]也有学者将这种评估称为“立法评价”。[2]

(一)立法评估主体的平台型建设

就目前中国的现状而言,地方立法评估多仅由专门国家机关或其相关部门开展评估,属于典型的“内部评估”。形成这种模式的最主要原因是一般认为地方立法评估的结论是对地方性法规、规章进行“立、改、废”的重要参考依据,评估行为是否有效,评估主体是否具备权威性,直接会影响评估结论的产生与价值,因此地方立法评估的主体不能比地方立法机关的地位低。[3] 不过地方立法评估的主体是评估客体的制定部门或者制定部门的组成机关,可能会造成评估活动贴上部门利益抑或“政绩”的标签,因而难以保障评估成果的公允性和确切性。[4] 而公众作为地方性立法的直接适用对象,他们对于一项地方性立法的施行效果有着相对直接的体验,在地方立法评估中具有相当重要的发言权,[5]缺少公众对法规实施的评价,则难以保证立法后评估的客观性。[6] 但与此同时也需要意识到,与单纯的执法监督不同,立法评估是一项专业技术性极强的工作,

---

〔1〕 沈国明等:《在规则和现实之间——上海市地方立法后评估报告》,上海人民出版社2009年版,第2页。

〔2〕 周旺生、张建华主编:《立法技术手册》,中国法制出版社1999年版,第499页。

〔3〕 夏正林等:《地方立法评估制度研究》,法律出版社2017年版,第74页。

〔4〕 胡戎恩:《中国地方立法研究》,法律出版社2018年版,第173页。

〔5〕 夏正林等:《地方立法评估制度研究》,法律出版社2017年版,第53页。

〔6〕 刘晓东:《公众参与地方立法的几个问题》,载《人大研究》2012年第1期。

过分地强调社会公众对于法律实施效果的感官认识并不必然能够科学地体现立法社会意义。比如现阶段采用较多的座谈、问卷调查等方式虽然能够在一定范围内增强相关利益方对立法评估的参与程度,但在诸如成本效益调查的标准、方法等方面并没有形成某种统一的既定操作标准,这就导致公众在参与立法评估时多从自身的主观感受出发,从而容易与立法机关全面系统的出发点及效果衡量目的出现一定的偏差。

正是在这种背景下,作为第三方机构的社会组织作为评估主体开始逐渐受到人们的重视。作为非法定评估主体的第三方机构虽然通常需要接受权力机关的委托才能享有评估职权,但这种职权一旦形成则相对于委托机关具备相当程度的独立性。特别是作为开放式的平台,其可以汇聚立法、执法、司法甚至学术团体多方力量组成复合式评估主体,从而在最广泛的意义上增强地方立法评估主体方面的民主性与科学性。因此,在笔者看来,立法评估阶段的公众参与可能并非由泛化意义上的民众直接作为立法效果的评判者。具有相对独立意义的第三方机构应当结合自身的资质设计出一套相对完善且被立法机关认可的内容分析程序及统计分析程序,而至于原始数据则仍然需要落脚在民众身上,只是评估机构如何通过对数据的比较性分析与评价得出最终检验标准才是立法评估的关键。当然,随着作为评估对象的立法内容的变化,相应的内容分析程序及统计分析程序也必然会随之发生位移,只不过这种位移应当早在立法之初就已经为立法机关承认和确定,且执行阶段立法机关应当尽量秉持自我约束,减少对评估机构的干涉,唯有如此才能得到相对客观公正的评估结果。

(二)评估内容背后技术性与价值性的统筹协调

如果按照这种模式推进,那么在地方立法评估工作当中所谓的模式创建就主要集中在两个非常关键性的问题上,一是评估标准,二是评估效力。首先在评估标准方面,作为国家立法体系当中的一个组成元素,以往对地方立法评估工作的重点通常被放置在其与其他立法位阶的契合度之上。一般来说,地方立法所谓"不同宪法、法律、行政法规相抵触"是指"不得与宪法、法律、行政法规相冲突、相违背",其中既包含内容层面的直接抵触,也涉及精神、原则方面的间接抵触。而只要遵从这样的要求,地方立法主体便可以在自己的职权范围内,自主地制定自己想制定的地方性法规,无论这些地方性法规的内容是否已在宪法、法律、行政法规中作出某种规定。[1] 但与此同时,不得与上位法相抵触并不是说地方立法需要将上位法中的内容进行重复性转写,如有学者指出某地地方立法者为了保证法规规章的体系的完整性,将上位法的很多原则性内容直接复制过来,导致了地方立法的冗长、繁复,很难找出地方特色性内容,从而降低了地方立法的可适用性。[2] 其次在评估效力方面,如果评估的结果不与启动法律法规和规章的清理程序挂钩,不能在法律法规的修改、修正和废止活动中体现出来,那么高成本的立法后评估活动就难以促进立法质量的提高,同样会走入"观赏性评估"的形象工作歧途。[3] 可见,地方立法评估在评估标准上除应当关注地方立法文本在立法体系当中与其他法律文本的协调程度之外,还应该着重关注地方立法是否足以体现地方特色的法律需求以及这种法律需求是否真正地通过该项立法最终得以实现。从这个角度来看,无论是评估标准还是评估效力,事实上地方立法评估的目的只有一个,即通过法定形式的评估以确定地方立法对权利义务的配置是否合理、对权利的保障和救济是否充分。

正如有学者指出的,在地方立法中,"管理类"立法占据多数,而保护人民"权益类"的立法较为罕见,这是与我国现代法律所应体现的市场经济条件下的价值观念相悖逆的。[4] 简言之,地方立法评估中的公众标准导向,即地方立法究竟是否以社会公众的权利作为其制定的基准,就必然需要通过公众最直接的法律体验作为评估的数据基础。需要提及,有学者认为地方性法规是对人民意志与利益的书面化、规范化确认,以保障公众的合法权益为导向。而地方政府规章的立法事项往往是行政管理体系内的局部性、一般性、应时性的事项,主体上一般限于行政机关与行政管理相对人之间、行政机关系统内部的行政管理关系,内容上时常表现为专业性较强的技术与方法措施的规范问题,一般不涉及社会公众的权利义务创设问题。[5] 这种推断固然具备一定的合理性,但如若仔细思考就不难发现其鲜明的理想主义倾向。通过前文中对立法规划或立法计划的阐述就足以见得,地方性法规虽然是由地方权力机关所主导创设的,但在提案起草阶段基本上仍然保持了行政机关的大规模介入,这种介入甚至可能会

---

〔1〕 胡戎恩:《中国地方立法研究》,法律出版社 2018 年版,第 17 页。

〔2〕 胡戎恩:《中国地方立法研究》,法律出版社 2018 年版,第 81 页。

〔3〕 史建三主编:《地方立法后评估的理论与实践》,法律出版社 2012 年版,第 45 页。

〔4〕 汤唯、毕可志:《地方立法的民主化与科学化构想》,北京大学出版社 2006 年版,第 31 页。

〔5〕 胡戎恩:《中国地方立法研究》,法律出版社 2018 年版,第 93 页。

对权力机关后续的立法权限形成某种意义上的压迫性影响。此外，中国之所以出现政府机关争抢“立项进入权”的另一个重要原因，就是行政机关在由过去的依靠政策治理转向依靠法律治理的过程中，希望通过立法，运用法律制度保障其行政权力的行使，这恰恰折射出行政机关立法工具主义的观念。[1] 那么正因为相当比例的地方立法均表现为行政管理类的行政法内容，因此立法机关在对政府部门的立法参与当中应该采取更为审慎的维护权利、限制权力之态度。换言之，地方立法中的行政规章，绝不仅仅限于对行政管理相对人提供行为规则，更重要的内容是对自身的管理形成“自律”。[2] 这种策略的具体展开除了在立法机关自身的立法权行使方面进行强化，还需要增加评估机构在公权力主体与社会公众之间居中裁判的“准司法化”定位。当然，这里所谓的“准司法化”定位并非聚焦在某种具体的立法争议，而是应当在整体的立法过程中保障不同主体，特别是存在利益关系的相关主体能够维持一种足以实现有效参与的机会均衡。唯有这种方式才能在程序上确保立法的社会参与的公正性与平等性，而并不是通过某种特定的前见标准来判断立法结果的可期性。

四、结语

有学者曾从四个维度论证公众参与之于地方立法的助益：第一，更好促进地方立法在内容、价值、关系等方面和社会的契合度，增加地方立法的社会认同感；第二，增加地方立法内容的科学性，提高地方立法的社会遵从度；第三，增强公众对法治的信心，推动法治进程的步伐；第四，有利于对公众的普法教育。[3] 如果用更为简练的话来概括的话，公众参与对于地方立法的最大优势就是能够保障立法的民主性。作为以权利和义务为内容的行为规范和社会规范的法律，立法机关在立法过程中本身也正是通过对利益资源的调整分配进而实现社会秩序维护的目的导向，地方立法自然也是如此。进一步说，相较之国家顶层设计、中央立法以及政策文件，地方立法与社会民众之间的联系似乎更为密切，那么保障地方立法进程中的公众参与就格外重要。地方立法进程中公众参与的

---

〔1〕 阎锐：《地方立法参与主体研究》，上海人民出版社2014年版，第82页。

〔2〕 汤唯、毕可志：《地方立法的民主化与科学化构想》，北京大学出版社2006年版，第131页。

〔3〕 杜敏、曹林生、徐春节：《公众参与地方立法法制化的反思与完善——以安徽省地方性立法为例》，载《理论建设》2014年第1期。

本质就是要通过参与与自身最密切的法律制定进而实现通过法律这一具有国家强制力的手段保障自己权力和利益。

然而无论是立法准备阶段的立项参与、立法审议阶段的公开辩论还是立法评估阶段的标准导向,众多对公众参与地方立法之重要性的讨论中都可以统一地认识到公众的参与仍然需要在地方立法机构的指引和组织下进行。也就是说,公众对地方立法的参与的关键并不是要限制权力机关的地方立法权,而是要讨论究竟什么样的方式才能更好地帮助权力机关实现立法进程中的民主价值取向。那么在达成公众参与之于地方立法的重要性后,如何设置其具体形式、程序、内容以及配套制度才是问题的关键。立法机关的政策形成能力和决策能力可以表现在三个方面:一是根据社会要求提出问题并形成方案;二是对有关方面提出的法案进行审议、修改;三是对法案通过后的执行情况进行监督。[1] 而在立法进程中尽可能地通过法定程序以保障不同利益相关方的意见表达渠道应当是目前公众参与地方立法最迫切的问题。从严格程序意义的角度来说,如果没有经过这些相应的公众参与,则相应的立法阶段不能产生对应的效力后果。但是在明确公众参与对于立法的参考性定位之下,尽管我们可以用非常详尽且具体的方式保障公众参与形式,但实质效力问题却仍然没有解决,这就可能出现"你说你的,我定我的"的尴尬局面。[2] 对于这一问题需要明确,制约公众参与效力程度的主体因素并不在于公众公共意识的欠缺,而在于可供公众自主参与的制度空间。[3] 也就是说,公众参与的程序性保障实际上已经足以改变法律制度产品供需双方的议价能力格局,从而出现"压力型立法"现象。[4] 与此同时,越加具备合理性的法定程序也就随之越能发挥出"正向的压力"以实现地方立法的科学性与民主性。

---

〔1〕［日］岩井奉信:《立法过程》,李微译,经济日报出版社 1990 年版,第 9 页。

〔2〕吴兴国:《论我国公众参与地方立法的完善路径》,载《江西社会科学》2013 年第 7 期。

〔3〕姚小林:《论地方立法中的公众参与效力》,载《法治研究》2013 年第 10 期。

〔4〕张欣:《新媒体、公众参与和压力型立法》,载《河北法学》2016 年第 10 期。

知识点十　法律体系与法律部门

一、理论知识点梳理

(一)法律体系的概念

所谓法律体系,是指一个国家的全部现行法律规范,按照一定的原则和要求,根据法律规范调整对象和调整方法的不同,划分为若干法律门类,并由这些法律门类及其所包括的不同法律规范形成相互有机联系的统一整体。

法律体系具有以下特性:第一,法律体系的性质是由社会制度的性质决定的;第二,法律体系的内容是由国家的国情决定的,第三,法律体系的发展是由社会实践的发展决定的。

(二)中国特色社会主义法律体系的基本框架

中国特色社会主义法律体系按照调整对象和调整方法的不同,可分为宪法及其相关法、民商法等法律部门。

1. 宪法及其相关法

宪法是国家的根本法,规定国家的根本制度和根本任务、公民的基本权利和义务、国家生活的基本原则和社会生活的根本准则,在法律体系中居于核心和统帅的地位,具有最高的法律效力。我国现行宪法是1982年颁布施行的,后采用宪法修正案的形式,先后于1988年、1993年、1999年、2004年和2018年作了五次修正。宪法相关法是与宪法相配套、直接保障宪法实施的宪法性法律规范的总称,主要包括四个方面的法律:有关国家机构的产生、组织、职权和基本工作制度的法律;有关民族区域自治制度、特别行政区制度、基层群众自治制度的法律;有关维护国家主权、领土完整和国家安全的法律;有关保障公民基本政治权利的法律。

2. 民商法

民商法是规范民事、商事活动的法律规范的总称，调整的是自然人、法人和其他组织之间以平等地位而发生的各种社会关系，可以称为横向关系。民商法部门大体可分为民法、商法和知识产权法三个方面的法律。

3. 行政法

行政法是规范行政管理活动的法律规范的总称，包括有关行政主体、行政行为、行政程序、行政监督以及国家公务员制度等方面的法律规范。行政法调整的是行政主体与行政管理相对人（公民、法人和其他组织）之间因行政管理活动而发生的法律关系，总体上可以称为纵向关系。

4. 经济法

经济法是调整因国家从社会整体利益出发对市场经济活动实行干预、管理、调控所产生的社会关系的法律规范的总称。经济法是在国家干预市场活动过程中逐渐发展起来的一个法律门类，往往在同一个经济法中既有调整纵向关系的法律规范，又有调整横向关系的法律规范。

5. 环境资源法

环境资源法是关于保护、治理和合理开发自然资源，保护环境，防止污染和其他公害，维护生态平衡的法律规范的总称。它包括环境污染防治法和资源法两方面法律。

6. 社会法

社会法是规范劳动关系、社会保障、社会福利和特殊群体权益保障等方面社会关系的法律规范的总称。我国社会法部门包括劳动保障法、社会保障法、社会公益与慈善法三个方面的法律。

7. 军事法

军事法是有关国防和军队建设的法律规范的总称。

8. 刑法

刑法是规范犯罪、刑事责任和刑事处罚的法律规范的总称。刑法是一个传统的法律门类，与其他法律门类相比，具有两个显著特点：一是所调整的社会关系最广泛；二是强制性最突出。

9. 诉讼与非诉讼程序法

诉讼与非诉讼程序法是规范解决社会纠纷的诉讼活动与非诉讼活动的法律规范的总称。

应该指出的是,法律部门的划分是发展的、历史的,不应该也不可能固定不变。随着新的科学技术革命,互联网技术、大数据的发展,新的生活方式和思维方式以及调整它们的行为规范正在兴起,这必然对新时代法律部门划分产生深远的影响。法律部门的划分是一个科学研究问题。中国特色社会主义法律体系的形成为研究这一问题奠定了立法基础,也为进一步深入研究创造了条件。

二、情境议题的创设与引导

为使学生通过"自媒体时代言论自由更多还是更少"这一情境议题,基于不同主体之立场展开讨论、辩论,引出自媒体时代下言论自由在不同法律部门中的映射等问题,以便更好地理解中国特色社会主义法律体系框架以及法律部门等相关知识点,具体议题情境创设如下:

2020 年 7 月初"富婆出轨快递小哥"的视频上了微博热搜,导致浙江杭州的吴女士不仅丢了工作,还患上了抑郁症。最终吴女士以诽谤罪提起自诉,追究两名视频制作者的刑事责任。你认为自媒体时代言论自由更多还是更少?为什么?

在学生表达自己观点的过程中,教师通过设问等方式细化情境,就自媒体时代的特征、言论自由的定义,以及对言论自由的限制性规定等问题进行深入探讨,拓展学生思考的广度与深度,以便较全面地理解法律体系与法律部门等相关理论知识点。

观点 1 认为自媒体时代言论自由更多,提出"表达平台变多""传播范围更广""表达意愿更强"。

设问 1:针对"表达平台变多",表达平台或者表达渠道变多意味着言论自由权利本身变多吗?

设问 2:针对"传播范围更广",言论的传播范围更广是否等同于言论自由更多?

例:今天某流量明星的一条微博的"转赞评"可能有几百万之多,而一个普通人的一条微博可能只有自己点赞,所以这种情况下明星的言论传播范围比普通人更广,意味着明星的言论自由比普通公民的言论自由更多吗?

设问 3:针对"表达意愿更强",表达意愿更强意味着言论自由权更大吗?

例1：我今天结婚的意愿更强了，难道我结婚的权利更多了？意味着我能够与更多的人结婚吗？

例2：在以前的传统媒体时代，难道人们是被扼住了喉咙，不能说话、不能分享了吗？

设问4：针对自媒体时代言论自由的定义，自媒体时代的言论自由与传统媒体时代的新闻自由是何种关系？

观点2　认为自媒体时代言论自由更少，提出言论自由权利内容的本身并未随着时代的变化有明显的扩张，反而由于表达形式与渠道的增多，传统媒体时代所没有的限制增多了。

设问1：如何看待西方国家主要使用网络过滤技术而并非政府介入来监管自媒体时代的互联网信息？

设问2：如何看待自媒体时代，对涉及敏感话题作品的包容度更高？

例：以同性题材为例，在江苏卫视曾上线一部名为《了不起的女孩》的电视剧。这部电视剧其实是围绕两位女生的爱情展开的，然而其上线后却被观众发现删减了同性相关的剧情，导致爱情变成了友情。之后剧方开通了抖音号，放出了部分被删减的片段，这才将这部电视剧原本想表达的真正展示了出来。由于自媒体的存在，不少带有敏感话题的视听作品通过其他途径得以"面世"，如何看待这一现象？

情境案例研究

"自媒体，随便说？"[1]

——自媒体时代背景下言论自由的边界研究

摘要：自媒体时代的到来对言论自由的影响颇为深远，这一时代背景下的言论自由的变化并非仅是表达载体之变迁，也不单纯是传统

〔1〕本文题目借鉴了陈嘉荣于网易公开课的演讲"We media, We control?"，载网易公开课，https://open.163.com/newview/movie/free?pid=MCIGB2D5E&mid=MCIGB6K99，最后访问日期：2022年12月5日。

媒体之新闻自由的延伸，而是集表达主体之身份多元、表达载体之影响扩张、表达回应之实时交互为一体的基本权利在实然层面的转型。文章以实然层面自媒体时代对言论自由的效力影响为切入点，进而分析其在应然层面作为宪法权利对部门法所产生的效力指向，以行政法与民法两大部门法为例，试图印证自媒体时代下的言论自由在应然与实然、宪法与部门法这两个维度上的交互关系。

关键词：自媒体；言论自由；宪法规范

一、引言

2021年11月21日，一则标题为"73岁企业家娶29岁姑娘，88万元礼金，一套房一辆豪车"的视频在今日头条平台发布，后几经转发，这一"老夫少妻"的故事迅速引发网友热议，甚至出现诸如"拜金"等字眼的低俗评论。原来视频中的合影系被造谣女孩@ Niki君于两年前与外公拍摄的艺术照，为缓解因外婆去世给外公造成的心理创伤，她带着外公体验各种年轻人的日常，如喝奶茶、逛街、拍照留念等，后续在个人社交媒体平台分享了这一组照片，当时女孩的孝心、与外公的关系引起网友的羡慕及一致好评。事件发酵后，女孩持续受到旁人的质疑和网友的攻击，想要联系平台方删除视频，平台方却告知其若想删除视频需出具证明其与外公关系的法律文件；后女孩试图联系发布方自媒体营销号@飞哥在东莞，对方并无回应，只是默默删除了视频并更改了用户名。最终，平台发布公告对@飞哥在东莞予以账号封禁处理。[1] 2020年7月初"富婆出轨快递小哥"的视频上了微博热搜，同样造成浙江杭州吴女士的"社死"，她不仅丢了工作，还患上了抑郁症。视频作者虽多次录制道歉视频却无悔过之诚，最终吴女士以诽谤罪提起自诉，追究两名视频制作者的刑事责任。近年来，类似的事件不胜枚举。随着"众声喧哗""百家争鸣"的自媒体时代到来，人人都可以为自己代言，替自己发声，似乎大大消解了"实现"言论自由的障碍。然而，不法言论肆意传播的低成本与高效率又使得损害结果的严重性呈指数级增长，受害人常常面临举证困难大、维权成本高等问题。言论自由是宪法赋予公民的一项基本权利，在自媒体时代的背景之下，如何明晰言论自由的内涵，笔者拟从权

〔1〕 郭肖：《造谣"女孩与外公合照为老夫少妻"的账号被封，当事女孩：会硬刚到底》，载观察者网，https://www.guancha.cn/politics/2021_11_22_615781.shtml。

利行使的方式与权利涵摄的内容两个维度进行研究，试图勾勒出这一时代背景下言论自由在应然与实然两个层面之间的互动关系，以及其在宪法与部门法之间的现实映射。

二、自媒体时代背景下言论自由的界定

"自媒体"（We Media）一词源自 2003 年 7 月美国新闻学会媒体中心发布的"Media"研究报告，是指普通大众经由数字科技强化与全球知识体系相连之后，一种提供与分享他们本身的事实、新闻的途径。[1] 简单来说，自媒体是公民借以发布自己所见所闻所思所想的载体。在中国，2000 年博客（blog）的兴起被视为自媒体时代产生的源点，2007 年微博的出现使自媒体时代初具雏形，2011 年微信的普及标志着自媒体觉醒时代的到来，自媒体不同阶段的飞速发展极大影响社会大众传统政治参与与社会生活的方式。与传统媒体时代相比，自媒体时代发展至今，逐步呈现以下三个特点：一是主体的多元性。在以报纸、电视、广播等为代表的传统媒体时代，声源主体因受制于技术与媒介而呈现组织化、官方化的特点。自媒体时代到来后，个体化、个性化的特征则更为凸显。人人都可以成为发声源，进行自我言说，无论是个人演绎还是群体创作、企业运营的公众号或微博，都可以视为自媒体。二是内容的交互性。大众青睐自媒体主要还是基于沟通和交流的需求，通过点赞、关注、转发、转载等多样化手段可以进行实时的分享与互动，分享者也可以通过流量变现实现自我价值。三是传播的广泛性。自媒体的交互性使受众在接收到感兴趣的信息后更乐于将信息传播出去，大众的关注讨论以及平台本身的技术支持也使信息传播的频率更快、范围更广。可见，自媒体时代是与传统媒体时代相对应的一个概念，是基于大众传媒发展的不同程度而划分的不同阶段。在传统媒体时代，新闻媒体在发表或传播观点时无论是在经济独立方面还是在法律保障方面均具有自主性。这两种属性反向一起限制着国家的不当干涉，由此新闻媒体获得了主导意识形态的新闻独立，有学者将其概括为新闻媒体的民主使命。[2] 此时新闻媒体发表或传播观点的权利更接近于所谓的新闻自由。而在自媒体时代，新闻早已脱离传统意义下其载体形式的固定界限，可以通过每个人手中的麦克风以各种形式呈现

---

〔1〕 总政治部宣传部：《网络新词语选编》（修订本），解放军出版社 2014 年版，第 28 页。

〔2〕 ［美］欧文·费斯：《言论自由的反讽》，刘擎、殷莹译，新星出版社 2005 年版，第 51 页。

出来。笔者不禁叩问,自媒体上的观点发表与传播究竟是一种单纯的个人言论还是一种类似于传统媒体的新闻?这两者之间又是否存在差别?基于此,在进入到具体的研究之前有必要在对言论自由进行理论梳理的基础上,考究自媒体时代下言论自由的内涵及其与新闻自由之间的关系。

密尔认为,所谓公民自由或社会自由,是社会所能合法施用于个人的权利的限度。[1] 正如1919年霍尔姆斯大法官在申克诉联合众国案中所言,"即使对言论自由进行最严格的保护,也不会保护一个人在剧场里谎叫失火,从而造成恐慌"。[2] 目前在世界范围内,大多数现代法治国家都将言论自由视为宪法所确认的一项重要的基本权利,强调其至高价值地位的同时,也普遍承认其是一种相对的、并非无界的自由,允许国家基于特别目的对其进行限制。《人权宣言》《公民权利和政治权利国际公约》《欧洲人权公约》《美洲人权公约》均在充分肯定言论自由的同时,规定了对其进行限制的情形。[3] 如《中华人民共和国宪法》(以下简称《宪法》)第35条也将言论自由视为公民的基本权利之一,但确立其行使时不能违反私人利益、社会利益和国家利益这三者之界限。[4] 这也是以李步云、韩大元为代表的我国法学界所持的主流观点。[5]

从言论自由的外延(表达的形式)来看,学理上大多将言论自由的概念作广义与狭义之划分。狭义的言论自由即口头表达自由。大多数学者则更支持言论自由的广义说,即言论自由等同于不同形式的表达自由。[6] 甄树青通过对外国宪法与相关国际人权文献进行比较研究,得出常作为表达自由的同义词言论

---

[1] [英]约翰·密尔:《论自由》,许宝骙译,商务印书馆2009年版,第1页。

[2] SCHENCK v. U.S., 249 U.S. 47(1919).

[3] 《人权宣言》第11条规定:"自由传达思想和意见是人类最宝贵的权利之一……但应在法律规定的情况下,对此项自由的滥用承担责任。"《公民权利和政治权利国际公约》第20条规定:"一、任何鼓吹战争的宣传,应以法律加以禁止。二、任何鼓吹民族、种族或宗教仇恨的主张,构成煽动歧视、敌视或强暴者,应以法律加以禁止。"参见陈光中主编:《〈公民权利和政治权利国际公约〉与我国刑事诉讼》,商务印书馆2005年版,第86页。

[4] 《宪法》第35条规定:"中华人民共和国公民有言论、出版、集会、结社、游行、示威的自由。"

[5] "言论自由并不同于思想和信仰具有绝对自由,其是相对的,并不是无限度的",参见李步云主编:《人权法学》,高等教育出版社2005年版,第156页;"言论自由作为一项政治权利与自由,在客观上存在一定界限,即言论自由并不是绝对的,它受一定条件的限制",参见韩大元:《宪法学基础理论》,中国政法大学出版社2008年版,第262页。

[6] 朱国斌:《论表达自由的界限(上)——从比较法、特别是普通法的视角切入》,载《政法论丛》2010年第6期。

自由,即公民在法律规定或认可的情况下,通过各种媒介或方式表明、显示或公开传递意见、观点、思想、主张、情感、知识、信息等内容而不受他人干涉、约束或惩罚的自主性状态,包括狭义的言论自由、出版自由、新闻自由、艺术表现自由。[1] 王锋也认可言论自由即表达自由这一观点,其包含言论、出版、新闻、创作、思想等形式与词汇。[2] 侯健在认可上述概念的前提下,试图涵盖言论自由更多新型表现形式,认为言论自由是主体之所见所闻所思所想以某种形式或方式表现于外的自由,包括狭义的言论自由、新闻出版自由、集会游行示威自由、艺术自由、网络表达自由。[3] 可见,学界主流的观点是将新闻自由视为言论自由的一种具体表现形式,本文延续这种框定,把言论自由置于广义语境下予以展开讨论,即言论自由应当包含新闻自由与网络表达自由等,是基于表达内容与表达形式的双重自由。

尽管言论自由的表现形式多种多样,但鉴于本文是以自媒体时代作为研究背景,因此似乎更应关注与之联系较为紧密的新闻自由之发展变迁。关于新闻自由的早先讨论当然多以传统媒体为对象,早在1964年《纽约时报》诉沙利文案这一美国宪政史上里程碑式的判决中,便运用《美国宪法第一修正案》明确保护新闻媒体的言论自由,[4] 从而极大地扩宽了新闻媒体在发表及传播观点时的自由度。但随着自媒体时代的到来,这种对传统媒体具有倾向性的保护原则是否能够继续延续适用则出现了新的讨论空间。在诸多讨论当中,一些观点并未延续新闻自由这一路径,而是仅强调了言论自由的不同载体所带来的影响差异,如早在1997年美国Reno v. American Civil Liberties Union(ACLU)的司法实践中就关注到了互联网空间的开放性特征对于言论自由之表达所产生的巨大影响,该案的裁决认可网络空间中的言论自由权人人平等,不能简单通过限

---

[1] 甄树青:《论表达自由》,社会科学文献出版社2000年版,第12页。

[2] 王锋:《表达自由及其界限》,社会科学文献出版社2006年版,第265页。

[3] 侯健:《言论自由及其限度》,载《北大法律评论》第2卷第2辑,法律出版社2000年版。

[4] New York Times Co. v. Sullivan, 376 U. S. 254(1967)。在这一案例中,美国最高法院对《美国宪法第一修正案》做出如下解释:新闻媒体不可因为诽谤了"作为抽象实体"的国家而受到刑事起诉。最高法院还对公共官员力图挽回诽谤行为所造成的损失这一权力做出了限制,规定公共官员不能因为一些关于他们职务行为的虚假陈述而获得赔偿,除非他们能证明这些陈述在发表或广播时是故意的或者完全不顾其虚假性。参见[美]安东尼·刘易斯:《批评官员的尺度——〈纽约时报〉诉警察局长沙利文案》,何帆译,北京大学出版社2011年版。

制某一类群体的言论自由来保障他方群体权益的达成与实现。[1] 可见,网络空间的言论自由也可以视为其在互联网这一特殊领域的体现与延伸。

正是基于网络空间也是自媒体时代言论自由行使的主战场,以何勤华为代表的部分学者认为自媒体时代的言论自由等同于网络言论自由,即“公民可以在网上与人交流并发表自己主张、意见、知识等信息的权利”。[2] 笔者认为,该定义过度关注互联网空间这一言论自由的表达渠道,而未将自媒体时代信息源的个体性与传输束的双向性这两大根本特征纳入考虑范畴。恰恰是基于这两个要素,自媒体时代的言论通过互联网的放大镜效应,才会显现出倍数之影响。如有学者就敏锐地关注到自媒体上的观点表达及传播远非只是言论载体的变化,行使的具体方式与限制程度均出现了极大的差异,“不仅包括制作发布的自由,还包括评论和转发的自由”。[3] 也有学者从自媒体时代言论自由的具体内容方面予以更加明确的界定,认为其主要包括寻求、接受及获取信息,持有主张和传递信息表达主张方式这三方面的自由。[4] 可见自媒体时代下言论自由的新特征并非仅在于其表达载体的变化,还与传统的新闻自由产生了若干的交集,这也正是自媒体与传统媒体之间差异在言论自由这一问题上的具体展现。与传统媒体时代相较,网络空间(自媒体时代)下的言论自由主要涵盖权利主体与呈现内容两方面的合体变迁:一方面表达者与发布者合一,自媒体时代下人人都是充当信息桥梁的“记者”;另一方面输出与输入合一,公民既可以获悉消息,也可以发表观点并与人交流。因此笔者既不认同将自媒体时代背景下的言论自由简单地视为其表达载体的变化,也不同意单纯地将其作为新闻自由的扩展延伸。自媒体时代背景下无论是客观事实的消息接收还是主观评价的思想

---

〔1〕 Reno v. American Civil Liberties Union,521 U. S. 844(1997). 审理此案的约翰·史蒂文森法官(Justice John Paul Stevens)在判决书中写道,“当《通讯规范法》限制宪法第一修正案所赋予公民的言论自由时,这种限制缺乏精确度。因为该法案为了不让未成年人接触到潜在的有害言论而将大量成人的言论自由也一并限制了,并且该法案为了达到目的的办法并不是对公民言论自由限制下最少的。政府保护儿童利益没错,但若是以广泛限制所有成年人的言论自由为代价,那么基于此颁布的条例就是非正义的”。

〔2〕 何勤华、王静:《保护网络权优位于网络安全——以网络权利的构建为核心》,载《政治与法律》2018 年第 7 期。

〔3〕 张敏:《自媒体时代言论自由的法律规制问题研究》,广西师范大学 2018 年硕士学位论文,第 5 页。

〔4〕 赵文广:《论言论自由权的界定与保障》,载《人大研究》2007 年第 4 期。

表达,均属于言论自由的内容范畴,同时因自媒体时代具有双向传播模式的特点,与人共享交流、互动讨论等方面的自由也应纳入其中。简言之,自媒体时代极大地冲击了传统言论自由的分类,从而衍生了传统言论自由所不具备的一些新特征。当然,在人人都能发声的自媒体时代,言论自由从某种意义上来说与新闻自由发生了混同,因而传统媒体时代新闻自由所受到的一系列限制被附加在了网络空间中所有言论表达之上,也正是基于此,在考虑言论自由边界问题时需要将二者进行比对参考,即自媒体时代背景下言论自由的实践方式对言论自由的边界提出了亟须回应的新挑战。

需要指出的是,美国公民自由协会提出自媒体时代言论自由还应包含网络中立。网络中立是指互联网服务提供商必须平等对待在线数据,不能基于用户或内容进行区分。现实中,大数据杀熟、大V博主有更多的流量支持,都是违反网络中立的典型表现,在学理上也被称为算法歧视。就其定义而言,网络中立是专门针对于互联网平台提供者从而保障自媒体用户言论自由的制度基础,而并非针对自媒体用户个体的言论自由内容本身。且这一问题在人工智能数据法学下的研究已较为广泛,[1]故本文不予展开讨论。

三、宪法规范视域下言论自由之效力指向

就实然层面而言,步入"你就是媒体"的自媒体时代后,行使言论自由的方式显然变得更多了。每个人都可以通过自己的账号,以文字、声音、视频等多样化的形式,在风格各异的类型化平台表达自己的观点。与此同时,每个人也就有可能接收到那些以既定价值导向为基础的传统媒体新闻观点之外的更加多元化的声音。表达与反馈的实时高效,不仅会滋生更为强烈的言论意愿,而且会产生更为深远的传播效果。一方面,言论经由网络空间带向世界各地,让许多本是无声的呐喊有被听到,甚至被回应的可能;另一方面,言论内容的传播通常要有话题、有故事,但内容却不一定真实,这增加了恶意信息散布的风险,放

---

〔1〕参见洪丹娜:《算法歧视的宪法价值调适:基于人的尊严》,载《政治与法律》2020年第8期;崔靖梓:《算法歧视挑战下平等权保护的危机与应对》,载《法律科学(西北政法大学学报)》2019年第3期;张恩典:《反算法歧视:理论反思与制度建构》,载《华中科技大学学报(社会科学版)》2020年第5期。

大了其反向的作用,危害人权保障、法治建设与社会民主。[1]

但就应然层面而言,宏观上言论自由的权利内容并未因自媒体时代的到来发生实质变化。基于权利的克减理论,其权利边界仍以《宪法》第38、41、51条作为其外在限制之依据,即不能损害私人利益、社会公共利益和国家利益。需要强调的是,鉴于自媒体时代下言论自由影响力度的增强,尤其是针对影响范围及程度显著扩大的实然结果,国家有必要在应然层面重新去审视言论自由这一抽象概念的具体权利界限,亟须谨慎考量其规范性标准。鉴于此,国家陆续出台了《中华人民共和国网络安全法》《互联网信息服务管理办法》《网络信息内容生态治理规定》等法律法规,对于自媒体时代下言论自由的行使做出更为具体的规范,进行更为严格的监管,如主体资格的限制(用户注册实名制)、表达方式的限制(平台的敏感词屏蔽、封号删帖等管理制度)等。与此同时,还应注意到言论自由本质上虽是一种宪法权利,但其行使却可能造成部门法尤其是民法上的具体结果,如在司法实践中自媒体时代下过度行使言论自由主要侵害的是以名誉权为代表的人格权等民事权利。[2] 因此,民法上侵权方式的增多与损害结果的扩大同样也迫使国家回归到立法层面,就宪法领域言论自由的边界进行部门法框定的再度考量。

正如前述,在自媒体时代背景下,主体行使言论自由这一宪法权利客观上往往会与诸如人格尊严等其他基本权利形成界限上的模糊,因此国家机关如何通过对部门法中的权利创设与界定从而回应宪法层面基本权利的保障需求,归根结底还是要先回归到宪法视域下的基本权利本身进行探讨。事实上,宪法中基本权利条款的效力远非宣誓性的,主要通过以下两种路径对相关主体产生影响:一是部分基本权利在符合合宪性的前提下通过国家立法活动转化为部门法中的具体权利从而发挥效力,即将宪法条款"部门法化";[3] 二是部分基本权利通过宪法规范本身对国家与公民、公民之间的法律关系产生影响,目前作为基

---

〔1〕 包旭:《言论自由刑法控制的正当性和原则——以自媒体为背景》,载《学术探索》2017年第3期。

〔2〕 有学者对2008—2016年共103份提及言论自由的民事裁判文书为样本进行统计,绝大多数(94.2%)为名誉侵权案件(包括涉及隐私权)。详见陈道英:《我国民事判决中宪法言论自由条款的解释——以2008-2016年103份民事判决为样本》,载《华东政法大学学报》2017年第1期。

〔3〕 杨晓楠:《国外宪法基本权利的效力实现及对我国的启示》,载《东北大学学报(社会科学版)》2014年第1期。

本权利的言论自由便是如此。作为宪法赋予公民的一项基本权利,言论自由属于限制国家权力以保障个人权利实现的最高级别规范。[1] 该宪法规范的效力实现首先自然是体现在国家与公民这两个不对等主体之间,此为宪法的纵向效力实现,即国家有不侵犯个人言论自由之实现的义务;更多的是作用于公民(或社会组织)等平等主体之间,此为宪法的横向效力实现,也被称为宪法基本权利对第三人的效力,即第三人若侵犯公民言论自由,宪法规范是否能对其进行救济?如何救济?如用户一发帖平台即删帖等类似行为,用户是否可以直接以言论自由的宪法规范作为抗辩依据?

宪法基本权利对第三人效力问题的争论,学界有着截然不同的观点。直接第三人效力说,即承认基本权利条款具有直接横向效力,当无私法规定可援引又系保障人权之必须时,法院可以直接引用宪法基本权利规范以解决私人之间的争议。因此,基本权利要么可以作为其他权利或者保护性法律而在私人领域中直接发生规范效力,要么可作为法律上的禁令来判断当事人的行为是否有效。[2] 少数持该种说法的学者们认为,尽管宪法设定是保护公民的基本权利不受侵害,而民法上的民事权利是为防止个人利益不受其他主体侵害,但在司法实践中实则可将两者归因为同一价值范畴。然而,这一观点自产生以来持续受到主流学界的批评,更多的学者[3]则强调宪法与部门法之间基于公法与私法属性之不同,更为认同间接第三人效力说,即宪法的基本权利既是一种主观权利,也是一种重要的客观价值秩序,可将其作为解释民法等部门法概括性

---

〔1〕 张红:《方法与目标:基本权利民法适用的两种考虑》,载《现代法学》2010年第2期。

〔2〕 Vgl. Kyu – Hwan Park, Die Drittwirkung der Grundrechte des Grundgesetzes im Vergleich zum koreanischen Verfassungsrecht, Halle (Saale), 2004, S. 37 – 40, 95 – 99. Johannes Hager, Grundrechte im Privatrecht, 49(8) Juristen Zeitung Jz, 1994, S. 374 – 380. 转引自黄宇骁:《论宪法基本权利对第三人无效力》,载《清华法学》2018年第3期。

〔3〕 参见张红:《方法与目标:基本权利民法适用的两种考虑》,载《现代法学》2010年第2期;许瑞超:《德国基本权利第三人效力的整全性解读》,载《苏州大学学报(法学版)》2017年第1期。

条款的基本原则，以间接地实现其横向效力，从而使公民基本权利免于受损。[1] 值得一提的是，近年来也有学者提出截然不同的观点，完全否认宪法基本权利对第三人的横向效力，认为上述的客观价值秩序实乃任何共同体都该拥有特定的道德规范，个人、集体（社会）、国家三者之间或他们各自内部之间应然关系和生活方式的道德理论上的道德价值或道德原则（超实定法价值基础）。从这个角度而言，宪法的法律文书功能是一种“说明书”，其程序法性质的本质是规定国家如何将法外的道德理论实证化的操作规程。[2] 换言之，除却直接第三人效力说，后两者学说的争议似乎集中在国家立法行为的依据究竟是宪法中的实证规范抑或仅为特定道德理论（此时宪法依据是一种必要而非充分条件）。那么无论如何这里都可以达成一种共识，即国家有进一步通过部门法立法的义务从而在其本身不对公民基本权利进行侵犯的前提下运用国家强制力保障公民基本权利不受其他社会主体侵犯之可能。至于这种立法义务究竟是否源自宪法规范本身还是外在因素虽然是一个更为复杂的问题，但对于本文的结论关系不大。

具体到言论自由这一基本权利，宪法条款之规定赋予了公民行使基本权利之边界，也规范了国家保障之义务。在自媒体时代这一特殊背景下，公民行使言论自由更容易受到其他主体的侵害，引发私法领域的权利（如民法中的名誉权）纠纷。此时按照上文之逻辑，权利主体似乎无法直接以言论自由之宪法条款为依据对抗第三人的侵害，作为公法范畴的宪法规范，该条款限制的对象主要是国家而并非第三人。因此更为妥当的处理方式应当是，国家在充分考虑言论自由这一宪法基本权利规范背后价值逻辑的基础上，通过部门法立法活动细化权利边界，进而转化实现其横向效力。综上，一方面，自媒体时代背景下言论

---

〔1〕 被誉为德国言论自由第一案的1958年吕特案通常被视为宪法基本权利间接第三人效力说的最佳示例。其基本案情为德国爱国公务员吕特呼吁抵制前反犹太人导演Harlan的电影《不配的爱》，遭到导演和制片公司的起诉，一审民事法院判其败诉。后德国联邦宪法法院认为该判决侵犯了电影制作方的言论自由权，改判其胜诉。理由为在解释与适用民法中“善良风俗”的条款时，没有充分考虑到言论自由这项基本权利的重要意义和影响。这一判决将基本权利不仅局限于是个体之于国家的权利，更是一项具有普遍效力的实体法规范，要求国家不仅是在“国家—人民”的二元关系中，还是“人民—国家—人民”的三角关系中，都有对其加以积极保护的义务，也有学者将其称为基本权利客观规范功能的扩散效力。参见张红：《方法与目标：基本权利民法适用的两种考虑》，载《现代法学》2010年第2期。

〔2〕 黄宇骁：《论宪法基本权利对第三人无效力》，载《清华法学》2018年第3期。

自由的权利依据依旧是宪法的基本权利规范,除了宏观意义上其在国家利益、社会利益及他人利益三个维度下的边界框定外,其具体界限的扩张或限缩依旧要通过国家作为义务主体进行立法活动予以细化明确并施加保护;另一方面,在我国学界的主流语境下,当言论自由受到第三人侵害时,宪法基本权利规范通常无法直接作用于私法领域,但其权利价值依旧可以通过部门法中的具体规范予以体现,进而发生间接扩散效力。换言之,国家通过部门法立法在对言论自由进行规范的同时,本身也在不断明晰言论自由的边界,进而更好地实现对公民言论自由的保护之目的。

四、自媒体时代对言论自由边界的现实映射

延续上文,要考量自媒体时代对言论自由边界的影响,一则需要将视角从关注实然层面结果的扩大回归到重申应然层面的国家立法行为之回应,二则在检视立法路径时需要将问题指向从宪法领域辐射到行政法、民法等部门法范畴。自媒体时代对言论自由边界的影响或许在行政法领域已初见端倪。随着“按键杀人”等负面现象的不断增多,为治理自媒体野蛮生长之乱象,国家通过行政立法不断明晰自媒体时代背景下言论自由的应有边界,即细化不侵犯私人利益、社会利益和国家利益这一基本底线的具体内容。以新闻评论为例,正如上文所提及自媒体时代的交互性特征,理论上说公民对新闻发表评论不仅是保障其言论自由的体现,也是其行使监督权的重要方式。但在自媒体时代,若是通过朋友圈、微博、微信公众号、抖音等个人平台随意发表新闻评论,由于时间与空间的无边性,受众群体更多,产生的影响更大。在流量与热度为王的自媒体时代,“虚荣”会使得自媒体运营主体在语言文字上做文章,有时这会对社会利益、甚至是国家利益带来极大的威胁,如 2018 年知名公众号“二更食堂”发表《托你们的福,那个杀害空姐的司机,正躺在家里数钱》,消费空姐被害案,文字中引导读者沉浸在色情的想象里,却看不到丝毫对死者的尊重与对凶手的谴责,引起网友的强烈不满。因此,国家通过行政立法对于自媒体时代下言论自由在新闻评论领域的边界予以进一步细化。2017 年国家互联网信息办公室(以下简称国家网信办)颁布了《互联网新闻信息服务管理规定》(以下简称《规定》),在明确新闻信息包含针对社会公共事务的报道及评论的基础上,对于各

主体如何提供互联网新闻服务提供了法律依据。[1] 《规定》第5条要求，任何主体必须取得互联网新闻信息服务许可才可向社会公众提供互联网新闻信息服务，包括发布及转载服务。[2] 《规定》第6条第1款则更是将互联网新闻服务许可的申请资格明确限缩于法人主体。[3] 可见，《规定》率先是将法人运营的自媒体提供互联网新闻信息服务纳入规制范畴，要求其在提供新闻发布、评论与转载等服务时需要取得资质并符合规定。而个人运营的自媒体账号原则上不属于直接的监管范畴，在发布、评论与转载内容合法的范围内，不需要资质认证。《规定》的出台虽未直接约束个人自媒体账号，但实际上强化了国家管控媒体的主导权，通过约束平台，要求平台为其提供的内容承担责任。2021年国家网信办修订出台的《互联网用户公众账号信息服务管理规定》（以下简称《管理规定》）进一步强化了对公众账号信息传播秩序的管理，其中第5条明确要求公众账号生产运营者向社会公众提供互联网新闻信息服务必须取得相应资质，将规制主体的范畴从法人扩大到包括个人在内的所有主体类型。值得注意的是，早在2017年版的《管理规定》第8条中便对于公众账号进行新闻采编发布作出资格限制，但对于新闻评论与转载却没有提出资质要求，只是要求不得发布违法违规的信息内容。而2021年版的《管理规定》第5条则将资质要求扩大到互联网信息服务的全部内容，不仅包括采编发布，也包括评论与转载。[4]

综上，通过有关"自媒体新闻评论"所涉行政规章的梳理，可以得出在自媒

---

[1] 《规定》第2条第2款规定："本规定所称新闻信息，包括有关政治、经济、军事、外交等社会公共事务的报道、评论，以及有关社会突发事件的报道、评论。"

[2] 《规定》第5条规定："通过互联网站、应用程序、论坛、博客、微博客、公众账号、即时通信工具、网络直播等形式向社会公众提供互联网新闻信息服务，应当取得互联网新闻信息服务许可，禁止未经许可或超越许可范围开展互联网新闻信息服务活动。前款所称互联网新闻信息服务，包括互联网新闻信息采编发布服务、转载服务、传播平台服务。"

[3] 《规定》第6条第1款规定："申请互联网新闻信息服务许可，应当具备下列条件：（一）在中华人民共和国境内依法设立的法人；（二）主要负责人、总编辑是中国公民；（三）有与服务相适应的专职新闻编辑人员、内容审核人员和技术保障人员；（四）有健全的互联网新闻信息服务管理制度；（五）有健全的信息安全管理制度和安全可控的技术保障措施；（六）有与服务相适应的场所、设施和资金。"

[4] 《管理规定》（2021年版）第5条规定："公众账号信息服务平台提供互联网用户公众账号信息服务，应当取得国家法律、行政法规规定的相关资质。公众账号信息服务平台和公众账号生产运营者向社会公众提供互联网新闻信息服务，应当取得互联网新闻信息服务许可。"《管理规定》（2017年版）第8条规定："依法取得互联网新闻信息采编发布资质的互联网新闻信息服务提供者，可以通过开设的用户公众账号采编发布新闻信息。"

体时代，国家通过行政立法将言论自由的边界进行进一步的释明。就自媒体新闻信息服务的资质要求而言，立法变迁主要体现在主体与内容两个层面。就主体而言，从仅限制法人运营的账号扩大到包含个人在内的所有公众账号；就内容而言，从仅限制新闻采编发布扩大到包含新闻采编发布、评论与转载在内的互联网信息服务的整体环节。除上述示例外，以 2019 年国家网信办发布的《网络信息内容生态治理规定》为代表的一系列行政立法还从内容的角度为网络信息内容生产者提供更为细化的指引，明确网络信息内容生产者禁止触碰的十条红线，抵制与防范的八类不良信息，不仅为自媒体时代下言论自由进一步明晰边界，更是体现了我国在网络信息内容生态治理领域的主导价值取向。[1] 此外，为了增强交互的趣味性，自媒体用户在互动中还自发创设出极具特色的网络用语，如“钢丝”“凉粉”“TMD”等，为减少不当使用该类词语所造成的消极影响，新华社将其增设为新闻报道中的禁用词，体现了国家保障言论自由积极义务之履行。

再将视角转换到民法领域一窥究竟。早在 2014 年最高人民法院便颁布了《关于审理利用信息网络侵害人身权益民事纠纷案件适用法律若干问题的规定》，2020 年 12 月因《民法典》的出台对其进行了修正。针对自媒体场景下的谣言野蛮成长现象，该规定第 7 条就网络用户或网络服务提供者转载网络信息行为的边界作出更明确的规定，主要用以判断涉及侵权行为时行为人的主观过错及程度。[2] 该条款试图将自媒体转发者主观过错认定划分为三个层次：一是转载者自身性质及影响程度，用以规范微博红人、网络大 V 等网络公众人物的不谨慎转载行为；二是转载信息侵害结果明显程度，用以规制主观色彩浓重、侵权明显的信息转载行为；三是转载内容实质修改程度，用以规制博眼球、寻流量的“标题党”行为。在小米科技有限责任公司（以下简称小米公司）诉张某一案中，法院也是基于上述三点来综合判断张某的行为究竟是属于言论自由的范畴

---

〔1〕 王春晖：《深度解读〈网络信息内容生态治理规定〉》，载中华人民共和国国家互联网信息办公室网，http://www.cac.gov.cn/2020-03/02/c_1584692437514622.htm。

〔2〕 《关于审理利用信息网络侵害人身权益民事纠纷案件适用法律若干问题的规定》第 7 条规定：“人民法院认定网络用户或者网络服务提供者转载网络信息行为的过错及其程度，应当综合以下因素：（一）转载主体所承担的与其性质、影响范围相适应的注意义务；（二）所转载信息侵害他人人身权益的明显程度；（三）对所转载信息是否作出实质性修改，是否添加或者修改文章标题，导致其与内容严重不符以及误导公众的可能性。”

还是已构成对小米公司的名誉权侵权。首先，从被告张某自身拥有40余万的粉丝数认定其网络大V的身份，具有高于普通网络用户的影响力，在发布（转发）网络言论时，需要达到高于一般公众与其身份性质相适应的注意义务。其次，张某仅对于负面评价进行截取，在主观陈述的遣词造句中存在反讽、嘲笑小米公司的措辞，客观上对小米公司的社会评价造成了一定的影响。但当言论涉及知名企业时，即使措辞存在不当之处，只要不具有明显恶意的侮辱且未超过损害知名企业人格的必要限度，均被界定为言论自由的范畴，即知名企业对于该类社会评论和舆论监督理应负有一定的容忍义务。最后，涉案博文由好评率降低、差评集中在哪些方面、被告张某使用后的主观感受及九张负面评价截图四方面构成，张某充分举证证明客观评价及图片均源于“小米京东自营旗舰店”中截取的消费者真实评价，主观评价表述诸如“使用几天发烫确实存在”“死机问题目前遇到一次”等结合语境及上下文判断，并不存在侮辱原告小米公司的情形。最终法院判决张某的行为不构成侵犯名誉权，但基于其网络大V的身份，裁判文书中对其不当行为予以指正，要求其秉承社会责任意识，坚持正确舆论导向。[1] 可见，无论是民事立法层面还是司法实践过程，均已关注到自媒体时代的到来对言论自由的边界影响，不仅通过民事立法或司法解释进一步厘清宪法上言论自由的权利边界，寻求言论自由与名誉权等人格权利行使之平衡，而且在司法实践中，将宪法上的言论自由权利规范通过部门法概括性条款予以代入解释，进而发生间接扩散效力。

通过行政法与民法两个部门法规范之检视，可以更清晰地看到自媒体时代下，言论自由在应然与实然两个维度之间、在宪法与部门法两个领域之间的交互转换，具体体现为两个方面。一是上述所涉行政规章或民事司法解释均是在自媒体时代背景之下逐渐产生的，本质上仍是国家出于自媒体所造成的实然结果之扩大，尤其是如谣言、不真实信息的广泛传播，从而在应然层面对宪法赋予的言论自由边界进行更为明确的一种限制。二是无论是行政规章抑或民事司法解释，恰恰是对宪法中言论自由的具体框定，不仅是应然对实然之投射，同时也是宪法的基本权利规范通过部门法的规范内容发挥弥散效果之体现。正如有学者所言，政府并非试图要在各个群体的自我表达利益之间作出仲裁，而是

---

〔1〕 成都铁路运输中级法院民事判决书，(2021)川7101民初130号。

试图通过确保各方的观点为公众所知晓，为集体性自治创造基本的前提条件。[1]

五、结语

言论自由的重要性不在于其被规定为公民的基本权利，而在于它给现代社会带来了巨大的实际效益，是改革进行时、开放进步中的社会必须选择的基本方向，实际在价值判断的背后或许是权利配置的绩效原则在起作用。[2] 自媒体时代的到来不仅仅体现为言论自由载体方面的变化，同时也基于主体身份的多元性与表达方式的交互性，从而模糊了其与传统新闻自由之间的界限，进一步放大了其表达自由之效果。面对自媒体时代下言论自由在实然层面的影响变化，迫使国家亟须从应然层面作出回应，将宪法所赋予的言论自由之边界通过立法活动在部门法领域予以进一步厘清。

---

〔1〕［英］欧文·M. 费斯：《言论自由的反讽》，刘擎、殷莹译，新星出版社2005年版，第29页。

〔2〕苏力：《法治及其本土资源》，北京大学出版社2015年版，第189页。

知识点十一　法律实施

一、理论知识点梳理

(一)法律实施的意义

法律实施,也称法的实施,是指法律规范的要求通过法律执行、法律适用、法律遵守等形式或途径在社会生活中得以实现的活动。第一,法律实施是一种社会活动或社会行为,其主要方式是“作为”,其特殊方式是在某些条件下的“不作为”。第二,法律实施是依据法律规范所从事的社会活动或社会行为,这种活动或行为会产生一定的法律后果。第三,法律实施的主要形式或途径是法律执行、法律适用和法律遵守。第四,法律实施与法律实效既有联系又有区别。法律实施强调的是把法律规范的要求由抽象向具体、由主观向客观转化的过程、方式和路径;法律实效侧重于强调这种转化所产生的实际效果,它是法律实施之后的静态结果。

(二)法律执行

1. 法律执行的概念

法律执行,又称行政执法,是指国家行政机关及其公职人员依法行使行政管理权、履行法定职责、执行法律的活动。

法律执行是法律实施的重要组成部分,与其他环节相比,法律执行具有以下特点:第一,法律执行活动具有主动性;第二,法律执行内容具有广泛性;第三,法律执行活动具有单方意志性;第四,法律执行程序具有效率性。

2. 法律执行的基本原则

法律执行的基本原则,是指行政执法主体在执法活动中所应遵循的基本准则,主要包括依法行政原则、合理性原则、信赖保护原则、效率原则等。

(1)依法行政原则

依法行政原则,是指行政机关必须根据法律法规的规定取得、行使行政权力,并对行政行为的后果承担相应的责任。依法行政包括以下基本内容:一是行政主体合法;二是行政权的行使合法;三是行使行政权必须承担相应的责任,权责统一。依法行政的本质是依法规范、约束行政权力。为了保证行政机构既有权又有责,既不越权又不失职,一方面,宪法和法律授予行政机关充分而又必要的行政权力,以确保其能够有效履行职责;另一方面,宪法和法律又明确规定行政机关的责任和对行政权力的制约与监督,以防止行政权力被滥用。

(2)合理性原则

法律执行的合理性原则,是指法律执法中正确行使自由裁量权所采取的措施、作出的决定合乎理性,符合案件事实、情节、执法对象本身的情况,符合公平的原则。要使执法行为符合合理性的原则,一是权力行使应符合法律赋予该项权力的目的;二是案件与处理结果轻重幅度相当;三是类似情况类似处理。

(3)信赖保护原则

信赖保护原则的具体要求是:由于行政权力具有确定力,行为一经作出,如无法定事由和未经法定程序,就不得随意撤销、废止或改变。

(4)效率原则

法律执行的效率原则,是指在依法行政的前提下,行政机关在对社会提供管理和服务的过程中,应尽可能简捷快速,以尽可能低的成本取得尽可能大的效益,从而获取最大的执法效益。具体有三方面要求:一是提高时间效率,减少工作拖延;二是节约执法成本,以最低的成本投入、资源消耗取得最佳的法律和社会效果;三是提高制度的科学性,减少不合理制度的负面作用。

3. 行政执法与行政责任

(1)行政执法

行政执法的概念,从不同的角度出发有不同的含义。其一,为了说明现代行政的性质和功能而使用行政执法的概念。其二,为了区别行政的不同内容而使用行政执法的概念。其三,作为行政行为的一种特定方式而使用行政执法的概念。

(2)行政责任

法治行政是一种责任行政,法律在赋予行政机关权力的同时,也意味着行政机关应承担相应的责任,有权必有责。行政责任,是指行政法律关系主体因违反行政法律规范所规定的义务而引起的依法必须承担的法律责任。行政责任具有以下三个主要特点：第一，承担行政责任的主体是行政主体和行政管理相对人；第二，产生行政责任的原因是行为人的行政违法；第三，行政责任是行政法上的法律责任。

（三）法律适用

1. 法律适用的概念

法律适用即法的适用，是指国家司法机关根据法定职权和法定程序，具体应用法律处理案件的专门活动，即司法。

2. 法律适用的主要特点

我国《宪法》规定，人民法院是国家的审判机关，依照法律规定独立行使国家审判权；人民检察院是国家的法律监督机关，依照法律规定独立行使国家检察权。法院进行法律适用活动，有以下几个特点：权力的专属性；严格的程序性；启动的被动性；运作的中立性；裁判的权威性；裁判的终局性。

3. 法律适用的基本原则

（1）司法为民原则

司法为民是社会主义法治的本质要求，是“一切权力属于人民”的宪法原则在司法工作中的具体体现。

（2）依法独立行使职权原则

司法机关依法独立行使职权是司法机关适用法律的一项重要原则。我国《宪法》规定，人民法院、人民检察院分别依照法律规定独立行使审判权、检察权，不受行政机关、社会团体和个人的干涉。

（3）司法平等原则

司法平等原则是法律面前人人平等原则在司法活动中的具体体现，是适用法律的重要原则。它是指各级国家司法机关及其司法人员在行使司法权、处理案件时，对于任何公民，无论其民族、种族、性别、职业、宗教信仰、教育程度、财产状况、居住期限等有何差别，也无论其出身、政治历史、社会地位和政治地位有何不同，在适用法律上一律平等，不允许有任何的特殊和差别。

（4）司法公正原则

司法公正原则是指司法机关及司法人员在司法活动的过程中应坚持和体现公平和正义的原则。司法公正是社会正义的组成部分，它包括实体公正和程序公正。司法活动的合法性、独立性、有效性，裁判人员的中立性，当事人地位的平等性以及裁判结果的公正性，都是司法公正的必然体现。

(5)司法公开原则

司法公开是公正司法的必然要求。司法越公开，就越有权威和公信力。

4. 司法权与司法责任

(1)司法权

司法权是对具体争讼的个案通过审理和适用法律确定当事人的权利与义务关系和法律责任的权力。

司法权与立法权有明显区别：一是立法权本质上是人民共同意志的汇集和表达，主要表现为立法、决定、决议等形式；二是立法权追求的主要价值目标是民主；三是立法权实行集体行使权力的方式，其制度设计通常为少数服从多数。

司法权与行政权有明显区别：一是在行使权力的目的上，行政权是实施宪法和法律，事前为社会谋取公共福利；司法权则是事后维护公民与社会组织的权益，维护宪法和法律的权威。二是在行使权力的对象上，行政权总体上是以国家和社会的公共利益为对象，依法作出一般性的行政决策或处理个案；司法权则只能针对个案，以特定的公民或社会组织以及国家机关为对象，并以至少有两方的争端为前提。三是在行使权力的方式上，行政权是主动执法、主动管理与服务社会，法律规定行政机关应作为而不作为者，就是失职；司法权(主要是指审判权)是被动司法，实行事后救济原则，其受理案件须经利害关系人的请求。四是在行使权力的独立性上，行政机关是按行政层级系统行使职权，实行行政首长负责制，下级服从上级行政机关与行政首长的命令和决定。而司法机关在行使审判权时，则只服从法律，不受任何行政机关、社会团体、公民个人的干涉。

(2)司法责任

司法责任，是指司法机关和司法人员在行使司法权过程中侵犯了公民、法人或其他社会组织的合法权益，造成严重后果而应承担的责任。

司法责任是根据权力与责任相统一的法治原则而提出的一个权力约束机制。司法责任的认定，如同其他法律责任的认定一样，必须遵循法治化的归责原则，具体包括三项内容：一是责任法定原则；二是责任相称原则；三是责任自负原则。

(四)法律遵守

1. 法律遵守的概念

法律遵守即守法,是指公民、法人、社会组织、武装力量和国家机关都以法律为行为准则,依法行使权利、履行义务、承担责任的活动。

2. 法律遵守的理由和意义

从一般意义上说,守法主体之所以守法,既可能是出于契约式的利益和信用的需要,也可能是出于文化、信仰、心理或道德上的考虑,还可能是由于惧怕法律的制裁或出于社会、组织等的压力,更可能是以上多种原因综合作用的结果。

3. 法律遵守的范围和条件

法律遵守的范围,是指守法主体应遵守的法律的种类。法律遵守的条件包括主观和客观两个方面。主观条件是守法主体的主观心理状态和法律意识水平;客观条件是守法主体所处的客观社会环境,如政治状况、经济状况等都会对守法行为产生影响。

(五)法律实施的正当程序

1. 法律程序概述

法律程序是指特定主体为完成某一具有法律意义的行为所应遵守的法律过程和方法以及它们相互之间的关系。

(1)法律程序的特征

整体来看,法律程序具有如下四重特征:第一,目标特定,即法律程序的目标在于作出特定的法律性决定;第二,主体多元,即法律程序通常由多个法律主体参与其中,通过主体的互动而产生相应的法律性决定;第三,相对中立,即对于法律性决定而言,法律程序具有一定的距离,它并不直接指向某一特定的法律性决定,只是规定其中的顺序和步骤;第四,象征性,即法律程序彰显了一种"看得见的正义"。

(2)法律程序的功能

法律程序在现代法治国家发挥着重要的功能,具体包括以下六个方面:导向功能、分工功能、规范功能、校正功能、疏解功能以及教育功能。

2. 正当法律程序

(1)正当法律程序的基本要求

第一,法律程序应当是中立的;第二,法律程序应当是分化的;第三,法律程序应当是竞争性的;第四,法律程序应当是真实而有效的;第五,法律程序应当是公开而透明的。

(2)正当法律程序的价值

第一,正当法律程序有利于实现和保障公民权利;第二,正当法律程序是规范和约束权力的有效手段;第三,正当法律程序更能够有效地解决纠纷,提高纠纷解决方案的接受度;第四,正当法律程序是法律权威的保障。

3. 程序正义

关于程序正义的意涵,可以从以下几个方面来把握。第一,程序正义具有独立的价值;第二,程序本身设计得是否科学合理,可以作为衡量程序正义是否得到实现的依据;第三,程序正义与实体正义可能是相辅相成的关系。

树立和坚持程序正义观念,对于推动法治事业发展具有重要意义,这是因为:第一,程序正义本身承载了诸多法治的价值;第二,程序正义设定了实体正义的操作框架,并对其有过滤和补救作用;第三,实体正义和程序正义共享同一个终极评价标准——人的主体性和尊严。

(六)法律实施的监督

1. 法律实施监督的原理

广义的法律实施监督,即指国家机关、政党组织、社会团体和公民个人等,依法对法律执行、法律适用和法律遵守等活动的合法性进行的监督。

法律实施监督的对象,包括法律实施的公权力主体,主要是行政机关、监察机关、审判机关、检察机关。法律实施监督的对象也包括法律实施的私权利主体,如公民、法人和社会组织等。法律实施监督的内容,包括法律的制定、执行、适用和遵守的各个环节,贯穿于法律实施的整个过程。

2. 法律实施监督的原则

中国特色社会主义法律实施监督应遵循以下原则:民主原则、法治原则、公开原则、依法独立原则以及效率原则。

3. 法律实施监督的性质和功能

中国特色社会主义法律实施监督,是在中国共产党的领导下,以人民代表大会制度为基础，以社会主义民主法治为原则，以权力的合理划分与相互制约为核心，依法对法律执行、法律适用和法律遵守等活动进行监视、约束、控制、检查和督促的法律机制。

作为一种制约平衡机制，法律实施监督具有以下主要功能：保障功能、救济功能、反馈功能、评判功能、协调功能以及预防功能。

二、情境议题的创设与引导

为使学生通过"如何看待'知假买假'出现同案不同判的现象"这一情境议题，基于不同主体之立场展开讨论、辩论，引出法律适用中可能存在的同案不同判等问题，以便更好地理解法律实施的过程。具体议题情境创设如下：

甲意外得知乙在某商城买的标价200元的台灯属于假冒伪劣商品，遂至该商场花费2000元，买了10台。后经质检部门检验，该台灯质量不合格，向法院起诉要求商场按照《中华人民共和国消费者权益保护法》（以下简称《消费者权益保护法》）第55条进行"退一赔三"。你认为法院是否应该支持甲的诉求？为什么？

在学生表达自己观点的过程中，教师通过设问等方式细化情境，就知假买假行为的界定、导致同案不同判的原因等问题进行深入探讨，拓展学生思考的广度与深度，以便全面地理解并提炼出法律实施过程之法律适用中发生同案不同判现象背后的机理。

观点1 支持甲的诉求，认为商店卖的是假货，当然可以要求赔偿，有助于打击经营者的违法经营行为。

设问1：如何界定"知假"？商家主动告知与买家自己发现"假货"，有无差别？如何鉴别"疑假买假"与"知假买假"？

例1：如果乙在销售台灯时就明确标明，该台灯外观存在瑕疵，但不影响正常使用，价格为60元，甲愿意接受，是否属于"知假"？购买后能否要求退赔？

例2：甲只是怀疑某商场销售的商品存在质量问题，购买了服装、台灯、空调等五类商品，去专业检验机构进行检验，却只有台灯质量不合格的，是否属于"知假"？能否要求退赔？

设问2：针对知假买假的适用条件，是否需要因商品类型不同而存在差别？

例1:甲向某商场购买的不是台灯,而是三鹿奶粉,发现三聚氰胺含量严重超标,要不要赔?怎么赔?

例2:甲在公园散步,遇到一个小孩为了完成学校布置的暑假作业在卖酸梅汤,出于善意买了一碗,结果喝完发现不是酸梅汤而是可乐,要不要赔?怎么赔?

设问3:针对"惩罚经营者违法行为之目的",让经营者承担高额成本当然是对其违法行为的一种惩罚,但对消费者来说是否属于变相的经营行为?若金额过高,是否构成敲诈勒索罪?

例:甲得到了三倍赔偿,后续会不会去别的城市购买100台台灯,以获得额外赔偿。甚至指导、帮助他人向该品牌台灯的商家进行索赔?

观点2　不支持甲的诉求,认为虽然商店卖的是假货,只需要承担退货退款的义务即可,不应支持"退一赔三"。

设问1:甲在"知假"的情况下仍执意购买,是否有违诚实信用原则?背离《消费者权益保护法》与《中华人民共和国食品安全法》(以下简称《食品安全法》)的立法目的?

设问2:若甲是因配合行政执法机关发生的打假行为,能否获得支持?

观点3　通过搜索法院相关判例,无论是针对食药还是普通商品,针对"知假买假"案件判决都呈现出明显"同案不同判"的倾向。

设问1:针对同一"知假买假"现象,两个法院认定的事实不同,结果应该是一样的吗?

例:针对上述情境,A法院认为甲构成"知假买假",B法院认为甲并非构成"知假买假",那么这时能得出同判的结果吗?

设问2:针对同案的标准,何为"同案"?是"相同"还是"类似"?何为"类似"?"类似"的判断标准是否会因主体、地域与时间产生差异?

设问3:何为"同判"?同判的结果是否应该有哪些客观的比较标准?

情境案例研究

“知假买假”同案不同判之检视与规范

摘要:“知假买假”现象自产生以来,逐渐衍变出如“疑假买假”“打假卫士”“职业打假人”等多种复杂形态,导致社会各界对其态度在几经反复后仍存在较大的争议,在司法实践中便表现为同案不同判现象。文章试图采取交互演绎研究路径,将同案同判的法理元素嵌入“知假买假”这一具体行为的司法适用过程,重新检视不同情况下的“买假”是否符合“同案”的判断标准、其难以实现同案同判的困境所在以及如何实现同案同判的现实可达。

关键词:知假买假;同案不同判;法律适用

一、引言

2022年4月,网上一段老奶奶因销售150碗自制粉蒸肉,之后被买家以“三无产品”起诉索赔5万元而失声哭泣的视频引发网友热议。买家邵先生认为,王女士让婆婆公开哭诉卖惨博同情系有违道德;而卖家王女士则认为,邵先生系职业打假人对其进行敲诈勒索故满腹委屈。[1] 该事件发酵后,“知假买假”这一颇具争议的现象再次被推向舆论的风口浪尖。随着消费维权意识的普遍提升,在“知假买假”涉诉案件与日俱增的同时,大众对“知假买假”的价值评断也不再仅限于传统意义上无脑站边“弱势”消费者的“一刀切”,更多时候会根据行为发生的具体情境从道德层面予以综合考量。上述视频发布后,许多网友除了发表各自观点,甚至还因同情王女士遭遇而将其网店的商品抢购一空,也足见如今人们对“欺弱”式打假的反感。

大众之所以在“知假买假”问题上难以达成一致的意见,除了维权意识与维权场景之复杂性所形成的个体朴素正义观之间的冲突外,司法实践中针对“知假买假”的同案不同判现象无疑也起到了推波助澜的作用。2021年中国消费者

---

〔1〕《媒体评论:“卖熟肉遭10倍索赔”店家被野性消费,说明什么?》,载成都商报红星新闻网2022年4月24日,https://baijiahao.baidu.com/s?id=1730975379943097006&wfr=spider&for=pc。

协会发布的《中国消费者权益保护状况年度报告》曾指出：局部地区存在职业打假人提起的诉求增多的情况，各地人民法院对职业打假人惩罚性赔偿诉求判罚不一，存在同案不同判问题。[1] 如在广州海珠区福柊百货商行、袁某霖产品销售者责任纠纷案中，[2]一审法院以被告因销售已过保质期的食品而未尽合理审查之义务为由，支持了原告"退一赔十"诉求，而二审法院以原告曾提出多起司法诉讼为由，认定原告不符合《消费者权益保护法》中有关"消费者"的定义，因此不支持其十倍赔偿的诉求。笔者在中国裁判文书网中以"知假买假"作为关键字进行搜索，得出 2022 年 1 月至 7 月全国发生诉讼案件 155 起，除去无关诉求的 26 起外，对剩余 129 起消费案件进行统计，可得出如下结论：其一，"知假买假"的案由以买卖合同纠纷为主，网络购物合同纠纷、产品责任纠纷为辅；其二，除少数案件涉及普通"知假买假者"的购买行为之外，[3]绝大多数都关涉职业打假人的购买行为；其三，针对同一案件，一审、二审改判的共 10 起，占比 7.75%；其四，针对"知假买假"的惩罚性赔偿诉求判准不一，判决结果差异化较为显著。笔者以"是否支持退款"、"是否支持惩罚性赔偿"以及"是否回避"为标尺对裁判结果进行统计得出（见表 2）："知假买假"同案不同判现象绝非特例，使得类案裁判的可预测性颇受挑战。

表 2　2022 年 1—7 月全国各地法院针对知假买假惩罚性赔偿诉求的判决结果统计

判决结果	支持退款且支持惩罚性赔偿*	仅支持退款，不支持惩罚性赔偿	不支持退款，仅支持惩罚性赔偿	不支持退款且不支持惩罚性赔偿	回避
数量/起	45	65	1	15	3
百分比/%	34.88	50.39	0.78	11.63	2.33

说明：* 该统计数据包含部分支持惩罚性赔偿的情形，即针对少部分案件，法院未支持十倍赔偿，而仅支持三倍赔偿。

---

[1] 中国消费者协会：《中国消费者权益保护状况年度报告》，载中国消费者协会网，https://p.cca.cn/ueditor/files/2022-06-16/7c7ce427-9962-453d-9635-3da0f230c258.pdf。

[2] 参见广东省广州市中级人民法院民事判决书，(2022)粤 01 民终 7811 号；广东省广州市海珠区人民法院民事判决书，(2021)粤 0105 民初 18732 号。

[3] 参见重庆市垫江县人民法院民事判决书，(2022)渝 0231 民初 189 号；重庆市垫江县人民法院民事判决书，(2022)渝 0231 民初 192 号。

同案同判的重要性是不言而喻的,它是让当事人直观感受到司法公平正义的利器。很多时候,人们不太容易辨明个案裁判是否满足依法裁判的标准,但却往往能够敏锐判断出其是否存在同案同判。[1] 若两个案件在大致情况上一样,则大众无疑会感受到这种共情的力量。因此,如果要想让诉讼人确信法院司法活动是公平的,那么坚持先例必须是一个规则而不是例外。[2] 基于此,同案同判实则与程序正义相似,似乎都彰显了一种"看得见的正义"。正如学者所言,法律因有根本精神,故法律秩序必有其同一性,因此,法律就某事件之规范若如此,则对其他相类似之事件,亦宜为同一之规范,为相同之处理,始能适合社会通念,俾能实现法律生活之公平及维护法律秩序之安定。[3] 同案同判的价值在于法律自身内在的安全感,而并非随意解释裁决带来的不确定感。传统针对同案同判的研究大多是从法理学、法学方法论等学科视角围绕"何为同案同判"、"同案同判的性质(道德义务与法律义务之争)"以及"同案是否必须同判"这三大关键议题展开讨论,旨在从宏观层面抽象出同案同判之定义、判准以及可行路径。本文试图采取交互演绎研究路径,以"知假买假"为微观视角,试图将同案同判法理元素嵌入"知假买假"这一具体现象的司法适用过程,以重新检视"知假买假"是否符合"同案"的判断标准、难以实现同案同判的困境所在以及如何实现同案同判的现实可达。

二、先决问题:"知假买假"是否符合"同案"的判准?

(一)何为同案?

要探究"知假买假"同案不同判现象的缘由与出路,明确"何为同案"是首要问题。从逻辑层面上来看,只有满足"同案"的标准,才有出现"同判"之可能。简言之,"同案"是"同判"的前提。

既有研究大多从语义学角度对"同案"的概念进行解读。以周少华教授为代表的概念否定论认为,"同案"仅限于"同样案件"或"相同案件",而不是"同类案件"或"类似案件"。这是由该命题自身内在的逻辑所决定的。[4] 毕竟,经

[1] 张超:《论"同案同判"的证立及其限度》,载《法律科学(西北政治大学学报)》2015年第1期。
[2] [美]本杰明·卡多佐:《司法过程的性质》,苏力译,商务印书馆1998年版,第50页。
[3] 杨仁寿:《法学方法论》,中国政法大学出版社1999年版,第6页。
[4] 周少华:《同案同判:一个虚构的法治神话》,载《法学》2015年第11期。

过法官解释和重构的法律事实因涉及主观价值判断,很难保证不同法官甚至同一法官能够建构出一模一样的两个案件事实。[1] 相反,概念肯定论则认为,“同案”应当解释为“类似案件”更为适宜。持该观点的代表性学者孙海波阐述了三点理由:其一,从哲学角度看,由于世界上没有两片相同的叶子,司法实践中也同样不会存在两个完全相同的案件;其二,从文义角度看,参考同案同判原则(the principle treat like cases alike)的英文表述也能轻易推得结论;其三,从司法实践角度看,若将“类似案件”排除在外,实则缩小命题的映射范围,同时也严重背离了法官在实践中对“类似案件”采取类似处理的客观做法。[2] 该观点进一步指出支持概念否定论的法官针对个案进行价值判断时具有恣意性,认为其应受到法教义学规则的限制,且不允许随意偏离规范设定之目的。以上两种观点看似对立,但均有各自之理据。

依笔者之管见,给“同案”下定义时自然要以文意释义为基,但同样也要考虑法律实践之需。基于此,学者阮堂辉所提出的定义似乎更为全面,“同案”应当包含同一案件、相同案件以及相似案件三种具体类型。[3] 理由有三:一是在文意释义方面,“同”意为相同、共同,因此“同案”概念理应包含其文本原义,即“同一案件”与“相同案件”。虽然“相同案件”属于理想化的存在,在实践中很难有所对应,但基于此就将其从概念范畴中完全去除,似乎有失定义的严谨性。虽说“世界上不存在两片相同的叶子”,但稍加反思便可知晓,阐述者并非着重于强调同一片叶子,而是更为强调两片叶子共享某些相同属性。二是在法律适用方面,既有研究中围绕相似案件或同类案件是否需要同判的讨论最为集中。可见,将“相似案件”或“同类案件”纳入“同案”的范畴在实践层面确有其现实

---

[1] Csaba Varga, *Theory of the Judicial Process: The Establishment of Facts*, 2nd edition, Budapest, 2011, p. 130 – 146. 支持该观点的学者还有张志铭及王凌皞,前者从表述形式重同而非异和表述内容兼顾案情与法律之比较这两方面进行论证,认为“同案”应表述为“同样案件”更优。参见张志铭:《对“同案同判”的法理分析》,载《法制日报》2012 年 3 月 7 日,第 11 版。王凌皞则认为,同案不可以宽泛解释为“类似案件”,只有当多个案件具有完全相同的相关可复现性属性(法律规范的一般性)时,才能被认定为同案。参见王凌皞:《“同案同判”蕴含着“遵循先例”么?——一对易于混淆的概念及其澄清》,载《浙江社会科学》2022 年第 4 期。

[2] 孙海波:《“同案同判”:并非虚构的法治神话》,载《法学家》2019 年第 5 期。

[3] 阮堂辉、陈俊宇:《“同案不同判”现象的内在逻辑与治理路径》,载《学习与实践》2018 年第 7 期。

之必要。这一点早在《最高人民法院关于案例指导工作的规定》第7条[1]中就得以印证,2020年7月发布的《最高人民法院关于统一法律适用加强类案检索的指导意见(试行)》(以下简称《最高院类案检索指导意见》)第1条中又进一步对类案的定义予以明确。[2] 三是在社会影响方面,人们往往更为关注类似案件不同判的现象,甚至会影响其朴素正义观的直觉感知,从而撼动司法公信力。若同案应该同判是一枚硬币的正面,那么该枚硬币的反面便易被解读为若同案不同判(差异化判决)便是判决存在错误。

(二)如何判断是否为"同案"?

相较于厘清"同案"的定义,明确"同案"的判断标准在识别"知假买假"个案归属时似乎更具有实践意义。其实在早期便有学者试图从"同案"的判断标准这一视角去界定"同案",发现程序法与实体法作出了不同回应。

在程序法上,主要存在"同案"仅指"同一法律问题",[3]"同案"指"事实相同、法律关系相同的案件"[4]以及将"同案"视为"争议焦点、关键案情相同或类似案件"[5]等几种主要观点。此外,还有学者认为"同案"的判断标准还应将请求权基础、诉讼主体以及程序样态均具有同一性等内容纳入考量。[6] 尽管该种解读因牵涉数个难以统一的判准分支而深受诟病,但或许基于可操作性的考量,《最高院类案检索指导意见》第1条在定义时依旧采纳了其中三个最主要的

---

[1] 《最高人民法院关于案例指导工作的规定》(法发〔2010〕51号)第7条规定:"最高人民法院发布的指导性案例,各级人民法院审判类似案例时应当参照。"

[2] 《最高院类案检索指导意见》第1条规定:"本意见所称类案,是指与待决案件在基本事实、争议焦点、法律适用问题等方面具有相似性,且已经人民法院裁判生效的案件。"其中基本事实更侧重于案件事实,法律适用更侧重于法律问题。而争议焦点既包括事实争议,也包含法律争议,作为两者的衔接具有较大的合理性。

[3] "所谓同案不同判是指不同的审判组织对同一个法律问题作出不一致的判断,导致裁判发生冲突,造成司法不统一。"参见陈杭平:《论"同案不同判"的产生与识别》,载《当代法学》2012年第5期。

[4] "民事诉讼中的同案不同判是指事实相同、法律关系相同的民事案件之间,裁判结果或当事人受到的裁判程序待遇不同。"参见金石、王春慧:《"同案不同判"民事案件的检察监督》,载《人民检察》2011年第5期。

[5] "判断两案是否属于同案时,应当首先考虑两案的争议焦点是什么……如果争议的焦点相同或者近似,再进一步比较两案的关键案情。"参见崔剑平:《同案不同判原因及对策研究》,载《东方法学》2012年第4期。

[6] 段文波:《民事程序视角下的同案不同判》,载《当代法学》2012年第5期。

标准:基本事实、争议焦点以及法律适用。值得注意的是,或许是考虑到概念本身的不周延性,该指导意见在定义时采用"类案",而非"同案"之表述。

回归到实体法上,对于"同案"的判断,归纳起来有以下几种学说:(1)"构成要件类似说",主张以构成要件之比较作为相似性之架构基础;(2)"实质一致说",主张相似性之认定应视系争法律规定之法定案型与待决案件事实之间是否具有实质一致性;(3)"同一思想基础说",基于系争案件事实与法定案型事实间之思想基础而认为,如果二者具有"同一利益状态",那么即可认定二者间具有相似性。[1] 还有学者倾向于将上述学说进行有机结合,如学者孙海波就认为应采取"构成要件类似说"和"实质一致说"相统一。前者目的是缩小范围,后者则指导相似性的对比和判断。在相似度的对比判断时需要借助"切入点"或"比较基点"的概念,对两案之间的相似点与不同点进行重要性的比较衡量,在反复盼顾中得出结论。[2] 由于缺乏更为明确的操作指引,也有学者质疑同案同判的可行性,认为尽管同案同判是形式正义的重要原则,但却未明确何为类似情况以及何为类似对待,因此无法为类似情况类似处理提供明确而直接的指引。[3] 温斯顿也认为,除非增补"相似性"与"不同性"的标准,否则该原则本身是不完整的,尽管其是正义观念的核心。[4] 相较而言,似乎程序法上对于"同案"的判断标准更受理论界与实务界的认可与青睐。

(三)"知假买假"是否属于"同案"?

稍加总结,"同案"的判别似乎可以从定义类型与程序标准两个维度进行综合考量(见表3)。通过前期对2022年1月至7月全国法院的129件"知假买假"案件逐一进行实证分析,笔者试图按图索骥,锚定"知假买假"案件与"同案"之间存在契合基点之可能。

---

〔1〕 参见黄建辉:《法律漏洞·类推适用》,台北,蔚理法律出版社1988年版,第110-112页。

〔2〕 孙海波:《"同案同判":并非虚构的法治神话》,载《法学家》2019年第5期。

〔3〕 Peter Westen, *The Empty Idea of Equality*, Havard Law Review, Vol. 95:3, p. 543-548(1982).

〔4〕 Kenneth I. Winston, *On Treating Like Cases Alike*, California Law Review, Vol. 62:1, p. 5 (1974).

表 3 “同案”的二维判别

程序标准	定义类型		
	基本事实	争议焦点	法律适用
同一案件	相同	相同	相同
相同案件	基本相同	相同	相同
相似案件	基本相同	基本相同	基本相同

1.“知假买假”中的同一案件

该类型主要存在于针对同一个案的一审与二审，二审与再审程序，共有 56 件。因其本系同一案件，差别仅在于不同的审级程序，故显然在三个程序性标准上具有同一性，属于“同案”。在该类型的“同案”中，二审或再审改判的共 10 件，[1] 占比 17.86%，同案不同判的现象较明显。

2.“知假买假”中的相同案件

尽管从理论上说不存在完全相同的两个案件，但在案件梳理过程中，笔者发现由于“知假买假”的职业化趋势，部分案件在行为主体与行为方式上呈现制式化的共性特征，故存在近乎相同的案件事实、基本重合的争议焦点与完全一致的法律适用。如 2022 年辽宁省 8 起“知假买假”案件中，有 7 起均系何某与李某盛二人分别所为，其中有 6 起均涉及食药领域。[2] 除当事人与购买商品具体品类略有不同之外，该组案件的案件事实均全盘复制“通过网络 App 平台大量购买进口食品或药品”，“收到商品后向当地市场监管部门进行举报得到违法

[1] 参见山东省烟台市中级人民法院民事判决书，(2022)鲁 06 民终 2229 号；山东省青岛市中级人民法院民事判决书，(2022)鲁 02 民终 4310 号；山东省泰安市中级人民法院民事判决书，(2022)鲁 09 民终 185 号；湖北省黄冈市中级人民法院民事判决书，(2022)鄂 11 民终 531 号；湖南省长沙市中级人民法院民事判决书，(2022)湘 01 民终 2213 号；湖南省衡阳市中级人民法院民事判决书，(2022)湘 04 民终 162 号；湖南省衡阳市中级人民法院民事判决书，(2022)湘 04 民终 2796 号；广东省广州市中级人民法院民事判决书，(2022)粤 01 民终 7811 号；陕西省咸阳市中级人民法院民事判决书，(2022)陕 04 民终 165 号；陕西省咸阳市中级人民法院民事判决书，(2022)陕 04 民终 166 号。

[2] 参见辽宁省大连市中级人民法院民事判决书，(2022)辽 02 民终 3795 号；辽宁省大连市中级人民法院民事判决书，(2022)辽 02 民终 2446 号；辽宁省大连市中级人民法院民事判决书，(2022)辽 02 民终 1559 号；辽宁省大连市中级人民法院民事判决书，(2022)辽 02 民终 336 号；辽宁省大连市中级人民法院民事判决书，(2022)辽 02 民终 9551 号；辽宁省大连市中级人民法院民事判决书，(2022)辽 02 民终 9961 号。

行为的认定”,“向法院起诉要求退款及十倍赔偿”这一模式;争议焦点均集中在“原告是否属于消费者”“涉案商品是否符合食品/药品安全标准”“是否支持十倍惩罚性赔偿”;法律适用则均聚焦在《食品安全法》第148条第2款与《最高人民法院关于审理食品药品纠纷案件适用法律若干问题的规定》(以下简称《食品药品规定》)。而这绝非特例,据笔者统计,2022年1月至7月全国约有50件“知假买假”案涉及原(被)告主体、涉案商品、商品质量或食品安全问题、行为手段、诉讼请求等方面相对契合,可以纳入相同案件的范畴中。然而在该类案件中,尽管法院均认可经营者提供的商品存在质量问题,但判决结果却大相径庭:其中有30件法院仅支持退款,而未支持惩罚性赔偿,余下的20件法院却同时支持了退款及惩罚性赔偿。

3.“知假买假”中的相似案件

关于“知假买假”是否属于类案,似乎不存在太大的争议。首先,在案件事实的认定上,“知假买假”仅要求消费者进行购买行为时主观上“明知”即将购买的商品是假货,似乎并未对其他行为要件作出过多限制。需要指出的是,考虑到实践中商品的类别与风险之间存在相关性,在判断“是否属于类案”时有必要将涉案商品的类别纳入考量。故按照我国现行立法之规定,对食药领域(包括食品、药品、保健品与化妆品四类)与普通领域的“知假买假”案件不宜作为类案一并讨论,如购买服饰与购买零食的“知假买假”行为就不宜认定为类案。其次,在争议焦点方面,“知假买假”案件主要围绕行为的构成要件及原告的诉讼请求进行提炼,集中在如上文所述的三个方面。最后,在法律适用方面,“知假买假”案件主要聚焦于《消费者权益保护法》第55条,《食品安全法》第148条第2款以及相关司法解释及指导性案例上展开集中讨论。综上所述,“知假买假”能够符合“同案”在定义类型与程序标准这两个维度上的判断标准,属于“同案”。

三、追本溯源:“知假买假”为何出现同案不同判?

既有研究表明,在理论上依存于唯一正解的同案同判是一种应然的理想状态。它不同于司法实践中实然的运行状态,只是一种或许永远也无法实现的宏观目标指向。而同案不同判则恰恰体现了理论指向与司法实践之间存在张力,是不可避免的客观现象。[1] 该现象产生的原因主要有三：一是法律规范在司法适用过程中难以做到“绝对忠诚”，即法律规范的滞后性与社会发展的动态性之间的缝隙有日渐扩大之嫌。当没有先例可循或先例已经无法适用于既有现实，当立法出现了漏洞或含义模糊不清时，就需要法官通过“造法”或“释法”对法律规范的自身缺陷进行修补，必然易引发同案不同判。[2] 二是法律事实在司法认知程度上存在其固有局限，即纯粹客观的原始事实与加以证成的法律事实之间很难完美匹配。除了当事人因举证不能或举证不充分而无法佐证客观事实之外，法官大多只能借审理的机会提问事件当事人，在非审理场合一旦出现不解之处或疑问支点，难免有隔靴搔痒之感，只得间接要求代理人进一步说明。此时便会产生不甚了解普通市民现实情况的误会，恐怕就会导致不同判甚至错判。[3] 三是法律适用方法在演绎推理指引下往往忽视价值判断，即“演绎推理的三段论方法本身存在过度强调形式逻辑而掩盖更为实质的价值判断之矛盾”。[4] 但卢佩则否认这一方法论在价值选择上作用的必然性，认为其仅提供了一种形式指引，用以限缩法官自由裁量的空间，而并非确保推演结论的有效性。[5] 然而，依笔者管见，考察运用演绎推理这一方法论是否得当时，不仅仅强调过程形式上的一致性，往往也关注推演结论中的正当性，甚至在如国考、公考等逻辑推理的运用场景下会借结果的正确性以反观方法运用的适当性。除以上三点外，诉讼法学者还进一步指出，审判方式或程序缺陷也使同案不同判现象在所难免。[6]

回归到“知假买假”现象，在看似有明确的法律规定、司法解释，甚至是指导性案例的前提下，该类案件同案不同判现象仍较为凸显，探究其背后的原因或

---

〔1〕 龙世发：《“同案同判”的法理分析》，载《人民论坛》2011 年第 11 期。

〔2〕 欧阳庆芳、赖婷婷：《案例研究：“同案同判”实现的有效路径》，载《湖北经济学院学报（人文社会科学版）》2021 年第 12 期。

〔3〕 ［日］秋山贤三：《法官因何错判》，曾玉婷译，法律出版社 2019 年版，第 2 页。

〔4〕 孙海波：《告别司法三段论？——对法律推理中形式逻辑的批判与拯救》，载《法制与社会发展》2013 年第 4 期。

〔5〕 卢佩：《“法律适用”之逻辑结构分析》，载《当代法学》2017 年第 2 期。

〔6〕 “不存在诉讼意义上的‘同案’，并且也不存在发现和判断是否属于‘同案’的诉讼程序”。参见范明志：《消解成文法中法律统一适用之痛》，载《人民法院报》2010 年 4 月 16 日，第 5 版。“地方法院拥有一定自主权，加之长期的案件请示制度、某些地方官员对司法的干预等程序，使得‘同案不同判’的现象在所难免”。参见陈杭平：《论“同案不同判”的产生与识别》，载《当代法学》2012 年第 5 期。

许可以从不同程度印证上述结论。然而,考虑到目前我国法律将“知假买假”划分为食药领域与普通商品领域进行分别规制,对应的法律依据因其适用条件与所涉主体立法目的均不尽相同,实则进一步增加了剖析该现象的困难程度。同时,依据笔者对2022年1月至7月底“知假买假”案件进行统计的结果发现,涉及食药领域(包括食品、药品、保健品、化妆品四类)的案件占据了样本总量的绝大多数。[1] 鉴于此,笔者拟将后续有关“知假买假”同案不同判讨论之焦点集中于食药领域,以期更为集中地勾勒出其产生缘由。

(一)法律规范:“知假买假”之构成要件尚存争议

1.“消费者”身份的判断标准不一

食药领域“知假买假”行为的认定主要依据的是《食品安全法》第148条第2款,[2]而作为《消费者权益保护法》的特别法,该条款仅适用“消费者”这一特殊身份主体。根据《消费者权益保护法》第2条之规定,[3]判断“知假买假”者是否属于消费者,最大争议之处便在于判断其购买行为是否基于生活消费之目的,在司法实践中,这往往也是阻却其适用《食品安全法》第148条第2款获得惩罚性赔偿的主要原因。

在生活消费过程中,消费者通过自己对消费对象、消费时间、消费空间的选择,形成了标识自己、区别他人,建构个人世界、完善自身的手段。[4] 然而何为生活消费在学理上尚存争议,也似乎无法在现有法律及司法解释中找到明确的参考依据。传统主流观点将消费分为生产消费与生活消费,其中前者是为了销售获利(如企业购买原材料),不属于《消费者权益保护法》的保护范畴;而后者则是为了满足生存需要(包括衣食住行用),属于《消费者权益保护法》的保护

---

〔1〕 2022年1月至7月底,全国法院审理的食药领域“知假买假”案件共120件,占比93.02%;普通商品领域的案件共9件,占比6.98%。

〔2〕《食品安全法》第148条第2款规定:“生产不符合食品安全标准的食品或者经营明知是不符合食品安全标准的食品,消费者除要求赔偿损失外,还可以向生产者或者经营者要求支付价款十倍或者损失三倍的赔偿金;增加赔偿的金额不足一千元的,为一千元。但是,食品的标签、说明书存在不影响食品安全且不会对消费者造成误导的瑕疵的除外。”

〔3〕《消费者权益保护法》第2条规定:“消费者为生活消费需要购买、使用商品或者接受服务,其权益受本法保护;本法未作规定的,受其他有关法律、法规保护。”

〔4〕 郑洪娥:《社会转型与消费革命——中国城市消费观念的变迁》,北京大学出版社2006年版,第27、52页。

范畴。[1] 这种观点实质上是以主观目的为标准界定不同的消费行为,然而却遭到一些学者的质疑。在现实生活中,人的主观目的会随着时间、环境等因素的变化而变化,有时购买后续产生的行为更有可能背离其购买初衷,故主观目的的流动性体现出用以界定消费者身份的逻辑漏洞。如购买房子时是以自住为目的,但后因工作调动需要转卖房产,或因为想改善住房转卖房产。[2] "知假买假者"的消费者身份之所以备受质疑,同样体现出主观目的标准之复杂难断。"知假买假者"往往会在诉讼时提出多倍赔偿之诉求,表面上看似为己谋取私利,但其购买行为究竟是原本基于生活消费目的之转化,还是单纯的基于索赔目的,抑或基于公益目的,再或是基于后两者之混杂,似乎很难一概而论。当然,也有学者提出"经验法则",试图通过量化标准以简化"生活消费"的判断,如按照一般人的生活经验,一个人一次性购买1台或2台手机足矣,若一次性购买10台或20台手机,却说为了生活消费之所需,显然不符合一般人的社会生活经验,故而不能认定为生活消费。[3] 该方法看似具有较强的可操作性,但在某些生活场景下却同样会出现失灵,例如趁低价大量购入茶米油盐等生活用品以便储藏,再如球鞋爱好者一次性购买多款潮鞋只为收藏等。或许正是由于生活消费的判断标准未尽明确,故而学界对"知假买假者"是否属于消费者呈现完全对立的两派观点:一种观点是从利益衡量及制度经济学的角度进行阐述,认可"知假买假者"的消费者身份,认为这不仅有助于维护购买者个人利益与社会利益,有力规制售假者的违法行为,同时"以牙还牙,以眼还眼"的"知假买假"行为也是维持社会信用制度必不可少的手段。[4] 另一种观点则认为,"知假买假"行为本质上是通过索赔牟利,违背了公平正义的理念和诚实信用的原则,基于道德上的可责难性,故"知假买假者"有别于普通消费者。[5]

消费者身份的判断标准不仅在立法与学理上存有争议,在司法实践中更进一步衍生为略显随意的组合适用以及截然不同的相左结论。在判定"知假买假

---

[1] 王利明:《消费者的概念及消费者权益保护法的调整范围》,载《政治与法律》2002年第2期。

[2] 李剑:《论知假买假的逻辑基础、价值理念与制度建构》,载《当代法学》2016年第6期。

[3] 梁慧星:《消费者权益保护法第49条的解释与适用》,载《人民法院报》2001年3月29日。

[4] 参见李有根:《消费者权利保护与法律解释——对一起消费纠纷的法理剖析》,载《南京大学法律评论》1996年第2期;参见张维迎:《法律制度的信誉基础》,载《经济研究》2002年第1期。

[5] 郭明瑞:《"知假买假"受消费者权益保护法保护吗?——兼论消费者权益保护法的适用范围》,载《当代法学》2015年第6期。

者”是否为消费者时，受理法院通常会从以下几个方面进行综合考量：是否存在短期内多次、大量、多地的购买行为，购买过程是否录音录像，购买后是否食用，索赔金额是否明显偏高，是否有相关涉诉历史，诉讼前是否有协商退赔或举报行为等(见表4)。可见，一方面，在司法实践中大多法官依旧是以“购买商品的目的是否基于生活消费”以及“购买方式是否符合一般社会生活经验”作为两大基础标准，附加对商品类别、购买方式、索赔情况等细化内容进行综合考量。然而，由于影响因素之间如何搭配适用、相互作用欠缺明确指引，导致地方法院对消费者身份的认定结果差别较大。如在均有相关涉诉历史的前提下，同样是基于小额单次购买行为，在表4的案6与案7中，法官均认为“知假买假者”符合消费者定义，但案5却得出截然相反的结论。另一方面，在司法实践中部分法官也尝试提出并适用更具有可操作性的新标准，这无疑进一步增加同案不同判的可能。如在表4的案8中，法院认为，“判断一个自然人是不是消费者不应以他的主观状态为标准，而应以购买商品的性质为标准”，只要其购买的是生活资料，就应当认定为消费者。此外，还有少数法院面对经营者提出的否认“知假买假者”消费者身份的证据选择了回避，未在判决书中给予明确反馈。

表4　2022年1—7月全国法院知假买假案中
“知假买假者”是否属于消费者的典型观点

序号	案号	是否支持“知假买假者”为消费者	法院观点
1	山东省胶州市人民法院(2021)鲁0281民初12456号	不支持	本案原告唐某购买商品进行诉讼打假次数频繁，同时其购买数量远远超过一般消费者生活消费的需求，其购买行为有悖生活常理，并非为了生活需要而购买的消费者
2	山东省潍坊市中级人民法院(2022)07民终2592号	不支持	本案于某某收到货物后并未食用，亦未通过拼多多网络销售平台或按照法律规定与卖家联系过退货赔偿事宜，直接向法院起诉退赔。另查明，于某某在2021年向一审法院诉讼多起网络购物买卖合同纠纷案件
3	湖北省孝感市中级人民法院(2022)09民终627号	不支持	法院认为本案吕某某就相同购物行为多次提起诉讼，是典型的为了获取高额赔偿而进行的恶意购买行为，其购买性质应定性为牟利，违背了诚实信用原则

续表

序号	案号	是否支持“知假买假者”为消费者	法院观点
4	湖南省永州市中级人民法院(2021)11民终576号	不支持	法院认为原告购买22盒茶叶后既未饮用也未馈赠他人,对该产品是否符合食品安全漠不关心,而是积极查找发现涉案产品存在标签未表明生产者联系方式及虚假标注保质期的问题,并非以真正消费为目的,而十分关注能否获得十倍价款赔偿
5	天津市第一中级人民法院(2021)津01民终10265号	不支持	法院认为原告曹某某虽系小额单次购买行为,但经查明,原告先前有两次针对被告过期产品的举报情况,一周内有8个针对被告过期产品的诉讼案件,可见购买商品的目的是牟利性打假,认知水平不同于普通消费者,因此需要程度更严格的举证责任
6	重庆市铜梁区人民法院(2021)渝0151民初8741号	支持	法院认为本案杨某系小额单次消费,由于被告未能举证证明其系知假买假,故法院认定其消费者身份
7	重庆市铜梁区人民法院(2021)渝0151民初4489号	支持	法院认为本案胡某虽知假买假,但不妨碍其系消费者进行索赔,并未因其曾有多次大量购买行为以及多次涉诉历史,就否认其消费者身份
8	河南省许昌市中级人民法院(2022)豫10民终1586号	支持	法院认为本案原告虽有多次大量购买行为,且有事先向当地市场监管局举报的行为。但判断一个自然人是不是消费者不应以他的主观状态为标准,而应以购买商品的性质为标准,只要购买的商品是生活资料,就应当认定为消费者

2.“标签瑕疵”问题的定性难以统一

根据《食品安全法》第148条第2款的规定,在“知假买假”案件中所涉商品是否符合食品安全标准成为经营者是否应该退赔的关键要素。笔者就截至2022年7月底全国法院“知假买假”案件所涉产品的质量问题类型进行统计,结果表明除已过保质期、无经营许可证等法定不符合食品安全标准的情形外,司法实践中占比最高且争议最大的产品质量问题便是“标签问题”(见表5)。

尽管《最高人民法院关于审理食品安全民事纠纷案件适用法律若干问题的解释(一)》(以下简称《最高院解释(一)》)第11条[1]似乎已经为“标签问题”提供了明确的解决思路,但在司法实践中,鉴于标签问题类型多样,不仅限于司法解释中明确提及的未标明生产者及产品相关信息等情况,还涉及其他的标签瑕疵问题;不仅涉及预包装食品,还涉及散装食品、进口食品、食用农产品等不同品类,导致标签问题在司法实践中定性难以统一,从而导致同案不同判的结果。首先,由于其他类型的标签瑕疵问题缺乏明确的指引,许多法院甚至会通过启用《食品安全法》第148条第2款所涉的“但书”条款内容,作出与《最高院解释(一)》完全相悖的不支持退赔裁判。[2] 其次,由于食品、药品、保健品类型多样,标签标识要求不一,极易产生地方法院之间不同的裁量结果。例如,对于散装食品与预包装食品的标识要求不同,后者无生产日期即不符合食品安全标准,前者则相对宽松。再如,对人参、冬虫夏草等以中药材为原料的食品或保健药品认识错误,属于食用农产品而非药食同源物质。[3]

表5　2022年1—7月全国法院知假买假案件中所涉产品质量问题

产品质量问题	件数/件
外包装无标注生产者名址、生产日期等信息	26
已过保质期	25
进口产品无中文标签	23
标签瑕疵问题	11
无检验检疫证明或生产经营许可证	8
假冒伪劣	7
未批准进口的产品	4

[1] 《最高院解释(一)》第11条规定:“生产经营未标明生产者名称、地址、成分或者配料表,或者未清晰标明生产日期、保质期的预包装食品,消费者主张生产者或者经营者依据食品安全法第一百四十八条第二款规定承担惩罚性赔偿责任的,人民法院应予支持,但法律、行政法规、食品安全国家标准对标签标注事项另有规定的除外。”

[2] 参见江西省吉安市中级人民法院民事判决书,(2022)赣08民终569号;山东省淄博市中级人民法院民事判决书,(2022)鲁03民终2594号;山东省青岛市中级人民法院民事判决书,(2022)鲁02民终4620号;湖南省岳阳市中级人民法院民事判决书,(2022)鄂01民终4264号。

[3] 参见湖北省随州市曾都区人民法院民事判决书,(2021)鄂1303民初6216号。

续表

产品质量问题	件数/件
其他 （包括但不限于不合格产品、加工经营禁止销售的商品、禁止进口的配料等行为）	25
总计	129

稍做总结，无论是消费者身份问题还是标签问题所引起的“知假买假”同案不同判，归根结底是由于法律规范事先对于“知假买假”缺乏定义，进而造成其构成要件不够明晰，最终导致在法律适用时过于受传统法教义学的思想束缚。从本质上看，“知假买假”显然不属于情感与意志，也非仁慈与爱，而是一种能够产生法律效果的法律行为。〔1〕这样一种能引起法律效果的行为，却被概念主义的解释排除，导致与相近行为（如“疑假买假”）之间泾渭不明，显然于法理不通。这既表明了现实生活对立法和司法的制约性影响，又印证了“法律的生命向来是经验而不是逻辑”，〔2〕更显示了概念法学的决断论对现实的非理性裁剪。〔3〕

（二）法律事实：“知假买假”之证据认定尺度尚欠统一

由于举证不能或不充分加之证据认定尺度不一，在司法实践中“知假买假”的法律事实无法如实地反映客观事实，进一步加剧同案不同判之可能。首先，在食药领域中涉及“知假买假”案的举证责任分配体现在《食品药品规定》中，似乎为该类案件法律事实的认定提供了明确指引。但在司法实践中，部分案件当事人出于对规定内容的不甚了解，导致举证不能或不充分的情况时有发生，因此面临对自己不利的裁判结果，进而导致同案不同判现象。以所涉食品“是否符合食品安全标准”这一构成要件为例，根据《食品药品规定》第5条及第6条，消费者需要举证其购买食品的事实以及食品不符合质量标准，而食品生产

〔1〕参见［英］彼得·斯坦、约翰·香德：《西方社会的法律价值》，王献平译，中国法制出版社2004年版，第4页。

〔2〕［美］小奥利弗·温德尔·霍姆斯：《普通法》，冉昊、姚中秋译，中国政法大学出版社2006年版，第1页。

〔3〕朱祥海：《消费社会的幻象及其解构——一种法伦理学进路》，河北人民出版社2015年版，第51页。

者与销售者应当对食品符合质量标准承担举证责任。[1] 可见，在消费者充分举证的前提之下，经营者若要为自己的食品“洗白”，必须拿出食品生产许可证、食品出厂检验合格证等相关文件，以证明其符合质量标准，否则就要被推定为经营“明知”不符合安全标准的食品，承担举证不利的责任。[2] 其次，针对“知假买假者是否符合消费者身份”这一关键问题，按照民事诉讼法“谁主张，谁举证”的原则，若要否认“知假买假者”的消费者身份，经营者理应承担相应的举证责任。但在许多案件中，经营者仅是提出了其为职业打假人，有打假诉讼前科等口头抗辩，或是提出的证据未能起到充分的证明力，从而需承担多倍赔偿的不利裁判结果。[3] 再者，即使是在当事人均充分举证的前提下，受理法院在认定证据的程度上也会因自由裁量权的行使而产生差别。再以“知假买假者是否属于消费者”这一争议焦点为例，在吉林省吉林市中级人民法院(2022)吉02民终228号一案中，针对经营者提出的证据，法院认为原告存在多次大量购买且有多次类似诉讼行为，不属于消费者，不支持十倍惩罚性赔偿。在上海铁路运输法院(2021)沪7101民初1538号一案中，针对经营者提交原告并未食用食品，发现问题也未及时与商家进行沟通而是直接起诉的证据，法院对原告是否符合消费者身份予以回避，但最终判决支持了退款及十倍赔偿。在福建省诏安县人民法院(2022)闽0624民初620号一案中，经营者同样充分举证证明原告存在多次购买及多次涉诉行为，但法院却认为其并未证明原告购买涉案产品后用于经营销售等非生活需要的其他用途，故属于消费者，支持退款及十倍赔偿。在湖南省常德市中级人民法院(2022)湘07民终437号一案中，经营者以原告之前有诉讼记录、经济收入不足以支持其长期购买涉案产品、选择自己所在地法院管辖以便于诉讼等为由以证明系恶意诉讼，否认其消费者身份，法院同样未予认可，支持了退款及十倍赔偿。可见，在重塑法律事实的过程中，尽管存在前述“知假买假”法律规范本身固有缺陷的影响，但不可否认的是，举证责任的不明

---

[1] 《食品药品规定》第5条第1款规定：“消费者举证证明所购买食品、药品的事实以及所购食品、药品不符合合同的约定，主张食品、药品的生产者、销售者承担违约责任的，人民法院应予支持”；第6条规定：“食品的生产者与销售者应当对于食品符合质量标准承担举证责任……”

[2] 参见山东省青岛市中级人民法院民事判决书，(2022)鲁02民终4310号；辽宁省大连市中级人民法院民事判决书，(2022)辽02民终2446号。

[3] 参见重庆市垫江县人民法院民事判决书，(2022)渝0231民初289号；重庆市铜梁区人民法院民事判决书，(2021)渝0151民初8741号。

确以及证据认定尺度的不统一实则进一步提升了法律事实与客观事实之间完美匹配的困难度，增加同案不同判的概率。

（三）法律适用方法："知假买假"之推理过程忽视价值

自20世纪90年代中期我国出现"知假买假"现象至今已有20多年。在此期间，公权机构对于"知假买假"的态度存在多次反复，不仅反映在出台制度的内容上，同时也投射至司法实践中，导致法官在价值判断时的摇摆不定，出现同案不同判。

有学者在收集整理国家与地方层面有关"知假买假"适用惩罚性赔偿的制度性文件后，将"知假买假"的制度史概括为"双否定的历程"。[1] 关于"是否支持知假买假者获得惩罚性赔偿"这一问题，以最高人民法院为代表的较多机构均表达过不同的倾向性意见，在制度反复的过程中也曾出现过数次不成功的制度改变。因将研究视角聚焦于食品安全领域，故笔者尝试梳理自1993年《消费者权益保护法》通过实施至今，发现该领域"知假买假"适用惩罚性赔偿的国家层面相关制度同样呈现数量较多、内容不一的现象（见表6）。尤其是在2016年之后，相关司法解释的修改与细分实则更进一步体现了"知假买假"这一问题的复杂性，简单粗暴的"大一统"的处理方式或许并非最佳的处理方案。公权机构态度的数次变化，造成制度层面的数次反复，正是不同时期社会认知、特定主体以及媒体宣传等因素共同促成的。

表6　食药领域知假买假是否适用惩罚性赔偿的制度及重要文件

时间	制度名称	制度内容	态度
1993年10月（2013年10月修正）	《消费者权益保护法》第2条	消费者为生活消费需要购买、使用商品或接受服务，其权益受本法保护；本法未作规定的，受其他有关法律、法规保护	肯定

〔1〕"知假买假"制度经历了肯定（1995年—1997年）、否定（1998年—2007年）、再肯定（2007年—2015年）、再否定（2016年—　）这样一个双否定的历程。参见应飞虎：《禁止抑或限制？——知假买假行为规制研究》，载《法学评论》2019年第4期。

续表

时间	制度名称	制度内容	态度
2009 年 2 月（2021 年 4 月修正）	《食品安全法》第 148 条第 2 款	生产不符合食品安全标准的食品或者经营明知是不符合食品安全标准的食品，消费者除要求赔偿损失外，还可以向生产者或者经营者要求支付价款十倍或者损失三倍的赔偿金；增加赔偿的金额不足一千元的，为一千元。但是，食品的标签、说明书存在不影响食品安全且不会对消费者造成误导的瑕疵的除外	肯定
2013 年 12 月（2021 年 11 月修正）	《食品药品规定》第 3 条	因食品、药品质量问题发生纠纷，购买者向生产者、销售者主张权利，生产者、销售者以购买者明知食品、药品存在质量问题而仍然购买为由进行抗辩的，人民法院不予支持	肯定
2016 年 11 月	《中华人民共和国消费者权益保护法实施条例（送审稿）》第 2 条	消费者为生活消费需要而购买、使用商品或者接受服务，其权益受本条例保护。但自然人、法人或其他组织以牟利为目的购买、使用商品或接受服务的，不适用本条例	否定
2017 年 5 月	《最高人民法院办公厅对十二届全国人大五次会议第 5990 号建议的答复意见》	该司法解释亦产生于地沟油、三聚氰胺奶粉、毒胶囊等一系列重大食品、药品安全事件频繁曝出，群众对食药安全问题反映强烈的大背景之下，是基于特殊背景下的特殊政策考量。我们认为不宜将食药纠纷的特殊政策推广适用到所有消费者保护领域	否定
2020 年 12 月	《最高院解释（一）》第 8 条至第 10 条	销售不符合食品安全标准产品，支持惩罚性赔偿。食品符合安全标准但未达到生产经营者承诺的质量标准，不支持惩罚性赔偿。惩罚性赔偿并不以造成人身损害为前提	肯定兼否定

在司法实践中，即使在食药领域，“知假买假者是否能适用惩罚性赔偿”这一问题也并非能够得到绝对肯定的答案。尽管在具体案件中，“知假买假者”大多会引用《食品药品规定》第 3 条作为支持食药领域“知假买假”正当性的主要法源，但往往由于地方法院之间态度有别，并不一定得到支持。部分地方法院

更为看重肯定态度所带来的正面社会功效，如在河南省许昌市中级人民法院（2022）豫 10 民终 1586 号案中，法院认为，如能通过打假而使生产、销售、消费等领域再无假货、劣货也是全社会的福分，因此就食品、药品而言，不宜因购买者“知假买假”而否定其消费者身份，进而限制其合法权利。同时，如果不准知情的消费者打假，就会造成这样的结果：不知情的消费者不可能打假，而知情的消费者又不准打假，那制假售假行为就可以堂而皇之大行其道。[1] 但更多法院则是侧重身份的认定及“知假买假”行为本身的合法性，因此抱持着否定态度。如在浙江省宁波市北仑区人民法院（2021）浙 0206 民初 6996 号案中，法院认为，《食品安全法》的立法本意是保护消费者，但“知假买假者”则不同，就如本案原告在购买案涉商品前已经了解该公司所售商品的真实情况，是为了打假牟利，若将“知假买假者”认定为普通消费者，则违背立法本意。从市场秩序平稳运行角度来看，打假是通过及时向工商行政部门、消协等单位举报、投诉等，迫使经营者诚信经营，以提高产品和服务的质量，是一种有益市场秩序健康发展的公益之举。而受惩罚性赔偿驱动，以牟利为目的的“知假买假”行为，多次大量购买缺陷产品，再从中谋取高额赔偿，有违诚信原则，违背社会主义核心价值观，不应得到支持。在天津市第一中级人民法院（2021）津 01 民终 10265 号案中，法院还提出，就现阶段而言，该类诉讼发生新变化，产生“职业打假人”“家族化、集团化打假团体”等情况，该类人员的动机是利用惩罚性赔偿为自身牟利而非净化市场，严重违背诚信原则，故而需要视情况而定。[2] 可见，“知假买假”法律规范自身的固有缺陷，既反映出公权力机关对该问题认识的不彻底而引起的态度有别，进而也导致司法工作者在运用法律适用方法进行演绎推理时回避价值判断，抑或面对价值判断时产生摇摆不定的差别态度，造成同案不同判。

此外，在司法实践中还存在由于法官对法条理解存在偏差，法条适用不一致等所导致的同案不同判。例如，针对食药领域“知假买假”案件，部分法院认

---

〔1〕 湖南省永州市中级人民法院民事判决书，（2022）湘 11 民终 378 号；上海市第一中级人民法院民事判决书，（2022）沪 01 民终 4813 号；山东省烟台市中级人民法院民事判决书，（2022）鲁 06 民终 2229 号。

〔2〕 江苏省连云港市中级人民法院民事判决书，（2022）苏 07 民终 1006 号；山东省淄博市中级人民法院民事判决书，（2022）鲁 03 民终 2253 号；安徽省宿州市埇桥区人民法院民事判决书，（2022）皖 1302 民初 671 号。

为需要以“损害”作为惩罚性赔偿的前提。[1] 再如，针对化妆品领域“知假买假”案件，尽管司法解释明确参照食药规定予以处理，但部分法院却仍以没有明确法律依据为由，不支持十倍惩罚性赔偿。[2]

四、规范路径：“知假买假”如何避免同案不同判？

既有研究普遍认为，构建类案检索机制是目前解决同案不同判的最优解。近年来人工智能大数据库的构建与智能化技术手段的发展为法官精准、高效地进行类案检索提供了便利，但目前类案的判断与适用程度仍有赖于法官主观的理性思考。在“知假买假”的场景下，2014 年最高人民法院指导性案例 23 号（以下简称指导性案例 23 号）这一具有准法源效力的裁判规则，似乎早已为该类案件的审理提供了明确参考。由于最高人民法院发布的指导性案例经由权威性制定和实质内容的正确性，产生了一种介于纯粹事实约束力与法律拘束力之间的“弱规范拘束力”，故法官如无特别理由，应当负有检索与参照的义务。[3] 然而，纵观笔者检索到的“知假买假”案件判决书，不少“知假买假者”不仅提出指导性案例 23 号这一重要证据，同时还提供了《最高人民法院公报》公布的“知假买假”典型案例以及其他地方法院就该类案件的生效判决等证据，试图使法院支持食药领域惩罚性赔偿的诉求，然而得到的结果却并不尽如人意。在面对当事人质疑法院未参照其提交的指导性案例 23 号进行判决存在错误时，有法院甚至以指导性案例 23 号与该案事实并非类案为由，认为无须参照该案例进行判决。[4] 有学者在对地方法院进行调研的过程中也发现，实践中地方法院更为关注其上级法院的类似判决，而并非全国其他地区的类案。甚至当其上级法院的判决与更高一级或最高人民法院的判决出现矛盾时，会更倾向于选择参照其上级法院的判决。[5] 这一结论与笔者对“知假买假”案件的实证分析

---

〔1〕 参见浙江省余姚市人民法院民事判决书，(2021)浙 0281 民初 6853 号；江西省永丰县人民法院民事判决书，(2022)赣 0825 民初 934 号；山东省青岛市中级人民法院民事判决书，(2022)鲁 02 民终 4310 号。

〔2〕 参见上海市金山区人民法院民事判决书，(2022)沪 0116 民初 812 号；湖北省武汉市汉阳区人民法院民事判决书，(2021)鄂 0105 民初 7428 号。

〔3〕 雷磊：《指导性案例法源地位再反思》，载《中国法学》2015 年第 1 期。

〔4〕 参见湖南省长沙市中级人民法院民事判决书，(2022)湘 01 民终 16126 号。

〔5〕 孙海波在与成都市中级人民法院、成都市龙泉驿区法院法官的座谈中得出该结论，参见孙海波：《“同案同判”：并非虚构的法治神话》，载《法学家》2019 年第 5 期。

结果不谋而合,即判决结果所体现出的地区差异性较为显著。即使都发生在食药领域,江苏省、安徽省、浙江省的法院大多未支持十倍惩罚性赔偿,上海市、重庆市、湖南省的法院则大多支持十倍惩罚性赔偿。其中,2022 年 1 月至 7 月重庆市法院共审理 17 起"知假买假"案件,无一例外全部支持"知假买假者"的惩罚性赔偿诉求。各地法院对该类案件的审理态度也导致"知假买假者"呈现高度流动性的特点,进一步加剧该类案件的涉诉量在区域间的不平衡。可见,作为技术手段的类案检索只是前提,如何判断类案以及如何适用类案冲突规则或许才是解决同案不同判更为重要的实质考量。其一,进一步细化"知假买假"类案相似性判断标准,只有使待决案件有明确的类案参照依据,才能使同案同判的实现成为可能。正如大卫·施特劳斯指出的,讨论同案同判的前提,即道德上的最佳状态是不可及的。同案同判实则也是在一个不完美的世界中,努力实现完善不完美的方法。[1] 其二,在现实情况中,针对同一事项有时面对的并非唯一类案规则,而是诸多规则之间的彼此竞争,因此还需构建类案冲突规则。[2] 尤其是指导性案例之下的普通类案规则发生冲突时,需要通盘考虑后形成较为合适的方案。

具体到食药领域"知假买假"类案冲突规则在微观构建的层面,需要重点解决两个方面的问题。第一,在法律适用的过程中注重价值判断的嵌入,应进一步明确类案场景下支持与禁止之间边界。如前所述,公权力机关、新闻媒体、社会公众、专家学者之所以对"知假买假"行为抱持摇摆不定、互为相左的态度,归根结底是对《消费者权益保护法》的公私属性认识存在差别。学者郭明瑞认为,"知假买假"属于不诚信的市场行为,其违背了现代私法市场交易活动所要求的诚实信用原则,不符合《消费者权益保护法》的立法宗旨,与鼓励钓鱼式执法,鼓励刑讯逼供获取罪证并无二异。[3] 该观点实则将《消费者权益保护法》视为纯粹的私法范畴,将"知假买假"行为视为经营者与消费者双方之间体现自由意志的具体交易进而加以评述。学者尚连杰还进一步强调私法的独立性,不应过度

---

〔1〕 David A. Strauss, *Must Like Cases Be Treated Alike*?, University of Chicago Public Law & Legal Theory Working Paper No. 24, https: // Chicagounbound. uchicago. edu/ public_law_and_legal_theory, p. 14(2002).

〔2〕 孙海波:《类案检索在何种意义上有助于同案同判?》,载《清华法学》2021 年第 1 期。

〔3〕 郭明瑞:《"知假买假"受消费者权益保护法保护吗?——兼论消费者权益保护法的适用范围》,载《当代法学》2015 年第 6 期。

受公众在道德情感上对"知假买假"认同的影响。毕竟,道德评价、公众认知应与私法上的价值评价及制度运行相对脱离,私法的适用在原则上应保持其技术性,并避免被过度公法化,以防过分的价值嵌入。[1] 但依笔者管见,消费者法属于经济法体系,故体现社会法属性早已是学界共识。这就要求其在评价"知假买假"行为时,既要关注私法层面双方当事人个体利益的实现,同时也要关注该行为可能造成的社会影响。刘水林教授也从经济学的角度肯定了这一立场,认为以私法的思维范式来理解或解释《消费者权益保护法》中的私法制度范式是恰切的,但用以解释《消费者权益保护法》中新兴的经济法制度范式则缺乏恰当性。[2] 从整个法律体系上看,目前对"知假买假"制度确认没有争议,但度的把握仍存在探讨空间。针对"知假买假"行为是支持还是禁止,需要找一个能够平衡的中间地带,即既能减少惩罚性赔偿制度滥用的可能,保护真正的消费者群体,震慑违法经营者,又能遏制职业打假人的牟利性打假行为,限制其获利的空间,减少不诚信的市场交易行为与社会不良风气。

第二,在法律规范的修订与解释中细化构成要件的标准,应进一步完善常见争议焦点的类案规则。首先,针对"知假买假"行为中消费者的身份认定问题,除了从正面关注"以生活消费为目的"的判断标准之外,还要考虑相近概念之间的区别,如普通"知假买假者"与职业打假人之间的区别。笔者认为,相较于普通"知假买假者",职业打假人存在短期、多次、大量、甚至明知的购买行为,故可以考虑从是否多次、是否索赔金额巨大、是否以诉讼索赔方式作为其主要生活来源等购买目的及消费程度着手,细化确定综合性的判断标准。其次,针对"知假买假"行为中最为常见的标签问题,需要进行分类规制。根据《食品安全法》第148条第2款以及《最高院解释(一)》第11条的立法指引,标签问题可以分为不符合食品安全标准的标签问题以及标签瑕疵问题(不规范的标签标识问题)。实践中争议较大的标签瑕疵问题,因其危害结果较小,往往并未获得惩罚性赔偿的支持,但仍存在较明显的同案不同判现象。有学者建议可以将不规范的标识问题适用《消费者权益保护法》第55条予以规制,将其视为"弱威慑弱

---

[1] 尚连杰:《"知假买假"的效果证成与文本分析》,载《华东政法大学学报》2015年第1期。
[2] 刘水林、芦波:《消费者权益保护法范式转化的经济学解释》,载《上海财经大学学报》2016年第6期。

制裁型”欺诈行为,明确纳入不支持惩罚性赔偿的范畴。[1] 毕竟,在很多场合该欺诈行为并不会引起普通消费者注意,其表现形式也并非具有“隐秘性”,既不会造成不特定多数消费者的人身损害,也不会严重破坏市场的竞争秩序。最后,针对惩罚性赔偿的倍数,考虑采取设置多档灵活规制。在司法实践中,部分法院考虑到当事人的主观故意、危害后果、实际损失等个案具体情形,在未支持十倍赔偿的前提下做出了酌情支持三倍赔偿的裁判结果。[2] 尽管这一判决结果是法官结合个案情形平衡双方当事人利益的主观理性思考之体现,但无疑也会引发公众质疑其未适用法条从而导致同案不同判。有学者提出按照食药的不安全程度,将惩罚性赔偿的数额分为三倍、五倍及十倍三个档次或许更为适宜,当然有必要明确各档的适用条件。[3]

五、结语

同案同判并非法律义务与道德要求的完全对立,遵守同案同判的要求既是一项法律义务,又可通过“遵守”本身而导向“参照”解释性理由或价值性理由。[4] 尽管学界针对同案不同判的宏观理论研究较多,但鲜少通过某一类具体案件的微观视角对其予以检视。之所以选取“知假买假”作为研究主题,是由于尽管其自诩为“消费市场中的啄木鸟”,现如今“知假买假者”的打假行为是否出自绝对“善意”,无论是在社会公众的道德评判下还是在司法实践的裁判结果中都备受质疑,呈现较为明显的舆论两极化以及同案不同判。在明确“知假买假”符合“同案”范畴的基础之上,笔者重点以食药领域的“知假买假”同案不同判为观测对象,试图提炼出“知假买假”同案不同判现象产生的三个主要原因:其一,就法律规范本身而言,“知假买假”的构成要件尚存争议;其二,就法律事实认定而言,“知假买假”的证据认定尺度尚欠统一;其三,就法律适用方法而言,“知假买假”的推理过程忽视价值。要从根本上解决“知假买假”同案不同

---

〔1〕“弱威慑弱制裁型”欺诈行为是指那些因密度不高,也不会造成不特定多数消费者人身损害的欺诈行为。葛江虬:《“知假买假”:基于功能主义的评价标准构建与实践应用》,载《法学家》2020年第1期。

〔2〕参见山东省莱西市人民法院民事判决书,(2022)鲁0285民初2575号;山东省临沂市兰山区人民法院民事判决书,(2022)鲁1302民初7231号;山东省冠县人民法院民事判决书,(2021)鲁1525民初5684号。

〔3〕应飞虎:《禁止抑或限制?——知假买假行为规制研究》,载《法学评论》2019年第4期。

〔4〕朱振:《从依据到理由——迈向一种实质性的同案同判观》,载《浙江社会科学》2022年第4期。

判问题，需要从宏观层面入手，在构建类案检索机制的基础上，不断完善类案判断规则以及类案冲突规则。一方面，要进一步细化“知假买假”类案相似性判断标准，才能让待决案件有明确的类案参照依据，使同案同判的实现成为可能；另一方面，在构筑微观层面类案冲突规则体系时，既要注重法律适用与价值判断的有机结合，更要通过填补漏洞，确保法律适用系基于充分尊重法律规范本身进行的解释。

后　　记

光阴似箭，时光如梭，转眼便来到书稿即将付梓之际。回望撰写此书的日子，一帧帧画面真实如昨日闪现，似有无限感慨却又不知从何说起。于我而言，此书的出炉似乎又完成了一件不曾想过的“人生大事”。从教九年，一直专耕于部门法领域，未曾想某天能有机会参与开拓理论法学的教学改革工作。我与本书另一作者段知壮老师共同通过交叉学科领域论文的合作撰写，不仅将思考的触角延伸至部门法背后的法理逻辑，也为彼此学术成长明确了方向；通过省青教赛、精品课程以及思政课堂等一系列教学与改革活动的协力探索，不仅通过反复实践致力于将“法理学”课程打磨成“金”，同时也试图将情境案例教学模式做得更“实”。

在“法理学”课程教学改革的过程中，段知壮老师率先创新出将辩论模式引入到理论课堂中的情境教学法，试图将晦涩抽象的法理学知识点放置到鲜活具体的生活场景中进行思辨讨论。对于法科生来说，思考与表达是未来职业生涯的两大立足之本；而这两种能力，如同健身一般是可以通过后天训练习得并有效提升的。除了专门设置“法律辩论”等对口的实践类课程之外，如何使其与专业课的日常学习融洽无间，切实提升学生知技，而并非流于形式，是我们“法理学”教学团队始终坚持不懈试图回应的内心疑问。在这一目标驱动之下，我们决定将多年“法理学”情境教学实践成果进行系统化的整理、反思与重构，于是就有了撰写这本书的初衷。

在本书的内容呈现上，经过多番讨论，我们力求尽量还原课堂讨论的真实场景，围绕专题知识点相关的情境议题，通过不断地延伸发问，旨在鼓励学生去思考、去表达、去辩论……使其在努力坚守立场的过程中，去感知、去吸纳、去对抗来自不同方向的声音。这样一种似乎没有绝对是非对错的探讨活动虽然看似徒劳无功，但或许思辨过程才是真正的教学意义所在。正如英国学者马特·

里德利在《红皇后效应》中所言,“只要我们无尽地探索,不停地问‘为什么’,我们就有了一个高尚的目标”。

现将本书的撰写分工介绍如下:导言、“民间法的现代性意义研究”、“价值冲突下安乐死立法的困境与出路”、“动物福利(反虐待)立法的道德基础与实践逻辑”、“乞讨行为的界定与规制研究”、“地方立法进程中公众参与问题研究”由段知壮老师完成。“婚姻的‘形式’与‘实质’”由美国圣路易斯华盛顿大学法学院朱田恬博士与段知壮老师共同完成。此外,赵家洋、吴洁林、杨艳、郑子怡、何茜雯、柯柏林等多位同学参与了“婚姻支付视角下彩礼返还问题研究”“艾滋病病毒感染者对配偶及性伴告知义务研究”两部分的调研工作,最后由段知壮老师统稿完成。“家庭暴力认定标准的法律规制分析”“‘自媒体,随便说?’”“‘知假买假’同案不同判之检视与规范”以及理论知识点梳理与情境议题的创设与引导由本人完成。

本书的撰写还要感谢我们的工作单位浙江师范大学行知学院:宽松的教研环境与给力的政策支持为我们提供了教学研究与学术探索的保障,领导的关心与同事的帮助也为本书的写作提供了极大的助益。当然,我们还要特别感谢行知学院法学院2016—2021级的所有同学,感谢大家积极参与了我们“法理学”教学改革中的所有情境案例讨论。正是在与大家教学相长的过程中,本书才得以最终成形。

此外,还要感谢法律出版社对本书的厚爱,尤其要感谢许睿编辑对于本书出版所付出的辛勤劳动!

最后的最后,本书的顺利出版离不开我的家人们的鼎力支持与全心付出。首先,要特别感谢我的母亲方巧仙女士,让我可以拥有永远像小孩儿一样享受人生的这份幸运。她不仅赋予了我可贵的生命,铸就了我健全的人格,更是身体力行地护我前行,竭尽所能地为我解难。每每遇到难以逾越的困境时,我可以毫无顾忌地向她全盘托出,因为总会换来她二话不说地暖心鼓励与鼎力支持。本书撰写后期,考虑到我写作时间上的紧迫加之怀孕后期时的辛苦,无须过多言语,她便主动扛起暑假帮我带女儿三三的重任,带孩子增长见识的同时也保障了我充裕的写作时间。其次,要特别感谢我的孩子们,让我可以怀抱努力奔跑成为更好的大人的这份勇气。大女儿三三尽管只有4岁,却一向乖巧可人、善解人意。本书写作期间我又恰好身怀六甲,身体与时间上的“入不敷出”难免影响原有的“全心”陪伴。她不仅未曾责难,更似一夜长大,总是贴心陪伴左右,不时的温暖言语瞬间击溃我写作过程中的疲惫与挫败。腹中的二宝九九更是陪着我经历了本书从最初想法到写成落地的全过程,一起合体向前奔跑的奇妙感觉可谓是一次珍惜可贵的别样体验。最后,还要感谢身怀六甲仍努力前行的自己,认真做事的意义并非一定是看似完美的硕果,而是在一次次努力中获得不断充盈的自信感与不惧挑战的坚定感。如果说过去奋不顾身,是因为身不由己,那但愿以后就算身不由己,我们也会奋不顾身。

本书所列举的情境教学案例远不及法理学的全部知识点,还有丰富的实践情境尚待挖掘与讨论,甚至还存在许多谬误需要纠正。本书仅是抛砖引玉,力求真实地展示法理学情境教学模式这场实验以及相关的学术思考,以供专家同行们交流探讨,也期待读者朋友们能够不吝赐教。

郑　睿

2022 年 9 月 12 日于金华